JN077352

TANIGAWA KENICHI COLLECTION 3

谷川健一コレクション 3

日本の原像――民俗と古代

Ⅰ わたしの民俗学

Ⅱ 古代の風景

谷川健一

冨山房
インターナショナル

目次

Ⅰ　わたしの民俗学

Ⅱ　古代の風景

I　わたしの民俗学

薄れゆく習俗伝承

日本の神々は死んだ

昨年の暮れなかばに床屋にいったら、近ごろは正月になってから散髪にくる人が多いという。それで正月にはあまり休めないという店の人の話を聞いて、大みそかが一年のしめくくりの日であった時代がすぎ去っていることを私は感じた。新年には、天気が悪くてもハレの感じがつよいのにたいして、年の暮れといえば、どんなに天気がよくても、あわただしく、押しつまったふんいきがかつてはあった。そのくぐもった気分のときにしておかねばならぬことが昔は多かった。

それは年を迎えるためのものであったから、どこか宵宮のような、静けさの中のざわめきの感じもつきまとった。つまり年の暮れのせわしい気分は、ふだんの日の忙しさとはどこかちがっていた。それは神のおとずれが差し迫っているという感覚であるということができよう。神は真昼間に到来するものではない。夜の闇(やみ)がただよいかけたときに、その姿を暗がりの中にあらわしてくる。大みそかの夜におせち料理をたべるのは、夕方をもって一日の始まりとした太古の習慣にしたがうものであったが、じつはそのときから、新しい年神のおとずれははじまっていたのである。

今日では、一日の区切りをテレビの報ずる除夜の鐘の合図に求める習慣が、日本の家庭の中に定着しようとしている。正月は神を迎えるためという意識がうすれたから、新しく身づくろいをするのも新年になってからで間に合うというふうに、一年の折り目の観念がずれてきた。ハレの日の意識から夜やみは追放された。それは神々の時間帯が消失したことを意味する。これは日本人の伝統意識の明らかな堕落ではないだろうか。

私がこのようなことを述べてもどれほど了解してもらえるだろうか、という危惧（きぐ）がある。だが、田舎そだちの老婆ならば、無学でもこうした感覚を本能的に体得しているにちがいない、という確信めいたものが他方にはある。それはひとりびとりの老婆の問題ではない。その老婆にやどる幾千年このかたの常民の伝説の深さをいうのである。

古事記の習慣伝わる

私はここ数年、日本各地に出かけては民俗の意味をさぐっている。私の相手は地方に埋もれかけた神社であり、またそこに住む老婆である。が、老婆はあかつきの星のようにひとつずつ消えていく。それは日本の伝統文化にとって、もはやとりかえしのつかない損失である。というのも老婆のもちつづけてきた民間伝承には、万巻の書をひもといても見つからない貴重な伝承があるためである。この老婆たちがいなくなれば、その伝承の主体が永久に消えるということは確実である。

その一例を示すと、私は産屋（うぶや）の習俗をしらべるために、敦賀市の西にあたる立石半島を何度かたずねたことがある。その常宮（じょうぐう）という地区に住む老人から「かつては立石半島の突端の白木（しらき）では産屋を使用したあと焼いたことがある」という話を聞いた。もし老人のいうとおりであれば、コノハナサクヤヒメが産屋に火を放って子どもを生んだという古事記の一節とも合致し、民俗学だけでなく、古代史の解明にも役立てることができる。そう思って私は白木をおとずれた。

しかし、白木地区では、そうした事実は今はないし、これまでも聞いたことがない、と異口同音にいった。十数戸のなかでは、七十をこえた老婆が最年長であった。そうして、八十、九十の老人は数年まえに亡くなっていた。これらの老人が健在なときであれば、あるいは私の望むような答えが聞けたかも知れないとおもうと、まったく残念であった。白木の海は明るかった。しかし、伝統と断ち切れたその明るさは、奇妙にそらぞらしかった。

産屋を焼き海に流す

それでも私はあきらめずに、立石半島に足をはこび、白木のとなりの丹生(にゅう)では、明治の末ごろまで産屋を焼いて海に流したという事実をつきとめることができた。こうした習俗が民間に残されてきたことの意味は大きい。これによって日本と周辺民族の習俗との関連を確認できる。また古代史の物語が架空のものでなかったという証拠を提出することができる。古代人は生まれることはたんなる新生ではなく、再生であると信じていた。産屋を焼き捨てるという行為は、この再生を確実ならしめるという意味を含んでいる。つまりそれは、使用ずみだから焼くというのとまったくちがった行為なのである。

貴重な生きた文化財

私にその事実を告げた丹生の女たちは、いずれも八十をこしていた。あと十年か二十年たてば、彼女らの体験談を聞くことは不可能である。そうして丹生でもまた白木とおなじように、産屋の習俗についての手がかりをつかむことが困難になるのは目に見えている。そう考えると、丹生の老婆が生きた文化財のように見えてくるのは、まことにやむを得ない。

私は今、つとめて地方を旅行してあるいているが、どんな辺境でも生活の変化は急激である。昨年祭りがおこなわれて、今年はやらないとか簡略化する、というのはザラである。祭りはおなじでも、その伝承をもっともくわしく知っている古老はいなくなっていることがしばしばである。日本の神々は納屋のすみのくらがりや森のかげ、小川のほとりに身をよせてきた。だが、そうしたものはしだいに影をひそめてきた。そこで神々のいる場所がなくなった。

胸にみちてくる激情

私は日本の民俗調査もせいぜいあと二十年ぐらいのものでしかなく、そのあとは不可能になるのではないかと思っている。しかし私には今、ゆっくりと胸にみちてくるような激情がある。それは日本の歴史を二分するような伝統文化の危機にあたって、この危機を自覚した生き方をしたいということだ。それは過去への冒険といい換えてもよいが、その決意を年頭にあたってあらたにしたいと思う。

（「中日新聞」夕刊、一九七五年一月四日）

東北日本の口寄せ巫女の生態──桜井徳太郎『日本のシャマニズム』上巻

日本列島はシャマニズムの活火山地帯にある。この中にあって自分の国の文化を眺めようとする者は、古代、中世、近代と時代を問わず、シャマニズムの隠れたる活動力におどろくはずである。じつにシャマニズムをぬきにして日本の歴史や文化を語ることはできない。昨今注目されてきている御霊信仰なども、巫女が大きな役割を果たしている。

ところが著者も言うように、第二次大戦が終るまで、シャマニズムという語はタブーであった。国家神道とせまいナショナリズムが、シャマニズムの観点から日本の神道や民間信仰を研究するのを押えつけた。シャマニズムの研究は戦後になって大きく前進した。巫女についての古典的な研究は、柳田国男、折口信夫、中山太郎などによって着手されたが、そのあと堀一郎を中心として、その展開がみられた。

著者もまた十数年まえから東北地方の巫女の実態を個別に調査してきた。著者の研究はその後、沖縄との触れあいによって飛躍的に拡大された。沖縄の女はセジ（霊感）が高いとされて、すべてが潜在的巫女と見なされるからである。その成果が一昨年夏に出版された『沖縄のシャマニズム』で、それは沖縄研究者の中に大きな波紋をまきおこした。さらに、沖縄調査後の再度にわたる韓国旅行で、著者の視点は、一層高いものとなった。すなわち日本本土と沖縄との比較にとどまらず、北方大陸のシャマニズムの流れを加えた視座を獲得したということができる。

こうした視座から、日本のシャマニズムを見直したらどうなるか、というのが本書の主題であるとおもう。

著者は民俗学者としての立場から、内から外へ、つまり日本から外国へという姿勢をくずさない。しかし、著者が外へ向う機は熟したという判断に立って、過去の自分の業績をまとめようとしていることは疑い得ない。したがって本書は著者の研究成果の総まとめと言ってもよいであろう。

本書の上巻は「実践篇」でその中心部分は、東北日本の口寄せ巫女の生態を、著者一流の丹念さで、こまかく追跡したものである。すなわち、下北、津軽、南部、秋田、陸前、山形の各地方の巫俗の報告がまとめられており、イタコとゴミソはどこがちがうかということを表示する親切さを失なっていない。また巫女の口調を記録して紹介してあるのも、資料以上の興味をおぼえる部分である。そうして巫女になる動機とか修業の過程とかからいえば、南島の巫女とは差違も大きい。この点は今年の夏に出版される予定の「論述篇」ともいうべき下巻で、著者の縦横の論に期待したい。

下巻には「シャマニズム構造の原点」「日本シャマニズムの総体的特質」など民間巫俗の構造と機能が詳細に論じられるはずである。本書の扉には柳田国男の生誕百年にあたって、その霊前にささげる旨の献詞がつけられているところから見ても、それにふさわしい著者の感慨と自信がこめられており、文章も堂々としている。

本書を読んで感ずることは、おそらく著者の民俗学者としての今後の狙いが日本と沖縄と朝鮮とのシャマニズムについての比較研究にしぼられていくだろう、ということである。堀一郎はエリアーデなどとの交流をとおして海外の学界の研究成果を紹介するにとどまったが、著者はそのあくなき探究心と熟練した調査方法をもって、フィールド・ワークをつみ重ねながら、今や独自の道を切り開こうとする。その道はやがて日本と沖縄と朝鮮の最も基層的な文化の解明へとつながるであろう。それはきわめて重大なことである。

なぜならばシャーマンの文化は最も古く、国家成立以前からの文化であり、一方最も下積みにされてきた底辺の常民文化だからである。この文化の把握なしにはいくら日韓、あるいは日琉の文化の関係を論じたところで、その基底の部分を欠くことになるのは必至である。この道を開く先駆者としての光栄とその惨たんたる労苦とを私は著者の後半生にかい間見る。その意味で私は本書を著者の「主著」とみなすよりは、新しい飛躍台として考えたい。

（「日本読書新聞」一九七五年一月二〇日）

「季刊柳田國男研究」第八号 編集後記

「五大国の一などという空な語を以て物を知らぬ人をおだてて、何ら模倣以上の努力をせずして半世紀はすでにすぎてしまった」と柳田国男が日本近代の歴史を省りみて痛憤したのは大正から昭和にあらたまろうとする年であった。それからまた半世紀がまたたく間にすぎた。昭和五十年になってもいまだに柳田の苦い内省を日本近代史から取りのぞくまでにはいたっていない。柳田国男の思想の今日的な存在理由もこのことを措いてはない。

今年は柳田国男生誕百年祭ということだが、彼が死んで十三年忌がやっと終ったばかりなのに、という感想は拭い去ることができない。柳田の生前を知る者の故人にたいする追憶の情はまだ冷えていない。それなのに死者の骨をふたたび地中から掘り起こして祭るのは残酷な気がする。そこで本誌はから騒ぎをしないで、柳田国男百年の意味を、力をこめてさぐった。したがっていつもの倍近くの厚さの特別号となったが、その内容は他の追随をゆるさぬものとなり得たとおもう。

本号は有賀喜左衛門氏の御原稿を巻頭にかかげさせていただくことにした。碩学の文章にして青年の情熱の奔騰がいささかも減じていないことに脱帽する。また座談会も中村哲氏、山本健吉氏、鶴見和子氏をむかえて、えんえん四時間半に及ぶ攻防戦がくりひろげられたたのしい一夕となった。

このほか、竹内利美氏からすぐれた渋沢敬三論をいただいた。また柳田為正氏はこころよくインタビューに応じられた。ここに深く感謝する。

なお前号の座談会での私の発言にたいして、外間守善氏から自分は沖縄学の研究主体を沖縄出身者に限定していない、と訂正申し入れがあった。これは私が外間氏の文章を読みちがえた結果であることが判明した。そこで前言を訂正する。

昨今の出版事情の中で、本誌の発行元である「白鯨社」は、まったく純粋な立場から懸命の努力をつづけている。折角の愛読を乞う次第である。

（一九七五年四月）

椎葉村で採集した「ソジシ」という言葉について

一九七四年六月、私は宮崎県東臼杵郡椎葉村をおとずれて猪狩の話を聞いた。主たる話者は椎葉村不土野の尾前に住む椎葉武義という七〇歳を越えた老人であり、五〇年来狩猟をおこなってきたというベテランであった。その話の中でとくに次の箇所が私の関心を引いた。

「ソジシというのは、鹿や猪の背中の肉をさすが、そこは霜降り肉のようにきめがこまかく、脂肪も多くないので、もっとも美味であり、猟師たちはそれを刺身にしてたべる。このようにうまい肉なので、他人にはなかなか分けてやりたがらない」云々。

このソジシは牛でいえば鞍下肉にあたる部分で、ひれ肉の名でもっとも好まれるのだから、猪や鹿でもまずかろうはずがない。しかし、椎葉老人の話を聞いて私が思い出したのは『後狩詞記』の中にある次の説明であった。この書物は、柳田国男が一九〇八年（明治四一年）に椎葉村に旅をし、当時の村長の中瀬淳氏から五晩にわたって猪や鹿の話を聞き、それをまとめて刊行したものである。先行する『狩詞記』という古書が存在するので『後狩詞記』と題せられた。その本の中に「狩」ことばが収録されており「ソシ」という項目がある。私の聞いた話と正反対の内容をもつ説明がそこには載っている。すなわち、

「ソシ　猪の背に沿いて付着する肉なり。外部なるをソトゾシと云い、内部なるをウチゾシと云う、最不味也」

この文章のあとに「そじしのむな国などというそじしなるべし」という柳田の注記が付されている。

私が柳田におくれること七〇年近くして椎葉の地を踏んだからといって、こうした名称が正反対の意味に変化しているはずはない。そこでさらにつっこんで話を聞くと、老人は次のように答えた。

「ソジシにはソトソジシとウチソジシがある。ソトソジシはうまいが、肋骨と腎臓の間にあるウチソジシはたいそうまずい」

そこで『後狩詞記』に「最不味也」とあるのはウチソジシにのみあてはまるのであって、ソトソジシにはあてはまらないことを知った。ところが一般にソジシというと背中の肉、つまりソトソジシを指すのである。『後狩詞記』のまぎらわしい記述はそのまま『綜合日本民俗語彙』に引きつがれて「ソシ」という項目をみると、次のような記述となっている。

「椎葉村の猟師たちは猪の背に沿うて付着する肉をそう呼び、ソトゾシ、ウチゾシの別があって味がよくないという（『後狩詞記』）。山梨県南都留郡道志村では、鹿のあばらのところにある上肉といっている。（『民伝』一四の二）」

これでみると、椎葉では味のよくない肉が、山梨県の道志村では上肉という混乱した内容となっている。それは『後狩詞記』のあいまいな記述を受け入れたからにほかならない。孫引きのおそろしさの例がここにあるのだが、私がソジシを問題にするのはほかでもない。それが天孫降臨について述べた記紀の内容に大きくかかわっているからである。日本書紀には、日向の襲（そ）の高千穂峯に天降った天孫は、

「膂肉の空国を、頓丘から国まぎとおり、吾田の長屋の笠狭崎にいたります」

と伝えている。

「膂肉の空国」はそじしのむなくにとよませている。この説明は一般的には、背中に肉が少ししか付いて

いないように、不毛でやせた国というふうに解されている。山また山でヒエばかり食べていた椎葉や米良、あるいは五箇庄ともちがい、高千穂のあたりはたしかにこの形容に値する山間の地である。しかし、ここに疑問が残るのは第一にソジシというもっともうまい肉がそのまま不毛というイメージにむすびつくかどうかという疑念である。書紀はまた他の箇所で「鹿の角のように無実（うつけ）たる国」という表現をもしている。要するに何も産物のないまずしい地方といいたいのである。だがそれはそのまま信じてよいのか。

『仲哀記』には、神功皇后が神がかりして、熊襲の国は「そじしのむなくに」であるが、海の彼方には金銀のゆたかな新羅の国があるという箇所がある。ここにおいて「そじしのむなくに」という語は、山間不毛の地を形容する素朴な表現でないことを知る。すなわちそれは金銀のゆたかな新羅との対比において、新羅を引きたてるためにのべられた比喩語である。なぜそうする必要があるかといえば、新羅に侵攻する理由づけをしたいためである。私はそこに日本書紀のもつ政治的な意図性があると思う。それは古事記と引きくらべてみるとよくわかる。古事記にはどう表現されているか。

「筑紫の日向の高千穂の久士（くし）ふる嶽に天降りまさしめき」とあり、「ここは韓国（からくに）に向かい、笠沙のみさきをまき通りて、朝日のただ射す国、夕陽の日照る国なり。故、ここはいとよきところ」とある。

これを見ると、古事記は日本書紀と正反対に、高千穂のあたりが、韓国の方にもむかい、笠沙の岬にもゆきとおって、たいそうよい土地であると、天孫の天降った土地にたいするよろこびを素直に表現している。日本書紀と古事記とがくいちがっていることはだれの目にもあきらかである。これは『古事記伝』を書いた本居宣長にとってはたいそう困ることであった。なぜなら、彼は日本書紀よりも古事記を尊重しているのに、古事記は「ここは韓国（からくに）にむかいて、いと吉（よ）き地なり」と述べて、韓国を讃美しているからである。皇国を讃美し、からごころを排する宣長には、むしろ日本書紀のほうがふさわしい表現をしていると思われた。古事記に立脚し『古事記伝』を著述する彼が、こともあろうに古事記の内容を日本書紀の文章にあわせようと不自然な操作をこころみた。古事記の原文は「向韓国」となっている。

そこでまずこの「向」は「肉」のあやまりとする。次には、その上に「膂」の字がぬけているとする。宣長のいうとおりに、古事記の原文を書きかえるとすると「向韓国」は「膂肉韓国」となる。宣長はさらに「韓」は「空」の借字であるとみなした。すると、そじしのむなくにの原文である日本書紀の「膂肉空国」という語ができあがるのである。「そじしのむなくに」から「韓国にむかいて」という古事記の文章が引き出されたとするのである。

なんという詐術であり、ペテンであろうか。それにしても宣長がここまで大修正を施さなければならなかった理由とは何か。

いうまでもなく彼にとっての聖書であった古事記が韓国を讃美しているということがガマンならなかったからである。

宣長はまず、むなくにという言葉をすえた。そして空国（むなくに）→空国（からくに）→韓国（からくに）という変化をたどった。これにたいして朝鮮の歴史家の金錫亨氏は『古代朝日関係史』の中で、古事記の問題の箇所を論じて、はじめに「韓国」があり、韓国→空国（からくに）→空国（むなくに）となったとみる。本居宣長の考えと正反対である。金錫亨氏は次のようにいう。

「天孫は山に降り、新しい居住地を定めるとき、そこが駕洛国（から）にむかい、よい位置にあったということ、朝鮮との伝来に便利であることを第一条件にしていたことがわかる」

この解釈はきわめて納得がいく。日本の支配階級が朝鮮から渡来してきたという考えは、かなり認められている説である。もし金氏の考えるように韓国という考えがはじめにあったとすれば「そじしのむなくに」という言葉をどう受けとったらよいだろうか。

「そじし」というのは、狩言葉であるから古くからあった。「そ」は背中を意味する。「そがい」とか「そびら」とかいう場合の「そ」がそれにあたる。日本書紀には「そじしのむなくに」という表現のほかに、一書には「そじしの胸副う国」ともある。そじしが背から胸のあばらにかけての肉をいうのであるから、この言葉は不自然ではない。そこで「そじしの胸副う国」が、「そじしのむなくに」になったのかもわからない。民俗学者の小野重朗氏は「そじしの美味(うま)くに」が「そじしのむなくに」と変化したかも知れないといったが、これも検討に価する。そじしは美味であるとするのが、猪や鹿の肉になれ親しんだものの、最初に念頭に浮ぶことだろうからである。

いずれにしても「そじしのむなくに」などという否定的な言辞は傍観者や他所者や知識人の言葉であって、その土地で生きる人たちの口にすることのない言葉である。何人といえども、誇なくして生きられない。自嘲的ないい方で自分の住む土地を表現している例を私は知らない。しかし、他所のゆたかな土地に住む人たちの眼からみれば、そこが不便でまずしい土地柄であるという事実は否定できない。

そこで「そじしの胸副う国」から「そじしのむなくに」へと変化することも可能であった。また、韓国が空国(からくに)へ、さらには空国(むなくに)へと変化することができた。この両者がまじりあって「そじしのむなくに」という表現が生まれたと私は見る。

「そじしのむなくに」という猪の身体語をめぐって、かくもさまざまな意見が対立する。古事記と日本書紀が対立し、本居宣長と金鍚亨氏が対立する。また柳田国男の聞き書きと私の聞き書きとがくい違っている。たんなる野獣の身体語といえども、それを仔細に点検すれば、わたしたちを意外な地点にまでみちびくのである。

（「古代学研究」第七八号、一九七五年一二月）

日本の夜と闇

〝夜〟とか〝闇〟とかが、――夜と闇とは異なるものだけれども、そういったものが、日本人の感性にどのように影響を与えてきたのか――ということで話をしろというのが与えられたテーマなわけです。たいへん大きなテーマなので、系統的に話をするのはむずかしいが、思いつくままに、それこそ〝夜話(よばなし)〟でも聞くつもりで聞いてもらうとして、とりあえず日本書紀に出てくる話からでもはじめることにしたい。

〝神〟は夜来る

大和に三輪山という山があります。ここの神というのが大物主神で、この神が小さい蛇の姿で夜、女のところへ通う話が日本書紀にみえている。

ちょっと読んでみますと、――この女の名前はヤマトトトヒモモソヒメというんですが――「このヤマトトトヒモモソヒメ、大物主神の妻となる。しかれども、その神、常に昼は見えずして夜見え給う」。つまり夜でないとやってこない。そこでヤマトトトヒモモソヒメが自分の愛人に語っていうには「君、常に昼は見えたまわねば、明らかにその御顔を見ることを得ず。願わくは、しばしとどまりたまえ。来るつ明日に仰ぎ見て美しき御姿を見たてまつらむと思う」――あなたのきれいな顔がみたい、夜、忍んでくる男の顔をみたいというわけです。そのときに大物主神が答えて、もっともな話である、と。明日、自分はおまえのクシゲ（櫛箱）の中にいてやろう、ただ、どんなかっこうをしていてもびっくりしてはいかんぞ、といった。ヤマトトトヒモモソヒメはいったい何をこの人はいおうとしているのだろうかと、心の裡にひそかにあやしむわけですが、「明るを待ちてくしげを見れば、まことに美しき小蛇あり。その長さ、太さ、下ひものごとし。すなわち驚きて叫ぶ。ときに大神恥じて、たちまち人の形となりたまう」――そして、おまえは驚きの声をあげて、こらえることをしなかった。そして私に恥をかかせた、今度はおまえに恥をかかせるということで大空を踏んで三輪山に登ってしまう。ヤマトトトヒモモソヒメはひどく後悔して、ハシを持ってそれを自分の女陰に突き入れて、それで死んでしまうわけです。それで、このヒメを三輪山のちょっと北の方の笠縫というところに墓をつくって葬った。箸墓という大きな前方後円墳です。それを作るときに反対側に二上山という山があって、その二上山の北側に逢坂山があって、そこから古墳をつくる石を切り出して、それを狩りだされた人たちが運んだ。たいへんな仕事で、順ぐりに手渡しにして運んだ。そして「この墓は昼は人つくり、夜は神つくる」という記述がある。夜は神が墓をつくったと書いてある。

要するに、夜になると神が忍んできて、昼は顔をみせない。また墓をつくるのにも昼は人がつくり、夜は神がつくるということ。〝神〟がやってくるのは夜であったということですね。つまり日本人は夜というものを、神のおとずれる時間として神秘的に考えていたということがいえると思う。昼は人間の倫理とか道徳とか共同体の規制があるわけですけれども、夜は神の法律、法則が支配する。

〝夜の感覚〟の退行

大物主という言葉自体も、すでにそのことを表わしている。奄美大島などでは化け物、物の怪のことを〝モノ〟、向うの言葉では〝ムン〟といっている。モノとは単なる物体ではなくしてモノノケのことで、大物主とは、そういうモノノケ的なモノの大きいやつの神様ということなんですね。

日本書紀の時代の大和平野に夜のとばりがおとずれる。昼の光がさしているうちは人間が活動していても、暗くなると人間の世界から神の世界になる。カミ、つまりモノが跳梁する。

そのように夜というのはカミの世界だったわけですが、同時に動物の世界でもあったわけです。哺乳類はがいして夜行性ですからね。昔の人間は狩猟に限らず、農業をやっていても、こういう夜行性の動物と密接なかかわりを持っていた。一晩中、番小屋にいて畑に入ってくるイノシシやシカを追わなければならなかった。ということは人間も動物的な〝夜の感覚〟といったものを持っていなければならなかった。今はそういうことはまったくなくなった。人間の中の動物的な感覚がかつては研ぎすまされていたのが、だんだん退行してきているわけです。

現代日本人は動物的な感覚が衰えてきているだけではなくて、夜、どんな世界が展開するかも、もうわからなくなってしまった。たとえば、ぼくは八重山群島の、もう台湾にほど近い与那国島に行ったことがありますが、あそこでは月夜というのが最大の恩恵なんです。つまり、夜というのは〝鼻をつままれてもわからない〟というけれども、ほんとうに真っ暗なんですね。月のない晩などは現代人には信じられないほどの真っ暗闇が支配する。そういうところで月というのがどれほどの恩恵であったことか。

柳田国男が『火の昔』という本を書いていて、その中に「他人恐ろし、闇夜はこわい、親と月夜はいつもよい」という歌がでてくる。そういう月夜の恩恵というものは、今の新宿あたりの〝夜〟の中にいたのでは絶対にわからない。与那国島では月の光で新聞が読める。非常に潤沢な光です。あそこではまた、月夜に〝夜遊び〟をする。月夜に浜に出て、蛇皮線の音色に合わせて男や女が歌ったり踊ったりする。これを向うの言葉で〝モーアシュビ〟といいます。〝モー〟というのは野原のことで、沖縄本島にはたとえば万座毛(まんざもう)という地名がありますが、だからモーアシュビとはつまり野遊びのことなんです。といっても夜しかやらない。――男と女が月の浜辺で一晩中笑いさざめき、性的な挑発をたがいに行ないながら楽しんでいく。こういう風景は以前はわりあいどこでも見られたわけですが、とくに戦後はそういう習慣がだんだん廃れてきた。

夜には若い連中はいそいそと若者宿だとか青年小屋へ出かけていくわけです。そこに寝とまりする人たちもいた。そういった昔の、青年が親元を離れて味わったウキウキした夜の感覚というやつは今でもないわけではないだろうが、現代とは比較にならない奥行きのある味わいを持っていたのではないだろうか。一日の激しい労働が終わって食事をして、その後の時間はそのように楽しむ。ときには何里もある遠いところにまで行ってしまう。闇夜のおそろしさ、月夜のたのしさ、これはふたつながら人びとのものだったのですね。

ひとつは、今は太陽暦に変わりましたが、昔は太陰暦だったわけで、月の満欠とか潮の干満だとかは生活の知恵として不可欠だった。ということは結局、夜の知識が豊富だったということ。だって潮というのは夜ひくときもあるし、逆に満ちてくるときもあるわけだから、漁業にたずさわる人だったら魚をとりに行くのにそれを知っていなければいけない。

〝夜の論理〟と〝昼の論理〟

ところで、かつての生活のありようの中には〝夜の論理〟と〝昼の論理〟というのが別々に存在していたように思う。これはある面では今でもそうなわけですけれども。たとえば、ぼくは鹿児島県の長島というところにいたことがあるけれども、そこは〝夜這い〟の盛んなところだったのです。夜になるとぼくの宿舎の外できまってヒタヒタと音がする。何だと思ったらゾウリばきで出かけていく。夜明けになるとまた帰ってくる足音がする。――夜のそういう人間関係というのは昼はまったく消えてしまうわけです。つまり昼の論理があって、パッと変わってしまう。

柳田国男の本にも出てくる話ですが、東北の、ある小さな漁村に伝わる盆踊りがある。その盆踊りの歌の中に「なにやとなされのう」――どうにでもしてくださいという意味の言葉が歌われているのです。柳田さんがその歌詞の意味をいくら聞いてもはずかしがってなかなかいわない。どうにでもしてください、というエロティックな歌をずうっとうたう盆踊りがあるんですね。その翌朝になると前の晩は踊っていた奥さんたちや娘さんたちが何事もなかったかのように畑仕事をして野菜かなんか摘んでいる。――そういうような描写を柳田さんがしているけれども、もうそこで昼の論理に切りかわっている。夜のことを昼に持ちこさない。昼のことをまた夜に持ちこさない。お座敷に出てくるとお酌する女はみんな、実際は亭主持っていたって何を持っていたって、その場では独身だというような雰囲気がある。日常性をそのままひきずらない、そこではまったくの個人として存在し、機能している。しかしその場を離れればまた日常的な秩序の中に入っていくということです。つまり夜の一種の無政府的な状況を昼に持ちこすと、これは続かない、共同体が維持できない。といって昼の秩序だけで押し通そうとしてもまたこれも続かない。どこかで秩序を崩さなければならないわけです。――しかし秩序を崩すということも大きな意味での秩序の中に入っているということなのですね。

絢爛、多彩な〝闇の絵巻〟

最初に大物主の話をしたわけですが、まあ、夜というと魔の世界ということになる。昼は太陽があって、差別というものをなくしてしまう。夜はこれに反して多彩なものがそこで活動している。梶井基次郎なんかは〝闇の絵巻〟ということをいっている。闇にそれぞれ色がついている。絢爛とした多彩な闇、といった感じがある。

ただ魔の世界でもそうだが、たとえばキリスト教世界とちがって日本には徹底したものがない。悪魔というのがなくて、天狗になってしまう。なんとなく滑稽感がつきまとう。ヨーロッパ的な文化というのは神と悪魔との対立を基底にしているけれども、日本では神と魔というのがくっついちゃっている。それから仏教にも悪魔的なものがない。天邪鬼ぐらいのものでしょう。灯台などに四天王の足にふみつけられている彫刻などがよくあるけれども、あれも仏教じゃなくて、もっと古い信仰からきてるんですね。

いまは太陽の運行に従う昼の論理で社会・文化が動いているけれども、月の運行に従う夜の論理の時代があったわけです。お祭りでも〝宵宮〟とか〝夜宮〟とかいって、必ず夜に御籠(おこも)りする。ということは、ひとつこういうこともいえる。つまり昔は夕方が一日の始まりだったわけですね。それから夜になって、昼になって夕方までで、これが一日。だから大晦日のときに夕方、おせち料理を食べますね。それは、新年がそこから始まっているということです。――日の暮れで一日が終わるということでもある。一日の労苦は一日で足れりで、夕方、そこで終わる。だから夕方というのは日本人の感覚の中で非常に重要な役割を持っているわけだ。夕方を〝逢魔が時〟という。子供が遊んでいて、夕方になってくると狂熱的になってくる。陣取り競争とかかくれんぼなんかは夕方というのがきわめて狂熱的なものを誘い出すような雰囲気の中でおこなわれる。

神かくしに会うなんていうのも夕方が多い。それから昔は〝夕占〟といって夕方に占いをする。夕方に、たとえば、ちょっと家を出てだれかに会うと、何のことなしに向うがあいさつをしますね。「麦はたくさんとれましたか」などというふつうのことばを非常に比喩的に解釈するわけです。これは自分にたくさん子供がさずかるという意味じゃないかとか、そういうふうに神秘的、象徴的に解釈していく。そういう習俗というのは万葉のころからあった。そういった夜の論理というのが今はまったくなくなってきて、夜でも昼の論理が支配しているのが現代でしょう。でも、そういう状況はどうなのか。盛り場の夜というのは、要するに昼の延長でしかないわけでしょう。

目の文化から耳の文化へ

こうやって考えてくると、結局、夜というのは人間の感覚を鋭敏にし、解放する働きをしてきたんじゃないかと思うわけですね。たとえば盲僧というか、盲目の坊さんたち、これはいわば永遠の夜を所有している人たちですよね。こういう人たちがすばらしい伝統芸術の保持者になっている。平家物語などの琵琶法師とかがそうですけれども、いまでも九州や山口県などにも盲僧のお寺がありますね。薩摩にはたくさんある。これがたいへんシャープな感覚を持っている。それだけではなくて日本の芸能の中では欠くことのできない語りものの世界を受け継いでいるということです。

だからこれからは、夜の論理の復権みたいなものが必要だと思うんだけれども、その中で夜の文化が出てくるとすれば、やっぱり目は閉じるというのを原則にして、耳における幻想というか、幻聴でもいいから、そういうものを核にして活性化をはかっていくということになるんじゃないだろうか。耳の芸術、耳の文化というのが夜文化として大いにとりいれられていかなくちゃならないし、開発していく必要があると思う。具体的にどうかといえば、なかなかそれはむずかしいけれども、そのことは大きなひとつの方向というものだろうという気がします。

（「月刊アドバタイジング」一九七六年二月号）

歴史と民俗学の緊張関係——有賀喜左衛門『一つの日本文化論——柳田国男に関連して』

柳田国男の学問を外部から批判することはさほどむずかしくない。しかし柳田の世界に足をふみ入れてその影響を受けた者が、柳田学から脱け出すことは至難のわざといわねばならぬ。それは柳田のぼう大な知識の蓄積とあらそわねばならぬし、また彼の直感力としのぎをけずらねばならぬ。しかし柳田の学恩を受けている者にとって、最大の恩返しとは、師説を祖述することでも、またそれを補強することでもなく、柳田の説を内部から批判することである、と私は考えている。

有賀喜左衛門氏はそれをなし得たごく少数の学者の一人である。有賀氏の精神は、本書のあとがきに次のように記されていることでも明らかである。氏は近年の思想史の立場からする評論が柳田の学問に新しい脚光をあびせたことを大いにみとめながら、更に語をついでいう。

「しかし、柳田の実証的な業績に対する実証的な批判は割に少なかった。というのは柳田のように長い年月をかけて、勉強してきた総合的で精密な研究に立ち向うことは実に困難であったからである。柳田が独創的で偉大な学者であることは疑いないが、無謬を信ずることはできない限り、われわれはその衣鉢をついで、民俗学をもっと発展させねばならないはずである」

私はこの尊敬すべき硬骨の言に衷心賛同の意を表する。目下、私は柳田の有名な「一眼小僧」の仮説に実証的に批判を加えようとしているから、かくべつ身につまされるのである。

ところで本書は、柳田がホトケという語はホトキという器物に食饌を入れて霊を祭ることに由来するという説を立てているのに対する批判を軸として展開されている。卒塔婆をホトケと呼んでいる地方は屋久島にもまた東北にもある。この南北の一致は何を物語るか。位牌のことも枕ボトケと言ったことからして、つまり常民のホトケは多くは木の柱に字を書いたものであった。それだけでなくオシラ様という桑の木人形のホトケまでも含んでいる。

こうして柳田は死者を意味するホトケという言葉が外来語から生じたものではなく、日本語から転用されたとする。このホトケは仏教とむすびついたが、仏教から生じた言葉ではないという主張である。そしてその語源となるものが死者を祭る時に用いた行器、すなわちホトキであったと言うのである。しかし、その場合、柳田はその転用年代を中世以前に求めなかった。

これにたいして有賀氏はホトケという言葉がすでに奈良時代中期には成立していることから、これと氏寺信仰との関係を注視する。竹取物語に「我子の仏」（ワガコノホトケ）とか「あが仏」（アガホトケ）という用語がみえ、それはかぐや姫にたいする畏敬と親愛をこめた呼びかけの言葉として使用されている。有賀氏はそれから連想して、七世紀に各豪族が氏寺を建てて先祖供養をはじめたとき、先祖を「あが氏のホトケ」またはおなじ意味をこめて「あが仏」と呼んでいたと推測する。つまり、その対象となる先祖の死者はホトケと呼ばれるカミなのであった。つまり、柳田説よりはるかに古くホトケという語が使用され、それはホトキという語とは別の出自であるというのが有賀説である。

本書はそのほか、マツリとホカヒの異同について柳田説を訂正する「盆とほかひ」という論文、さらに柳田国男の「聟入考」をとおしてみた歴史と民俗学との緊張関係など興味のある文章が収められている。また渋沢敬三、柳田国男、柳宗悦の三者の研究の位相を、民俗学（柳田）、民具（渋沢）、民芸（柳）の関連としてとらえた、力作が本書の末尾をかざっている。柳田、渋沢、柳の三者は常民の生活を明らかにするという共通の情熱をもちながら、微妙な点でそれぞれの立場のちがいをみせている。この三者の人となりをもっともよく知る有賀氏の証言が何にもまして貴重なことは、本書によくうかがうことができる。

（「日本読書新聞」一九七六年九月二七日）

「善意」のむずかしさ

私達が地方の風習やそこで起った事件をとりあげて報告するとき、それが善意であるほど思いちがいをすることがある。その例をいくつか挙げて、今後のいましめともしたい。

私は昭和三十五年に「日本残酷物語」の編集長であったが、その前年に沖縄の宮古島をおそって大打撃を与えた台風のことをうすうす知っていた。その台風というのは超大型で、宮古島では家屋はもちろん農作物も大きな被害を受けた。

城辺（ぐすくべ）町のある部落では総数一八〇戸のうち一五〇戸が蘇鉄（そてつ）で食いつなぐというありさまだった。残りの三〇戸も蘇鉄をまったく食べないというのではない。そのうち蘇鉄中毒のため犠牲者が出た。この惨状をみかねて「沖縄タイムス」は社説をかかげ、占領米軍当局と琉球民政府の救助政策の怠慢を責めた。しかし日本本土の新聞は、宮古島の飢饉について一行の記事も報道しなかった。私はそのことに義憤をおぼえて「日本残酷物語」の中の第二部「忘れられた土地」の巻にこれを取りあげて掲載した。

それから一〇年経って私は宮古島の土をはじめて踏んだ。宮古島では岡本恵昭という若い民俗学者とも友人になった。かなり親しくなってから、雑談の折、私は右の話をした。本土のジャーナリズムが黙殺した記事を私が活字にしたということで、宮古島にたいしても、いささか面目が立つと私がおもっていたことはまちがいない。ところが岡本恵昭は言下に、

「宮古島では日常的に蘇鉄を食べているのです」

と言った。私は即座には彼の真意をはかりかねたが、彼の語気があまりに烈しいので黙りこんだ。岡本はまたくりかえすように、

「宮古では蘇鉄を食べるというのはそんなにめずらしい話じゃないんです」

と言った。私は最初、狐につままれたように怪訝な気持でいたが、やがて岡本の真意がおぼろげに伝わってきた。と言っても彼が説明したわけではないから、私が推測しただけである。

おそらく彼の言い分はこうだったろう。外部の者が島の惨状を同情的に報告するのは結構だが、しかし蘇鉄中毒ということに一種のセンセーショナリズム、あるいは好奇の眼がはたらいてはいないか。そのかげに、蘇鉄を日常的に食用としなければならぬという島の苦しい現実はむしろ忘れられているのではないか。

彼の烈しい言葉の裏には、蘇鉄を常食としなければならぬ島民の言い難い悲しみが籠められていることに私は気が付いた。絶望が日常化している者の心を、なまなか外部者は測れないことをそのとき痛感した。

私とおなじように沖縄に関心をもっている民俗学者に桜井徳太郎氏がいる。桜井氏は昭和四十六年、宮古島の大浦部落での葬式に立ち会い、そのときの模様を、ある論文の中で報告している。墓の中に棺を入れるとき、埋葬人夫たちが、散乱する白骨をいとも無造作に鷲摑みにし、乱暴にも傍へ抛り投げたりしている。なかには故意ではないにしても足で踏みつけているものもいる。これはいったいどうしたわけか。これが祖先崇拝の念が篤いと評判をとっている宮古人の埋葬なのだろうか——と桜井氏はいきどおり、疑問を投げつけている。

この桜井氏の文章は宮古の人たちには違和感を与えるものであった。それを代弁するように、民俗学者の野口武徳氏は次のように抗議した。

「桜井氏が、氏の祖先崇拝の観念から憤りを感じられるのは自由である。しかし私はそこに氏の何か先入観を感ぜざるを得ないし、記録として記述されるのは結構であるが、ひとつの価値尺度で測られては大浦部落の住民はたまったものではない。そういう場合、それこそ桜井氏のいわれる霊魂観の側面から、それをなりたたせている社会と祖先崇拝のあり方、かかわりあい方について、一歩はなれて調査し、考えてみるべきではなかったろうか」

桜井氏ほどの調査に熟達した学者でも、現地の人びとの考え方をつかむのは容易ではない。善意には怒りがともなう。それが対象を見誤らせるのだ。

それについて忘れられないのは宮本常一氏が山口県大島の東端にある情島（なさけ）について書いた文章である。情島の漁民は一本釣をするとき櫓を押して船のかじをとる少年を必要としたが、戦後は広島県の八本松や呉の養護施設の子どもを使用する家もでてきた。ところがその多くは戦災孤児で、戦後の混乱のなかにあって性格が異常になっていた者も少くなかった。

こうした子どもをやとうようになってからは村の中にひんぴんと盗難がおこり、ときには飯びつが空になっていることもあった。これまで戸閉りをしなかった平和な島は荒されはじめた。どこの家にでもいって、人がいなければ釜の中の飯を食べる子がいた。そうした子どもをやとっている家では、他家への迷惑も大きくほとほと困ってしまった。帰すべき子の親元もない。そうしたとき二人の子供が逃げた。

巡査につかまってから、逃亡の理由に虐待をあげた。それから問題が大きくなった。警察や占領軍の取調べもあったが、取調べる方は最初から一つの意識をもっている。ただ虐待の事実だけを聞き出そうとする。島の人たちはその弁明をするまえに無口にならざるを得なかった、と宮本常一氏は述べている。

この事件は「怒りの孤島」という題の映画にもなった。映画は村民によるひどい児童虐待がおこなわれたと訴えている。だが実情はそうではなかった。むしろ島民が被害者であった。映画製作者は明らかに社会不正を糾弾する意気ごみに燃えていた。だがその善意がかえって、島民の深い苦悩や悲哀の底に向ける眼を失わせたのである。

（「諸君！」一九七六年九月号）

巳年の民俗学

蛇（へび）と人間との関係はとおく原始の楽園にさかのぼる。人間に知恵の木の実を食べることをそそのかしたのは蛇である。この話は太古にひろく分布していた説話の一つで、わが奄美大島では、翼のあるハブが赤い木の実を夫婦に食べさせたことになっている。その結果、男には喉仏（のどぼとけ）ができ女は産の苦しみをなめるようになったという点も創世記と一致しているが、だからといって奄美の説話がそのまねをして作られたとすることはできない。蛇にたいする強烈な関心は古くから人類共通であって一つの地方に限られるものではない。

日本で蛇の登場を確認するのは縄文時代の中期で、今から幾千年もまえのことである。信州の八ケ岳周辺から甲州盆地、さては関東の八王子付近にかけて、特異な勝坂式土器が出土する。口縁部に蛇身の装飾をもつ土器がそうである。なかには、マムシが女人の頭上にとぐろをまいている気味わるい土偶もまじっている。

かつて奄美大島には、頭髪にハブをはわせて、それがかみつかないことを衆人に誇示する風習儀礼がみられた。おなじことが縄文中期の女人土偶にもあてはまるのではないかと、私は『神・人間・動物』（平凡社）で論じたことがある。

蛇は脱皮をくりかえす。それが人間の注目をひいたことは、沖縄の宮古島にのこるつぎの昔話であきらかである。ある百姓が月と太陽から、人間には不死の水、蛇には死水をあびせよと命ぜられた。ところがちょっとしたすきに、蛇が不死の水をあびてしまったので、百姓は仕方なく人間に死水をあびせた。その罰として、百姓は水桶をかついだまま、今もって月の中に立たされている、という話である。これはロシアの民俗学者のネフスキーが宮古島旅行のとき採集したもので、いまは東洋文庫の『月と不死』（平凡社）と題する一冊におさめられている。最近、加藤九祚氏によって書かれたネフスキーの伝記『天の蛇』（河出書房新社）の題名は、宮古島で虹を呼ぶときのテンノパウからとったものである。パウは蛇を指す。蛇と虹とを同一視する民俗は、日本だけでなく諸外国にも多くの例をさがすことができる。

人間は蛇が脱皮する行為に、不死と再生のシンボルを見た。それは満ち欠けをくりかえす月も同様である。月と蛇にむすびつく昔話の型が世界各地に分布していることを論証したのは石田英一郎氏である。その論文は、彼の著書の『人間と文化の探究』（文藝春秋）に収められている。

蛇の姿は記紀や風土記にも出没する。よみの国のイザナミの死体には、八匹の蛇がからみついていた。蛇となって海の上から唖の皇子のあとを追っかけた出雲のヒナガ姫の物語もある。ナガという語は蛇をあらわすといわれる。ヤマタのオロチの故事をもち出すまでもなく、出雲は蛇に縁の深い風土である。蛇にたいする信仰は今日まで受けつがれている。私は昨年の十二月一日夜、出雲の稲佐の浜で行われた神むかえの祭を見たが、そのとき剝製のセグロウミヘビを三方にのせ、行列をつくってはこび、出雲大社の神前にうやうやしくささげる行事がある。このセグロウミヘビは沖縄列島付近にみられる南海産で、黒潮にのって出雲の海岸に漂着したものであるが、出雲の人たちは竜蛇さまとあがめ、呼びすてにすることはしない。

それについては、上田常一氏がその著『出雲の竜蛇』（松江市・園山書店）でこまかく追究している。

古事記には、有名な三輪山説話がのっている。夜な夜な娘のもとに通ってくる若い男の正体がわからないので、着物のはしに麻糸をむすびつけておいて、あとをたどっていくと、若い男と思ったのはじつは大蛇だったという物語である。これとそっくりの話が宮古島にも朝鮮にもブータンにもある。

蛇と人間の女との間に生まれた者の子孫には、蛇のうろこやしっぽの形を身体につけた者が出るという伝承も各地にのこっている。その代表例に豊後の緒方三郎や信濃の泉小次郎がある。これは聖痕、つまり神聖なしるしと思われた。今日でも厄年の女はうろこ模様の着物を着る。それは蛇にあやかって再生をねがう古代人の心の名ごりである。また葬式の先頭に蛇のかっこうをした葬具をかかげてすすむのも、死者の世界からのよみがえりを求める気持のあらわれにちがいない。このように、蛇と人間のつきあいは、もともと、恐怖や憎悪をこえて、つよい親和力にもとづくものであった。蛇が執念ぶかい動物としてきらわれ、蛇にとりつかれた家すじの迷信が生まれるにいたったのは後世のことにぞくすると、石塚尊俊氏はその著『日本の憑きもの』（未来社）で述べている。今日でも蛇を守護霊として大切にまつる風俗はすくなくないのである。

毒蛇としておそれられるハブでさえ、奄美や沖縄では山の神の使者としてあがめられた。このことは沖縄の生物学者の高良鉄夫氏の著『ハブ＝反鼻蛇』（琉球文教図書）にくわしい。なお奄美大島のつむぎ模様は、ハブの紋様にヒントを得たという説のあることを書きそえておく。

（「毎日新聞」一九七七年一月三日）

日本の民俗学を創った人びと

民俗学の創始者・柳田国男

日本文化は何千年も中国やヨーロッパを本場として、その模倣に終始してきた。海の彼方の文化をいちはやく取り入れ、その受け売りをする者がすぐれた学者と呼ばれてきた。この迷妄を打ち破ったのは、日本民俗学を創始した柳田国男である。かつて本居宣長は、からごころ（漢意）を排して日本人の古代の感じ方や考え方を明らかにすることに一生をついやした。宣長の方法は、古代文献を厳密に批判することであった。そのやり方は、徹底しているようでなお不充分であった。古代人の考え方や感じ方を知るためのもう一つの方法が残されていた。それは、文字を知らない人たちの社会に、ながく保存されてきている信仰や慣行をしらべることであった。この点に着目したのが、柳田国男である。

彼はもと東京帝大法学部出身の優秀な官僚であり、農政学を研究した。一方では、田山花袋や国木田独歩など文士仲間とさかんに交遊して、ヨーロッパ文化の新しいかおりに酔う青春時代を過ごした。しかし、柳田の眼は、しだいに日本国内にそそがれるようになった。

明治四十年（一九〇七）代のはじめ、柳田は九州日向（ひゅうが）の椎葉で聞いた狩の伝承をまとめて『後狩詞記（のちのかりのことばのき）』を世に送った。ついで、陸中遠野の人である佐々木喜善の話を聞き書きして『遠野物語』を刊行した。九州の椎葉と東北の遠野。この南北にかけはなれた地域の、しかも奥深い山村の記録が日本民俗学の出発を記念する作品である。

ここには、外国直輸入の深遠高尚な理論はまったく見られない。また、偉人英雄も登場しない。人間は野獣と格闘し共存しながら、文明の光の射さない生活を営んでいる。しかしそれだけに、自然に抱かれた人間の姿が鮮明にとらえられている。柳田がもっとも関心をもったのは、こうした、素朴な自然環境の人たちが、毎日何を食い、何を着、また何を感じ、何を考えたかということであった。それが分かると、日本人とは何かという問いに答えることができるにちがいない。こうした人たちは、中国文化やヨーロッパ文化の影響を受けることのもっとも少ない人たちである。つまり、日本人の生地（きじ）をもっともよく伝えている人びとである、というのが柳田の確信であった。柳田は、こうした人たちを常民と呼んだ。

民俗学は、常民の生活文化を研究する学問と呼んでさしつかえない。常民の特色は、古くからのしきたりや信仰に忠実であるということである。その意味は、さり気ない習俗のうしろに隠されている。しかしそれをつきつめていくと、日本人のもっとも奥深い感情や意識に触れることができる。その一例をあげると、餅をまるくこしらえ、にぎり飯を三角形に作るという慣習の中にも、大きな意味がひそんでいる。それは人間の心臓をかたどったものであるというのが、柳田の仮説である。

柳田はこうした仮説をつぎつぎに発表して、ヨーロッパやアメリカの学問でなければ、その名に価しないと決めこんでいた日本の知識人に衝撃を与えた。それはまた、はなばなしい権力間の闘争だけが新しい時代を開くものであり、文化の担い手は上層社会にかぎられるとする日本史の通説に根本的な変更を迫るものであった。

こうした柳田の超人的な活動が三十年位つづいた昭和十年（一九三五）前後には、一応民俗学の基礎が築かれた。民俗学が、日本の近代的な学問の中でも一番おそい出発をしたことを考えると、それは驚くべきことにちがいなかった。

民俗学を深化した折口信夫

柳田が開拓者であった民俗学を深化したのは、柳田の弟子の折口信夫である。彼は国文学の領域に民俗学の方法を取り入れながら、古代人の意識や信仰の源泉を探ることに成功した。折口は、柳田にまさるとも劣らないほどの鋭い感受性の持ち主であったから、民俗学に対する貢献は絶大であった。日本民俗学の地位は、この二人の天才によって揺るぎのないものとなった。

柳田と折口とが民俗学の中でもっとも力を注いだのは、日本人の信仰の解明であった。これを明らかにすることによって、日本の伝統の中心核がつかめるというのが、二人の一致した考えであった。とくに柳田の『海上の道』と折口の『民族史観における他界観念』は、この主題に肉迫した最重要な著作である。ともに最晩年の著述で、学術的遺言書と称せられている。

柳田と折口とに指導された日本民俗学は、沖縄の民俗が日本文化の古層をとく鍵であるということから、沖縄に対する傾斜をふかめた。それは日本の考古学が、大陸文化の影響下にある日本の古代文化を求めて、朝鮮半島や中国大陸に情熱をかたむけたのと対照的である。柳田と折口は大正十年(一九二一)頃にあいついで沖縄を訪れ、沖縄の重要性を発見した。それが、その後の日本民俗学の方向を決定した。彼らがこのように沖縄の文化を高く評価したことは、それまで関心の外に置かれていた沖縄の人たちに自信を与えた。沖縄出身の知識人の多くが、柳田と折口の感化や指導を受けていた一時期がある。

南方熊楠と渋沢敬三

日本民俗学は、柳田の強力な指導力によってかず多くの実績をあげた。折口信夫は、柳田とはちがったやり方で民俗学の主題を追求して、柳田を助けた。しかし、このほかにも南方熊楠や渋沢敬三などのすぐれた民俗学者がいたことを忘れることはできない。南方熊楠は、柳田より年上で、古今東西の知識に通暁していた。柳田は、南方の教えを乞うていた時代がある。そのあと二人の間は疎遠になったが、この二人の終生の協力が実現していたら、日本の民俗学はさらに大きな成果をあげていたことは間違いあるまい。また、渋沢敬三はその下にかず多くの弟子を集め、とくに民具の蒐集に力を注いだ。柳田や折口は日本人の意識に目をむけていたから、渋沢が常民の物質文化を重視したことは、柳田や折口の欠陥をおぎなう役割を果たした。

日本民俗学は、国民共同の疑問をとくことを志す学問である。それゆえに、日本民族の内省の学ともいわれる。従来、取るに足りないと思われていた常民の生活を深く点検すれば、それが思わぬ広大な領域につながっていくことを日本民俗学は実証した。ナショナルからインターナショナルへ、特殊をきわめることで普遍へ通じる道がある。それが、日本民俗学の方法である。日本人が思想や文化を構築する場合の共通のベースを提供することが、日本民俗学の目的である。日本民俗学は、今日では日本の中でも、もっとも独創的な学問の一つであると評価されている。それは、外国人の物真似ではないからである。輸入された学問が多いなかに、日本民俗学はめずらしく輸出が可能な学問と見なされている。それは、柳田国男や折口信夫をはじめ、かず多くの民俗学徒のながい苦闘のたまものである。

（『昭和の学芸』暁教育図書、一九七七年九月）

黒潮文化の比重を占うために——石井忠『漂着物(よりもの)の博物誌』序

柳田国男が生きていたら、本書の刊行をもっともよろこんだ一人だと私は確信する。私は柳田の晩年に彼と幾度か会ったが、その碩学の笑顔は日本人の思想の胸腔をひろくし、その感情の肺臓をつよくするものへの、無限の承認にみちていた。彼の代表作『海上の道』は学術的遺言書と称せられるにふさわしい大きな夢を南の海につないでいる。琉球弧のさらに南から日本列島を目指して北上する黒潮の存在という動かしがたい前提をふまえているだけに、彼の夢は、日本人への、国家主義とは無縁な激励であったが、その仮説に具体的な証拠のとぼしいことが難点とされていた。

柳田が若い時分に三河の伊良湖岬で椰子の実の漂着したのを実見し、日本列島と南方文化とのつながりに思いを馳せたことは有名な話であるが、それが藤村の詩にうたわれる機縁となったという挿話さえも、近頃はかえって柳田の『海上の道』の仮説を、割引いて考える材料にする傾向すら生じた。椰子の実とは所詮、詩的幻想にすぎないという次第である。椰子の実が一個や二個流れついたからといって、それを南方文化の渡来の物的証拠とするのはおこがましい、という冷笑である。しかしそうした愚かしいきめつけに対するもっとも有力な反証を、石井忠さんは提供した。私には柳田のうれしそうな笑顔が見える気がする。

石井さんのやり方は、学問的と称するあやしげな図式を机上にもてあそぶ輩とはまったくちがっていて、つまり自分の居住地に近い海岸を毎日たんねんに見てまわり、打ち揚げられた漂着物をしらべるというものであるが、その方法の素朴さによって、いかなるケレン味もない大自然の不断のいとなみをみごとに捉えることができた。

石井さんの方法は素朴であるが、眼のつけ方はきわめて斬新である。というのも、古来、日本人の生活にとって漂着物はかけがえのないものとみなされてきたからである。漂着神という言葉もあるとおり、漂着する石や木を神に祀るところは多い。計画的な渡来ではなく、波のまにまに流れつくものを、日本人は神とみなしてあがめた。漂着物の意味はきわめて大きいといわねばならぬ。

しかも、石井さんの調査の対象となった場所は、玄界灘に面し、日本海にむかう黒潮が沖合をとおるところである。その地域には日本最古の海人が発生した場所が含まれており、日本列島に及ぼす南方からの漂着文化の実態を測定するのにもっともふさわしいモデル地区であった。

日本列島全体からすればごく限られた地方であるが、最適の場所をえらんで調査した石井さんの報告は、日本列島に影響を与えた黒潮文化の比重をうらなうのに、不可欠な価値をもっている。日本文化の基層にかかわる主題が、一地方の、かくれた学徒の無私の努力によって解明されようとしていることは、はじめて石井さんの文章を読んだときの大きなおどろきであった。このおどろきは、私だけが独占せず、本書によって一人でも多くの人びとにわかちたいと念願してやまない。

昭和五十二年四月二十日

谷川健一

(『漂着物の博物誌』西日本新聞社、一九七七年九月)

民話とお伽草子、その相互照射

一

最近刊行された佐竹昭広氏の「酒呑童子異聞」の冒頭に弥三郎風のことが紹介され論じられている。弥三郎というのは近江国伊吹山を中心とする口碑の主人公で、異常な力をもつ人物である。弥三郎風というのも近江国の山の木をなかば吹きたおすほどの強風であって、弥三郎が伊吹山から吹きおろす風とおそれられていた。この伊吹の弥三郎と近江国の大野木というところに住む有徳人の姫君の間に生まれた子供が伊吹童子と呼ばれたという話はお伽草子の中の「伊吹童子」にうかがえる。佐竹氏は弥三郎の本性が蛇体であったことを例証している。それはそれとして興味がある話だが、今回は省略する。

私の関心は、本稿では弥三郎という名前にかかっている。佐竹氏はここで柏原弥三郎という近江国に住む豪の者の話を史実から引き出している。我儘なふるまいが重なったので建仁元年（一二〇一）に誅伐されたことが「吾妻鏡」にのっているそうである。柏原荘には大野木や伊吹などの地名も含まれている。ここから寺領を押領し、貢納をうばい、人を殺すのをなんともおもわぬ柏原弥三郎の恐怖の所業が語りつがれていく過程において、史実の主人公がいつしか伝説の主人公へと変貌していったことを佐竹氏は力説している。江戸の初めに湖国に吹き荒れた大風を当時の人たちが弥三郎風とよんだのも、柏原弥三郎誅伐以来四百年がすぎてもなお、弥三郎は近江の国人の胸に生きつづけたと見るのである。

佐竹氏は史実の凶賊が伝説の鬼神へと変貌していくなかで生まれた多くの弥三郎伝説の中に仮名草子「日本二十四孝」（寛文五年刊）の中の弥三郎伝説のあることにも触れている。それは次のような筋のものである。

「近江国の伊吹山に弥三郎という者がいた。その身体は鉄のようで千人力を超える超人であった。そこで国中のものはおそれて鬼伊吹と呼んでいた。この伊吹の弥三郎は朝廷に奉るみつぎものをうばったので、朝廷は退治しようとしたが、何しろ切っても突いても痛くない身体の持主で、矢を射てもその身体ははねかえした。そのころ、伊吹の弥三郎は三上（みかみ）と名乗る兵法の達人の娘に懸想していた。三上は弥三郎を討って朝廷のほうびにあずかろうと、一人娘を弥三郎に与えた。そして弥三郎の身体が鉄のように固くても、左右の脇の下だけがふつうの人間とおなじであることをさぐりあてた。あるとき三上は弥三郎をまねいて庭石を動かすことを頼んだ。弥三郎はその依頼に応じて、小山のような大石をもちあげた。そこを見計らって、三上は脇の下を突きあげた。弥三郎はついに死んでしまった」

というものである。

ところで、鉄人は全身が鉄でできているが、ただ一カ所が肉身であるために、その箇所を刺して殺すという説話が日本にいくつか残っている。それを大林太良氏は「本朝鉄人伝奇」の中であつめている。それにはもちろん伊吹山の例もはいっている。大林氏はそれらが農民的な話ではなく、戦士的な話で、金属文化を背景としていることを指摘している。

私もまた沖縄の宮古島に次のような神歌が伝わっていることを、稲村賢敷氏の「宮古島庶民史」の中で読んだことがある。鍛冶の神が日本から沖縄にわたって、鍛冶の技法を伝えながら、宮古、八重山と南下して最西端の与那国島までいったとき、そこで大変凶暴なふるまいが多くて島民が迷惑した。鍛冶神は全身黒鉄をもって作られており、強力無比であるが、くびに一寸角ぐらいの肉身がのこされていた。鍛冶神が眠っているずきに、その妻はかねて知った自分の夫の急所を匕首(あいくち)でつき刺して、島民から感謝されたという筋である。

これらを見ると、伊吹の弥三郎というあばれ者は鍛冶神であったから、鉄人のように不死身であったと推測してみることができる。伊吹山の猛風は近江の国にも、美濃尾張の国にも、つとに知られている。草津市の琵琶湖のほとりにある志那(しな)あたりでは、北東の風がつよく吹くことを「今日はイブウや」というと地元の人に聞いたことがある。昔の近江の人たちは、伊吹山の強風を弥三郎の伝説にひっかけて、弥三郎風と表現したものと思われる。

伊吹山の猛風は鍛冶の神の贈り物であった。私はかつて岐阜県不破郡垂井町にある南宮神社の宮司の宇都宮さんに次の話を聞いたことがある。伊吹おろしと呼ばれる西北風が吹きまくる冬には、むかしはたたらを風の方向にむけておくと、足でつよくふまないでも、風が炉に入って炭をおこすことができた、と鋳物師仲間が言っていたという話である。

伊吹山の周辺には古代からこの風を利用して銅や鉄を精錬する人たちが住んでいた。それは伊吹山の美濃がわのふもとに伊富岐神社があり、近江がわのふもとに伊吹神社があることからも分かる。それをまつる古代氏族が伊福部氏であり、伊福部氏はおそらく銅鐸をも作っていた技術者集団であったことは「青銅の神の足跡」（雑誌「すばる」連載）でしばしば触れてきたところである。伊福部氏のフクは銅を吹くことを意味し、伊吹山のフキも炉に風を入れることを意味しており、両者は関連をもっている。

二

この弥三郎で思い出すのは越後の弥彦神社にまつわる弥三郎婆の説話である。弥彦の弥三郎婆は、弥彦の鬼婆といっておそれられた伝説中の人物で、弥彦神社の代々の鍛冶職の家柄であった黒津弥三郎の母とされている。この老婆は悪業の限りをつくしたが、ついに弥三郎が狩をして帰る途を待ち受け、その獲物をうばおうとして逆に片腕を切り落されたという。そののちも諸国を自由に飛行して人を苦しめたが、ついには典海大僧正に説教を受けて、前非を悔い、名も妙多羅天女（みょうたらてんぎょ）とたまわったという。この天女をまつる宝光院は、弥彦神社の背後の森の中にある。そこの御堂には妙多羅天女像がまつられている。妙多羅とは奇妙な名前である。弥彦山中には「宮多羅」という地名があって、俗に「オンバのネドコ」といわれて、そこが妙多羅天女の終焉地とされている由であるが、この名前から私が連想するのは、弥彦神社の祭神はタラ（またはウドともいう）で目をついて片目になったという伝承である。目一つの神は記紀や古語拾遺などには天目一箇神（あめのまひとつ）と名乗り、鍛冶氏族の祖神とされている。そこでこの弥彦神の伝承にあるタラの木が多羅という固有名詞に反映しているのではないかと私は想像する。「佐渡風土記」には妙虎天となっている。トラと呼ばれる回国の巫女によって伝えられたとも思えなくないが、すくなくとも弥彦あたりではトラとは呼ばず、タラと呼んでいることはたしかである。

この考証はこのくらいにしておく。弥彦神社のもと宮司の高橋吉雄氏が書いた「弥彦山周辺の史蹟と伝説」という書物によると、黒津家は弥彦大神の随神である伊南鹿の第二子長辺の末裔といわれ、代々弥彦神社の鍛匠として奉仕したが、第七十二代白河院の御代、すなわち承暦三年（一〇七九）に弥彦神社の造営工事がおこなわれたとき、鍛匠と工匠（大工の棟梁家）とが上棟式の第一日目の奉仕を主張してゆずらず、とうとう工匠は第一日、鍛匠は第二日に奉仕すべしと裁断された。そこで黒津弥三郎の母は憤怒のあまり悪念をきざし、諸々方々に飛行して悪業に専念することになったと説明されている。

さきに伊吹の弥三郎の原型を佐竹氏が柏原弥三郎に求めたように、ここでも弥三郎婆の原型を黒津弥三郎の母に求めることができるかも知れない。しかし、弥彦の弥三郎婆の伝説の由来をつげる右の話は後世の付会の匂いがする。というのも弥彦付近には、次のような話がつたわっているからである。

「鍛冶と大工が言い争いをした。その起りはこの世での仕事の始まりは、鍛冶が先か大工が先かということで、鍛冶に言わせると「かんなやのみなどの鍛冶が作った道具がなくては大工は仕事になるまい」。大工に言わせると「ふいごを大工がこさえなければ鍛冶は出来まい」。ところが十二月八日に天からふいごが降ってきたということで、鍛冶が勝った。その日を金山講として、一日昔のことを語り合ってお神酒をあげてお祭りするようになった」

この話をみると、鍛冶が大工に勝ったことになっており、黒津弥三郎の話とは逆になっている。私にはこの説話の方が古いように思われる。それは次の理由からである。

ふいごが天から降るというのと酷似する伝承が、大和国高市郡にも残っている。「大和史料」には「日本の鍛冶は大和国高市郡より起る。昔、神代の御時、石槌（いわつち）、鉄錐（かなはし）の天より降るところ。なずけて鉄錐庄と云う」とある。そこの磐橋神社は鍛冶神の天目一箇神をまつるという。空から鍛冶の道具が降ってくるという説話はアフリカのエヴェ族などにもあり、世界にひろく分布している。これによっても弥彦神が鍛冶神であり、しかもその民間説話は古くまで遡及できることが立証される。

柳田国男は「桃太郎の誕生」の中で弥三郎婆について述べている。それによると弥三郎婆は弥彦付近の農夫の弥三郎の母となっているものもある。弥三郎は綱使い、すなわち田んぼに出て鳥を捕るのを業とする者であった。ある日狼たちに追われて木の上にのぼると、狼たちはやぐらをくんで迫ってきたが、とどかない。そこで弥三郎婆さんを頼もうと一ぴきの狼が走っていく。はて、弥三郎婆さんといえばうちの婆さんのことだとおもっていると、にわかに西の空が荒れ出して黒雲がひろがった。その雲の中から大きな手が出てきて、弥三郎の首すじをつかんだ。腰に差した鉈をだして力まかせにぶったぎると、血が流れた。狼たちはかなわんと逃げた。その腕をかかえて家にもどると、奥の間で婆さんがうんうん唸っている。針金のような毛の生えた腕を婆さんの寝ているところにもっていくと、老婆はたちまち鬼婆のすがたになり、その腕をひったくり、自分の腕の切り口にくっつけて逃げた。鬼婆が弥三郎の婆を食って化けていたのであった云々。この類話は各地にあるが、とくに四国土佐の伝承が知られている。その中では狼たちが「鍛冶屋の婆様を頼んでこい」と言ったことになっている。そうして狼に追われて逃げた女が産婦であったという点が共通である。ここには鍛冶屋の母が安産の呪術に参与することが暗示されている。「鍛冶の母なるものが今日の産婆の前身、すなはち半ば信仰の助けを借りて婦女産褥の悩み憂ひを、軽くする役目を持つて居たのでは無いかと考へて居る」（『定本柳田國男集』第八巻、二五二ページ）

たたらは一つの子宮であり、鍛冶技術は産婦人科とおなじだとエリアーデは言っている。これらのことからみても弥三郎婆の伝承もまた鍛冶屋の婆と縁由をもっていたことが推察される。それが果して弥彦神社の社家である黒津家の弥三郎から出発するかは、はなはだうたがわしいとしても、黒津弥三郎なるものが実在していたとすれば、それとむすびついたことだけはまちがいない。

弥三郎婆と鍛冶屋との関係を伝えるものに次の話がある。越後三島郡来迎村、むかしの朝日村に炭焼の権という正直者がいた。そこに弥彦の弥三郎婆がやってきた。そうして嫁を世話しようという。弥三郎婆は大坂鴻池家の娘をさらってきた。その娘は権の嫁になった。嫁は小判を出して買物を頼んだが、夫の権は小判を雁に投げつける。女房があきれていると、そんなものはたくさんあるという。果して黄金がたくさんあった。権長者のいた沢は今も「権が沢」といって残っている。

いうまでもなく炭焼長者の伝説であるが、そこに弥三郎婆が登場するというのは興味ふかい。というのも炭焼長者伝説は鋳物師や鍛冶屋が各地をあるきながらはこんでいった説話であることが、ほぼたしかと見られるからである。弥三郎婆も、鍛冶職の家に生まれていることから、このむすびつきは偶然ではあるまい。

私が調べたところでは、弥彦神社からは弥彦山塊を越えて日本海に出たあたりの間瀬や野積というところには、古くから銅山がさかえていた。つい四、五年まえにこのあたりで自然銅の塊をひろったという人に出会ったことがある。弥彦神社の祭神を天香山命または高倉下命としたのは後世のこととしても、この神がそもそものはじめから銅の採掘や精錬と縁由があったと考えるのはきわめて自然である。

三

ところで弥三郎婆が片手を切られる話は羅生門の鬼退治の話を思わせるが、羅生門の鬼は、お伽草子の「酒呑童子」では、酒呑童子の一の子分の茨木童子の名で登場し、頼光の家来の渡辺綱と大江山でふたたびわたりあうという趣向になっている。このことは弥三郎の話が酒呑童子の物語と、なにがしかの縁由があるのではないかと思わせる素材となるものである。

弥彦神社はもともと弥彦山塊につながる国上山にあったのではないかという話を私は現地で聞いたことがある。この国上山の国上寺には、寺宝の酒顛童子絵巻物が伝わっている。それによると、越後国砂子塚（西蒲原郡分水町大字砂子塚）の城主石瀬善次俊綱は桓武帝の皇子桃園親王の家臣といわれ、桃園親王が越後に流罪に処せられたとき、その従者として寺泊の港に上陸し、のち砂子塚に住んだ。砂子塚と寺泊、国上寺、間瀬、野積、弥彦神社などは近距離の間にかたまっている地名である。

さて俊綱にはなかなか子供ができないので、妻と共に信濃の戸隠山の権現に参拝祈願したところ、妻は懐妊したが、三年間も胎内にあってようやく男子が生まれた。幼名を外道丸と名づけたが、手のつけられない乱暴者である一方、ずばぬけた美貌の持主だった。両親は外道丸の乱暴ぶりを懸念して、国上山国上寺へ稚児として出し、仏道と学問の修行にはげませることにした。外道丸は国上寺ではおとなしくなったが、その美貌ゆえに多くの女たちに恋慕された。そうするうち、外道丸に恋慕した娘たちは次々に死ぬという不吉な噂が立ちはじめた。そこで外道丸はこれまで貰っていた恋文を焼き捨てようと箪笥を開けたとたん、もうもうたる煙が立ちこめて、煙にまかれてたおれた。しばらく気を失っていた外道丸がようやく起きあがると、そのすがたは見るもむざんな悪鬼の様相になっていた。

外道丸は茫然自失の体であったが、飛鳥のように身をおどらせて中天高く飛びあがり、姿を消した。そののちは丹波の大江山に移り住み、岩屋に立てこもって酒顛童子と名乗り、源頼光によって討伐されたという筋の話である。

お伽草子の「酒呑童子」の中に「某（それがし）が古（いにし）へを語り聞かせ申すべし。本国の越後の者、山寺（やまでら）育ちの児（ちご）なりしが、法師のねたみあるにより、あまたの法師を刺し殺し、その夜に比叡の山に着きわが住む山ぞと思ひしに……」とある。

この国上寺の絵巻物につたえられる物語はお伽草子の右の箇所をふまえて作りあげたものであろうか。つまり「本国は越後の者、山寺育ちの児なりしが」という一条にはあまり重きを置かないですむものか。あるいはまた酒呑童子の話は、越後の国ともともとかかわるものがあったと考えるべきであろうか、私にはにわかにきめがたい。しかし「丹後考」には酒呑童子は越後蒲原郡の生まれであるとしているから、そうした伝承が丹後の方にもあったことはたしかである。

越後の国上には、現在も、草に埋もれているが、国上寺からふもとの部落へいく稚児道というのがあり、国上寺の稚児僧が弥彦神社へ通った道だといわれている。この稚児道では弥三郎婆や酒呑童子が出没して稚児をさらったと伝えられている。そうして明治まで国上寺でおこなわれる稚児の舞には稚児にひとりびとり、かみしも姿の壮漢が太刀をもって守っていた。これは昔、鬼婆の襲撃にそなえて始められたことであると考えられている。

以上は、藤田治雄氏の文章（「高志路」二四一号）によるものであるが、ここでは酒呑童子と弥三郎婆は混同されている。それは酒呑童子や茨木童子の原型が弥三郎婆にあったことをおもわせるものである。

弥三郎婆が空中を自在に飛行して相手を攻撃するというのは、外道丸が空を飛んで姿を消すというのと似ているが、さらには、酒呑童子も越後の山寺から一夜のうちに比叡山に到着している。これらの共通部分をどのように理解したらよいのであろうか。国上寺は山伏と関係のある寺であったから、役の行者とか山伏とつなげて把握するべきだろうか。

佐竹氏は、伊吹山の酒呑童子伝説は、大江山の酒呑童子伝説よりおくれて発生したと考えている。つまり建仁元年五月九日に伊吹山の凶賊である柏原弥三郎が誅に伏した事件が、後世になって大江山の酒呑童子退治の物語に付会されて、伊吹山とむすびつけられて成立したと推測している。私もこの点に異論はないが、それにしてもふしぎにおもわれるのは、伊吹の弥三郎と越後の弥三郎婆の話にすくなからぬ共通項が見出されることである。しかもこの二つの話はふしぎにもともに大江山の酒呑童子にかかわりをもつのである。

伊吹の弥三郎伝説とちがった側面といえば、越後の弥三郎婆が千匹狼の伝説と重なりあう部分を多分に含んでいる点である。しかし、全身が鉄でおおわれた鉄人の話は、さきに紹介した宮古島の神歌をとおしてみると、鍛冶の技術を伝える鍛冶神の話にほかならぬ。千匹狼が鍛冶屋の母の話であるように。そうした面では伊吹の弥三郎と越後の弥三郎婆の話は本質的につながっている。また大風を起こして空中を飛行する伊勢の多度（たど）神社の一目連（いちもくれん）が鍛冶の神としてまぎれもないところからみて、黒雲を起こして空を飛ぶ弥三郎婆も、伊吹山から猛風を吹きおろす弥三郎も鍛冶神の属性を示しているとみられる。伊吹山も弥彦山も銅や鉄の精錬とかかわりをもつ山である。

とすれば、伊吹の弥三郎にまつわる鉄人の話も、千匹狼の変形とみられる越後の弥三郎婆の話も、大鍛冶小鍛冶の連中が、漂泊の途次に残していった伝説とみることができる。ただ、越後には弥彦神社の社家に鍛冶職の家があって、それがたまたま黒津弥三郎であったところから、弥三郎婆の話が固有名詞と習合してしまった。これは伊吹の弥三郎のばあいもあてはまるのではなかろうか。つまり、もともと固有名詞ぬきにそうした伝説（つまり伊吹では鉄人、弥彦では千匹狼）があったところに、それにふさわしい弥三郎なる者が中世にあらわれたので、弥三郎という固有名詞が伝説に組み入れられたと私は見る。たとえば弥三郎婆の話の原型はすでに今昔物語巻二十七の「猟師の母、鬼となりて子をくらわむとせること」の中に見出すことができる。それにしても伊吹と越後に弥三郎というおなじ名前の人物が実在して、それらと伝説が習合するということは偶然の一致にすぎないのだろうか。あるいは弥三郎というのは、ありふれた名前ながら、そうした伝説とむすびつくのにふさわしい信仰上のかくれた意味をもっているのであるのか。それは私には今のところ分からないとしか言い様がない。

ついでに大江山の鬼についてふれておきたい。京都府の「加佐郡誌」によると、酒呑童子のいた大江山というのは千丈が嶽を指す。舞鶴をへだたること五里ばかりで、ふもとには頼光が休んだという鬼が茶屋というところがある。この鬼が茶屋から大江山の登道には、最近まで日本興業の大きな銅山が稼業していたのが見られ、またふもとの仏性寺にも銅山跡がみとめられることを若尾五雄氏は「鬼と金工」（「日本民俗学」六九号）の中で報告している。若尾氏によると鬼と名のつく地名や人名は鉱山や鍛冶と深い関係をもっているという。その豊富な実例からみて若尾説はうごかしがたい。出雲国風土記にも目一つの鬼が出てくるが、これは鉱山に関係ある者を指すとされている。

ところで、窪田蔵郎氏の「鉄の生活史」によると、一般農民と竹矢来などでへだてられて、鉄山で働く労働者は山内者（さんない）と呼ばれて昼夜の別なき労働を強制されていた。山内に逃げこんだ者には、食いつめ者、あぶれ者が多く、罪人などもまじっていたので、小銭がはいると酒やバクチにふけり、女性関係も悪質だったと述べてある。私は鉱山労働者が金属を精錬するので鬼とよばれたこと、また彼らが無法者でありながら、周囲と隔絶された生活を強いられていたことから、付近の農夫の女をかどわかすこともしばしばあったと想像する。こうしたことから大江山の鬼が都に出ては若い娘たちをさらっていくという伝承が生まれたのではないかと考えている。

（「國文学──解釈と教材の研究」一九七七年一二月号）

日本民俗学にとって記念碑的作品――伊藤清司『〈花咲爺〉の源流』解説

「倭は自ら太伯の後なりという」と『魏略』にある一句は、古来いかがわしい虚説としてしりぞけられてきた。本居宣長のように日本を神国とみなす国学者にとってはとくにがまんならないものと思われた。しかし近来の考古学、神話学、民間伝承学などの分野では、この一句は次第に重みを加えてきている。というのも、日本人のルーツをさぐるとすると、それがおのずから揚子江の河口付近から中国南部にかけての地域へとつながっていくことはもはや動かせない事実と見なされてきているからである。

記紀を読むと日本の支配階級が呉国にとりわけ親近感をおぼえていたことがよく分かる。呉の太伯の後裔と自称する伝統は、本居宣長たちがいかに打ち消そうと、古代の日本に存在したのである。あるいは干将莫邪（かんしょうばくや）の二剣の話は彼の地への憧憬をかき立てるきっかけの一つになっていたかも知れない。「太刀ならば呉（くれ）の真刀（まさひ）」と呼ばれて重宝されたことは、日本書紀も記している。太田亮は呉（くれ）という言葉は日の暮れる方向にある国という意味だとするが、九州の西海岸で生まれ育った私は、この言葉にこめられた感情を理解することができる。東国に比べると、九州の西海岸は日の暮れるのがおそい場所であり、更にその西にもっとおそい日暮れがある、という実感は、幼少の頃から私の無意識のなかに刻みこまれていた。私は東シナ海のおだやかな夕方を知っている。天草の富岡では、夕なぎのとき耳を澄すとシナ語が聞えてくると地元の人たちは言い伝えている。上海はかつて長崎県上海市といわれ、長崎の女の人たちは日和下駄をはいて、上海まで買い物にいった。

揚子江の河口にある舟山列島の普陀山寺は、補陀落渡海の目安であった。越王が呉国をほろぼしたとき、あわれんで呉王に与えようとした勾章県甬東は舟山列島のあたりを指す。これには深い意味がこめられているとおもう。舟山列島は呉国ととくべつな関係があったからではないだろうか。つまり舟山列島には呉国の水人もまた多く住みついていたのではないか。舟山列島から五島列島までの距離はわずかである。こうしたことが補陀落渡海の意識の源流にあったと私は見る。五島のみみらくから遣唐使船が出発して舟山列島を目指したこともある。補陀落渡海航は熊野や土佐や摂津のほか、肥後の伊倉や高瀬からも出発している。こうしてみるとき、日本人の意識の底流には、民族渡来の原点にかえろうとする衝動が秘められていることは否定できないように思われる。

大隅の日秀上人が補陀落山に参詣するため舟山列島までいったという記録がある。それについて思い出すのは、大隅の正八幡宮に陳大王の娘が大隅国にながれついたという伝承のあることである。日秀上人は『三国名勝図会』によると、屋久島の杉材をもって正八幡宮を再興した人物である。また『神社啓蒙』によると、大隅正八幡宮は呉の太伯をまつるとされている。これらの俗伝の一致して暗示するのは、呉および舟山列島の関係である。

貝塚茂樹氏は次のような興味のある事実を述べている。一九五四年、中国の江蘇省丹徒県の揚子江岸の台地で十数個の青銅器が発見されたが、そのなかには周初の中原式の銅器がまじっており、その器の銘文には宜侯矢（しょく）が周の康王によってこの地に封ぜられたと書かれていた。周の二王子の太伯と虞仲が弟の王季に王位をゆずるために南にはしり、蛮族の中に身を投じ、建てた国が呉国であるという古伝承がある。貝塚氏はこの伝承の二王子ではないにしても、ともかく周族の有力な貴族が揚子江南に宜という植民都市国家をたてたことはまぎれもない歴史事実であったことを指摘している（『中国の歴史』）。とすれば、倭が自分たちを太伯の後裔と自称するのも、なにがしかの歴史的事実をふまえているかも知れない。これらの青銅器群には、先史時代から江南地方で作られている印文土器とおなじ幾何学的な文様がしるされたことも見のがしがたい。

印文土器については、私も一昨年、釜山の東亜大学の博物館に陳列されてあるのを見たことがある。かたわらに平形銅鉾や鉄滓、そしてフイゴの口がおかれてあった。これらは、一九七五年に、昔小加伽と呼ばれた固城で発掘されたもので、土器と一諸に稲籾や大麦も出土した。稲と金属器と印文土器がセットで出土したというのは大きな発見である。固城は釜山の西方八十キロの地であるが、そこがあきらかに南中国との交流のあったことを示している。固城から黒潮にのって玄界灘を横断すれば、北九州はまさに指呼の間である。南中国と日本との交流は、朝鮮半島の西南部を経由したことも多かったにちがいない。

いずれにしても、揚子江沿岸および江南地方の先史古代の日本にたいする意味は決定的である。これらの問題について先鞭をつけた大先達は松本信広氏である。私が目下関心を抱いている鍛冶の伝承について、あるいはひさごや卵の説話について、松本氏は半世紀もまえから注目していた。松本氏の先駆的な研究は、本書の著者である伊藤清司氏にうけつがれている。こうしたことを考えると、伊藤氏の存在は日本の学問にとってかけがえのない重要なものであるということができる。というのも、中国の民間伝承に精通し、それと日本の神話・伝承とを比較できる学者はまことにすくないからである。私は本書の内部に立ち入って論ずる資格のない者であるが、伊藤氏の研究が日本民俗学にはかり知れない寄与をもたらしていることを知るがゆえに、日頃御交際を願い、種々御教示を得ている。伊藤氏は篤実な中にも、するどい感性とユーモアを秘めている。これもまた私が氏に親近感をおぼえる理由の一つであろう。

伊藤氏の前著『かぐや姫の誕生』〈講談社〉のあとがきには次のような文章が見られる。「私はかねてから、わが国の昔話・説話の源流は、その多くが、中国大陸にあるのではないかと考えてきた。そもそも、この方面に関心をもつようになったのは、松本信広先生の講筵（こうえん）につらなったことにはじまる。そして、その関係論文をはじめて公けにしたのは、晩年の柳田国男先生におめにかかる機会をもったのが動機であった。そのときのこと、柳田先生の「絵姿女房」のことに話がふれた折りに、同じタイプの説話が中国大陸にもある旨を申し上げたところ、ぜひ、そのことを書いてみせてほしいということであった。そしてできたのが、「絵姿女房譚の系譜」である。この小論は、間もなく先生の長逝にあって、お目にかけることができぬままになったのは遺憾であった。」

こうしてみるとき、本書に収められた「絵姿女房」は著者にとっても、また日本民俗学にとっても記念碑的なものであることが分かる。それが一冊にまとめられて、もっともよろこぶのは常世の国にいます柳田国男翁ではあるまいか。

一九七八年三月十七日

（『〈花咲爺〉の源流』ジャパン・パブリッシャーズ、一九七八年四月）

遠山の霜月祭り――長野県下伊那郡上村・南信濃村

信州の遠山という名はなつかしいひびきをもっている。「遠」という文字のつく地名は陸中の遠野や信州の高遠（たかとう）もそうであるが、外部の人間に、はるかな思いを触発する。事実、これらの遠山、遠野、高遠はいずれも、周囲と隔絶された地理的条件をもっている。遠山のばあいは、信州の伊那谷にそってながれる天竜川の東側の谷々を総称して、そう呼んでいる。いわゆる中央構造線の作り出した谷で、南北にほそくのびており、古来、重要な交通路であったが、外に出るにも、中に入り込むにもけわしい峠を越えなくてはならず、そのために袋のかっこうをした地域の中での閉じこめられた生活を強いられた。ということから、遠山谷には霜月に行われる祭りが現在にいたるまでながく残ったのである。

もともと、遠山とは信濃、美濃、三河、遠江の国境にまたがっていた山中の総称であったが、いまは、さきに述べたように、天竜川の支流で、その左岸に沿う遠山川の流域一帯を指すようになった。吉田東伍の『大日本地名辞書』によると、美濃の恵那郡の岩村の西南にある馬場山田や上手向のあたりも遠山村と呼んだ。そこで電報なども、信州の遠山にくるべきものがまちがって美濃のほうに配達されることがかつてあった、という話を私は遠山の南信濃村の和田で聞いたことがある。こうしたことからしても、遠山ということばには、美濃や三河や遠江から信州の内陸へと入りこんでいく人たちの意識がこめられていると私は思う。重畳する山並みの彼方（かなた）にある僻遠（へきえん）の地方という意味で、こうした呼称をもったのが、その土地の名の起こりとなったのであろう。柳田国男は、諏訪神社ではその春の祭りに鹿の頭をささげるならわしがあり、遠山の耳裂鹿を神前に供えることがあったことから、諏訪神社の奉仕者たちが遠山と命名したのであろうと言っているが、私はむしろ、高遠とか遠山には南の方からこめられた視線が働いていると考えている。

事実、遠山川に沿う遠山谷を通って、南北の交流がはかられた。茅野から杖突峠を越えて高遠の町に入る。高遠から南へ下り、分杭峠を越えると、鹿塩や大河原がある。大河原は後醍醐帝の皇子の宗良親王が三〇年ものあいだ身をひそめたところである。大河原から地蔵峠を越えてさらに南へ下れば、上村の中の程野、下栗、中郷、上町、南信濃村の中の木沢、和田などという集落が点々とある。この一帯が霜月神楽の行われるところである。遠山谷と南の方の遠州とをつなぐのは青崩峠（一〇八二メートル）であり、飯田へ抜けるのは上町の北の小川路峠（一六八〇メートル）である。

このように遠山谷は、外側の世界と交流をもっているが、きびしい峠を越えるのは容易なことではなかった。このことを念頭においてみるとき、遠山谷の人々が霜月祭りにあれほど熱狂することが理解できる。

遠山の霜月祭りはもとは旧暦の一一月に行われたものであるが、現在は一二月の初旬から中旬にかけて、各集落ごとに一晩ずつ、ずれながら行われている。下栗の集落のように一二月一二日に行われていたものが、集落の人たちのあつまりやすい正月三日あるいは四日に変更されたものもある。

この霜月祭りについては、『遠山まつり』（長野県教育委員会編）の中に三隅治雄氏の解説がのっており、ほかに『信州上村霜月祭』がある。後者は上村教育委員会の発行であるが、同村の医者で近年亡くなった岡井一郎氏が書いたものである。この二つの書物を参考にしながら、霜月祭りを見聞した私の印象を紹介することにする。

まず、祭りの名称であるが、〝霜月祭り〟のほかに、〝かつぎまつり〟とか〝押しまつり〟とか呼ばれている。単に〝お祭り〟と呼ぶこともある。ほかに、〝死霊祭り〟とか〝遠山様の祭り〟という呼称もあることは注意してよい。というのも、この祭りは遠山土佐守の死霊をしずめるためのものだという伝承があるからである。

この遠山土佐守とはどんな人物であったか。彼は遠山の領主であったが、領内の農民から苛酷な税をとりたてた。二升四合や二升五合も入る桝をこしらえて、これを一升として農民から雑穀を年貢にとったという。桝の大きさはいろいろで、一升二合の桝を一升としたという伝えもあるが、いずれにしてもそのあくどい徴税が農民のうらみを買い、遠山土佐守はあるとき山道で待ち伏せていた農民のために、惨殺された。ところが遠山一族が滅亡したあと、三年間も飢饉がつづいたり疫病がはやったりしたので、その怨霊をしずめるために祭りを行うようになったとされている。悪政をもって農民を苦しめた領主を殺したからといって、そのたたりがあるとおそれるのはふしぎな気がする。そしてこんどは一転して、遠山一族の鎮魂のための祭りをはじめるというのは奇妙なことであるが、日本の農民は総じて死霊への恐怖の念がつよかったのである。

しかし、岡井一郎氏は次のような伝承があることを記している。承平年中（九三一―九三八）に上村の佐久麻呂という男が京にのぼり、賀茂神社でかまどをきずき湯立てを行う儀式を見、男山八幡の分霊を奉斎して帰郷ののち、これを祀ったが、その神前で湯立てを行ったのがはじまりというものである。もちろんこれもそのまま信ずるわけにはゆかない。そこで次のような説に落ちつくものと見られる。「祭りの構成や形態を見ると、この神楽は、伊勢神宮の内外で行われた湯立神楽の系統をひくもので、おそらく伊勢方面から伝来した神楽に、後から、遠山氏の怨霊をしずめる儀式を加えたもの」（三隅治雄『信州の芸能』）。

そしてそれがかつて霜月に行われたというのは（なお、遠山の霜月祭りは三河の花祭りとよく似ているが、両者の関係は明らかではない）、もちろん、稲の収穫儀礼が根幹をなしているのである。すなわち、その年の豊作を神に感謝し、あたらしい心身で新年を迎えようとする気持ちが遠山谷の集落の人たちには共通してある。

以下、例を上村の上町にとってみることにする。霜月祭りの行われるのは上町の正八幡宮であり、そこではまず、かまどを社殿の土間に二つきずく。現在は作りつけてある。かまどの上に、しめかざりがつけられる。一二月一〇日の宵祭りでは禰宜（ねぎ）や氏子、一同かまどの前にすわり、切り火でかまどに火をつける。そして祝詞（のりと）を奏し、宮清めをする。宮清めの歌はいくつかあるが、一例をあげると、

きよめする総谷川の滝の水　落ちてきよまれ七滝の水

というような歌詞である。次に、しめひきの神楽歌をうたう。

しめひきというのは、七五三ひきと書くが、また酒女ひきとも記される。しめひきのときの神楽歌には伊勢の国ということばがなんども出てくる。また、熊野の名も見られる。このことは、この霜月神楽との関連を示すものかも知れない。神楽歌の一つをあげると、

この舞いはやしは誰かやしょうずる　信濃なる八幡の森の巫女（みこ）がしょうずる

というたぐいのものである。このあと、道清め、神むかえ、庭ならし、神かえしの歌をうたう。そうして二人の禰宜がうぶすなの舞を舞って、宵祭りの行事を終わる。

本祭りはこの宵祭りのあくる日の一二月一一日に行われる。かまどのまえに禰宜がすわり、神前と向かいあう。そうして諸国一の宮の神々の名をよみあげて祭りへ招待する。その神名帳のはじめに、「冬くると誰かや告げつら　ヤンヤアハアハア　北国のアア北国のしぐれの里のよ　ヤンヤアハアハア」という歌をうた

う。この言葉はまた、

冬来ると　誰が告げつら　北国の　時雨の雲に　乗りてましまし

と表現されることもある。この方が神楽歌としてはまとまっている。私はこの歌が好きである。それは遠山谷の冬のわびしさを伝えているとともに、主語の見あたらないこの歌が「かくれたる神」の存在を表現しているからでもある。「のりてましますす」という敬語は、その主語が神であることを物語っているが、しかし「しぐれの雲」に乗ってくるのは「冬」でもあることを暗示している。「神」と「冬」とは切りはなせない。そこにパスカルのいう「かくれたる神」でありながら、一方では「自然」でもある日本の神の独自の形がたしかめられる。じっさい、私は、幾度か霜月祭りのために遠山を訪れたが、夜中にひどく冷えたかとおもうと、あくる朝は、野山一面の大雪だったこともある。

さて、次は湯びらきまたは先湯といい、もっとも大切な湯立てである。このときに、神の道を開ける道びらきの儀式も行うが、湯木を釜に入れて湯をすこし上げる。その場合に禰宜は「何々神のお湯召すときは」と唱えると、周囲の者たちが「おみ影こそは、くんもとのぼれ」と唱和する。これは神々がお湯を召されたら雲となってのぼっていって下さいという意味で、神の名は梵天、帝釈天にはじまり、次々と神々の名を呼び、最後に天伯で終わるのがふつうである。

鎮めの湯立ても、湯びらきと同じように重要であるが、岡井一郎氏は次のように述べている。このときは「きわめて静かに、舞のときも足を地からはなさず、鈴の音も殺して舞う。呼ぶのも神の名だけでなく、釈迦牟尼仏からはじめての仏の名を呼び、動物・植物・鉱物、世界の人類、父方母方先祖、書物、機械、農具、その森羅万象を呼び鎮魂慰霊をする湯立て、一名仏の湯ともいわれ、おこない方が悪いと禰宜自身または家族にたたりがあるとさえいわれる湯立てである」。

蝶類のこらず　はう虫のこらず　お湯召せ　お湯召すときは　雲（くんも）とのぼれ

という呪詞にもみられるとおり、遠山の霜月祭りは単なる神名帳に記載された神々を招待するだけにとどまらない。

この「鎮めの湯」の神事のときには、森羅万象にやどる神の名をよみあげてその魂をしずめたのち、最後に、

しずかなれ　しずかなれ　精（せい）しずかなれ　深山（みやま）の　百千（ももち）の精も　しずかなれ

とおごそかに呪文を唱えて、釜の上から湯木でおさえつけるようにしてたたく所作をする。私たちは山の精ということばを比喩としては使っているが、それが遠山の霜月祭りでこのように純粋で端的なことばとして表現されているのは注目に値する。

あしひきの山のしづくに妹待つと　われ立ち濡（ぬ）れぬ山のしづくに

という「万葉集」の大津皇子の歌には、山の精の感じがいかにもするが、霜月祭りのように山の精霊にむかって呪言を発するということはない。霜月祭りのように自然の精霊に呼びかけることは日本ではめずらしい。

鎮めの湯が終わると、今夜招待した神々を返すための日月の舞がはじまる。鈴と扇とを持って出、釜のまわりをめぐり、

おん日月のえまゆましますす大空へ　粕毛（かすげ）の駒に手綱（たづな）よりかけ

とうたう。このころ、遠山川の川原では、お面の役にえらばれた男たちが、素っ裸になって水の中にとびこ

み、深夜のみそぎを行う。水からあがると足の裏には小石が凍りつく。また岩の上に立つと足が凍りついてはなれない、といわれるほどの寒さだが、いそいで礼服を着て、正八幡宮にかえるころには、全身が真っ赤になって湯気がでるほどあたたかくなるそうである。

このあと神太夫とその妻の姥（ばば）が、面をかぶって出てくる。津島の神太夫という老人夫妻が伊勢まいりに出かけるが、途中ある村をすぎるときにその村の祭礼に出会ったので、村人のすすめでその神社に参ると、顔のしわものび、曲がった腰が真っ直になったので、伊勢まいりをやめて郷里に帰るという筋書きの所作である。一説では伊勢まいりの途中で問答にまけ、衣服いっさいをとられて追いかえされてしまうという説もある。伊勢音頭のはやしで、神太夫は杖のかわりに湯木、妻の姥は榊をもって、まわりを祓いながら舞うが、つめかけた見物の村人と問答をかわし、そのまま釜のまわりを回らずに引き返す。見物人が神太夫の袖を引くと、姥は怒ってその手にもった榊の束で見物人をたたく。あとではだれかれなしにたたいて回るので、群集は拝殿の中を逃げまどう。

神太夫夫妻の面が去ると、こんどは遠山土佐守以下八人の遠山一門の人々をかたどったと伝承される八社の神面が登場する。いずれも陰うつな感じのする面で、その無表情で静かな動きが霜月祭りの行事のながれの中では異様な雰囲気をかもし出す。

祭りが最高潮に達するのは次の四面（よおもて）のときからである。白装束に湯だすきをかけ、水王・土王・火王・木王の面をかぶった男たちがかわるがわる四人出てきて、水干（すいかん）の袖をまくりあげ、釜の湯が白泡を立てて煮えたぎる中に素手を突っこみ、まわりに湯をはねとばす。熱湯が見物人にもかかるので、見物人は右往左往しながらも、「ヨーセ、ヨーセ」と大声をあげて挑発し、四面の王たちをからかう。王たちは拝殿の隅から隅をめがけてとびまわる。室内のむせ返る熱気と、それに比例する屋外のきびしい寒気との対照は異様である。霜月祭りでは烏帽子と水干の装束をつけた人たちが釜の湯のまえで一晩中舞うが、その長い袖をひるがえすありさまが、ヤマドリやムササビのような感じを与える。単調な笛のメロディーに乗せられて

　八幡さまもよく舞うよ　山住さまもよく舞うよ

と一つの歌を、あつまった老若男女が合唱しながら、夜が更けていくとき、神社をとりまく杉の木立はいっそうしんしんと静まり、小さな拝殿に山も森も重くのしかかってくる気配がする。山住さまとは狼を御神体とする山の神なのであるが、この霜月祭りには狼の眷属である狐の面も出てきて、幻さながらに群集の間をさまよう。

最後には鬼の面をつけた天伯つまり天狗が四方を弓で射、天蓋の幣帛を弓の弦で切り落とし、祭りの終わったことをその所作でつげる。このころには、外にはもう冬の黎明が待っている。そして大釜の湯玉と同じように、一晩中拝殿の中をとびはねて、走りまわってさわいでいた人たちの姿もいつしかみえなくなっている。一年中の最大の興奮を集中させた祭りは噓のように消えたのだ。

（『祭りと芸能の旅2　関東・甲信越』ぎょうせい、一九七八年七月）

「父・南方熊楠の生活と学問」はじめに

一九七八（昭和五十三）年の春、彼岸の入りの日に私は紀州田辺をおとずれ、南方熊楠（みなかたくまぐす）の墓に詣る機会があった。戦災にあわなかった田辺の町並みは昔ながらの城下の雰囲気を伝えていた。そのひっそりとしずまった屋敷町の一角に南方熊楠の旧邸がある。かつて柳田国男をして「日本人の可能性の極限」とまで讃歎させ、幸田露伴に「紀州に過ぎたるもの、なわまきずしと南方熊楠なり」といわせた人物の家は、質樸で古風なたたずまいをみせていた。

旧邸には岡本清造氏夫妻が住んでいた。岡本夫人の文枝さんは、熊楠の娘で、一九四一（昭和十六）年に熊楠が亡くなるまでの三十年間、その傍に起居し、あるときは父の学問上の助手ともなり、あるいは病弱な母のかわりとなって、父の身辺をたすけてきた人である。私がおとずれる前の年の五月、夫の清造氏と一緒に、長年の東京生活を切りあげて郷里田辺にかえっていた。

私は一度、文枝さんにお会いして親しく熊楠についての話をうかがいたいと思っていたが、その願いは叶えられた。

天馬空をゆくがごとき言動のために、生きながら伝説中の人物であった南方熊楠の一端は、中山太郎の『学界偉人　南方熊楠』、佐藤春夫『近代神仙譚』、平野威馬雄『くまくす外伝』などで知ることができる。だが、これらの書物は、その内容のほとんどがまた聞きであり、尾鰭のついた噂と真実の姿との区別がさだかでない。柳田国男や折口信夫の評伝に比べて、熊楠伝の不幸はそこに胚胎しているとみられなくもない。

だが、今では熊楠の血を頒けた唯一の人、文枝さんのお話は、右の書物のようにまぎらわしい印象のものではない。きわめて正確に熊楠の日常生活とその中での人となりを伝えるものであり、熊楠に欽仰の念をかくさない後生にとって最大の贈り物であることは、私みずからが感得したところであった。私は長時間にわたるお話を聞きながら、これまでの熊楠伝によっては得られない純粋な昂奮をあじわった。つづいて同じ年の六月中旬に私は二度目の田辺訪問をした。そうして文枝さんのお話をふたたびお聞きすることができた。

文枝さんの話を前後二回にわたってうかがって、私がもっとも感動したのは、熊楠の強烈な集中力の実態が確認できたことである。

世界をまたにかけた和漢洋の知識の大蒐集家であった熊楠の超人的な頭脳はこれまで話題の的になってきたが、そのおどろくべき集中力なしには、彼も自分の知識をあのように奔放に駆使することはできなかった。それともう一つは一見豪放磊落で卑小な日常を軽蔑するかにみえる熊楠がきわめて細心綿密で、小心と思われる面もあったことがわかった。日常生活の中の熊楠はけっして絵に描いたような豪傑ではなかった。そしてまた、そのことが彼の学問の緻密さともつながりをもっていることを知った。熊楠は知識人の世界では孤高の人であって、他者にきびしい姿勢をくずさなかった。彼が田辺の人たちにみせたあたたかい人間味に、その人柄が浮き彫りにされている。知識という邪魔物を媒介にしない、常凡の人間たちとのつきあいのなかに、この不世出の天才はやすらぎをみいだしていた。こうしたことは熊楠の人間を捉えるうえに忘れてならないことである。そのことは話の中にもっともよくあらわれていると思う。

また、二度目の訪問のときには、幸いにも、隣で洋服屋をされていた金崎（かねざき）宇吉氏の子息元年氏からも、熊楠についての回想をお聞きすることができた。

以上が本書に収められた聞き書きの経過である。聞き手である私の口から言うのも気がひけるが、南方熊楠の日常を伝えるものとしては第一級の史料といって差し支えないであろう。なお、文枝さんはその後、夫清造氏を亡くされ、最近、南方家を継ぐために旧姓を復された。

南方熊楠は、一八六七（慶応三）年に和歌山城下の金物商南方弥兵衛の次男として生まれた。一八八四（明治十七）年に十八歳で大学予備門に入学。二十歳のとき大学予備門を退学し、渡米遊学の途につく。それから北米各地を転学し、二十五歳でキューバ島にわたる。ハバナでは外人曲馬団に加わって西インド諸島を巡行する。二十六歳で渡英。在米中よりおこなっていた地衣類や菌類の採集をつづける。二十七歳のとき、週刊科学誌『ネーチャー』に寄稿をはじめる。土宜法竜（一八五四―一九二三）と知り合ったのもこの年である。その親交は土宜法竜が高野山の管長になったあとまでつづいた。両者の間の長文の手紙のやりとりは有名である。

三十一歳（明治三十年）にはロンドンで孫文と会い、連日のように往来して交際した。南方熊楠が帰国したのは、一九〇〇（明治三十三）年九月、ちょうど二十世紀初頭の年であった。彼の書いた「履歴書」によると「次弟常楠、不承不承に神戸へ迎えに来り、小生の無銭に驚き、また将来の書籍標品のおびただしきにあきれたり」というふうに、熊楠の帰国は南方家の一族に歓迎されなかった。「小生が大英博物館に勤学すると聞いて、なにか日本の博覧会、すなわちむかしありし竜の口の勧工場ごとき処で読書しおることと思いおりたるらしく、帰朝の後も十五年も海外におりて何の学位をも得ざりしものが帰ってきたとて仏頂面をする」（履歴書）。

笠井清氏の著『南方熊楠』によると、熊楠が帰国したとき父母は死亡しており、常楠の次の妹藤枝も若くして他界し、兄の弥兵衛は他郷を流浪していた。そこで和歌山には造酒業をいとなむ次弟の常楠のほか、垣内家に嫁いだ姉のくまと、末弟の楠次郎（当時二十五歳）が居住していた。常楠は兄熊楠を自宅に迎え入れることを好まなかった。

　帰国のあくる年、孫文が和歌山にいる熊楠をたずねてきた。熊楠はそのあとも孫文と文通をつづけている。一九〇四（明治三十七）年、三十八歳の熊楠は、紀州田辺に居を定め、中屋敷町の中丁北端西角（三九番地）に家を借りた。田辺には熊楠と和歌山中学の同窓生の喜多幅武三郎（一八六六―一九四一）が、眼科医として開業していた。この喜多幅の世話で、一九〇六年、熊楠は闘雞神社の宮司である田村宗造の四女松枝と結婚した。熊楠四十歳、松枝二十八歳。あくる年には長男の熊弥が生まれ、一九一一年には長女文枝が生まれた。この間、熊楠は神社合祀反対運動に挺身し、十八日間投獄されるという憂き目にもあっている。熊楠が監禁されたと聞くと、日頃、彼のかわいがっていた田辺の漁民、職人、農民たちは激怒して、部長宅の門の下を夜中に掘りくずして乱入し、邸内の夏みかんをことごとくちぎり取って放り捨ててうさばらしをし、また警察署へ突進して巡査をほうりなげるような乱暴も働いた。この一事をみても熊楠が田辺の庶民層の一部に厚く親愛されていたことがわかる。

　熊楠は一九一六（大正五）年に、中屋敷三六番地に、約四百坪の宅地建物を次弟の常楠の名義で購入し、終生この家に住んだ。現在の旧邸である。雑賀貞次郎（一八八四―一九六四）によると、そこは田辺の住宅地として一等地で、邸内に安藤蜜柑の老樹があった。熊楠はここに移転すると、邸内の本宅からすこしはなれたところに、前の家から離れ座敷（平屋建てで約九坪）をうつして書斎とし、これに隣接した別棟の土蔵

（三間半に三間、二階建て）を書庫とし、広い邸内の空き地は一部を菜園にしたが、そのほかは種々の植物を植えたり、菌類をはやしたりして観察するところとした、という（「南方熊楠先生を語る」『南方熊楠　人と思想』所収、平凡社）。

雑賀貞次郎は『牟婁新報』の記者で、熊楠の側近として邸に出入りし、熊楠の没後は遺稿の整理にあたった。そのほか親交があった人物に田辺で質商をいとなんでいた多屋謙吉（一八七六―一九五五）がある。しかしもっともうまのあっていたのは、広畑岩吉（一八五九―一九一七）である。生け花の師匠であったが、また田辺周辺の消息につうじた物知りで熊楠にさまざまな材料を提供した。「広畑岩吉という俚談の活字典ともいうべき人」と熊楠が柳田宛ての手紙で紹介しているように、熊楠はこの田辺の市井人に一目をおいていた。彼は毎夜のように広畑の家に足をのばして雑談にふけり、さまざまな土地の口碑を聞いた。「きし女父、希有の奇人にて、名知れぬ人来るもかまわず、その店頭クラブのごとし。小生は、今年少しも外出せず、この家のみは湯に入りに行くごとに多少の時間訪問していろいろのことを雑輩どもにきく」と一九一四（大正三）年十一月の柳田国男への手紙にも述べている。広畑岩吉の長女がきしである。このきしは、南方熊楠がとりわけその身の振り方を心配した娘で、熊楠から柳田宛ての手紙によれば、「容儀挙止また田舎にしてはちょっと稀なる方に有之、日常往来する輩の中にあらば白鶴の鶏群におけるごとく、何となく気高く」それゆえにせまい田舎町では二十一歳まで、良縁がない。そこで上京して職を見付けたいがしばらく柳田の家に置いてくれないか、と熊楠が懇願した女性である。広畑きしは柳田家で数年間をすごしたのち同家を去って、結婚したのち名前をけいと改めた。

このほか毛利清雅は一八七一（明治四）年に牟婁郡に生まれ、一八九五（明治二十八）年に田辺高山寺の住職、一九〇〇年には『牟婁新報』主筆となった。洋服屋の金崎宇吉、盆石にくわしい野口利太郎などとも親交をむすんだ。

南方熊楠に傾倒した人には、横浜の平沼大三郎（一九〇〇―四二）がある。平沼は粘菌についての南方の協力者で南方に経済的援助を惜しまなかった。また、小畔（こあぜ）四郎（一八七五―一九五一）は粘菌については南方の第一の高弟で、しばしば経済的にも援助した。上松蓊（しげる）（一八七五―一九五九）も小畔四郎とともに、粘菌の研究や生活上の世話について南方を援助した。こうした人たちのほか、柳田国男との交友も忘れることはできない。しかし、この二巨人はのち意見のくいちがいから絶交した。

柳田とその親友の松本烝治が田辺にいる熊楠を訪問したのは一九一三（大正二）年十二月三十日である。その日の熊楠の日記に柳田を宿舎の錦城館に訪ねて面談したが「予大酔して嘔吐し、玄関に臥す」とある。その次の三十一日の日記には、「午前柳田氏来り、二時間斗（ばか）り話して去る。予眼あかず、臥したまま話す」とある。熊楠は錦城館で土地の老妓の栄（さかえ）をあげて柳田と松本の歓迎の宴を張った。しかし熊楠は大酔して気分が悪くなり帰宅し、栄は残って柳田と松本の接待を長時間つづけた。その勘定書が錦城館からまちがって熊楠宅へまわってきたということを知って、柳田は恐縮し、熊楠にわびた手紙がある（一九一四年二月二十七日、柳田から南方への手紙）。

一九二九（昭和四）年六月一日、南紀行幸に際して熊楠は田辺湾内神島（かしま）にて迎え、のちお召艦長門（ながと）艦上にて天皇に進講し、粘菌標品百十種などを進献した。このとき熊楠は親友羽山兄弟の妹で今は山田栄太郎の妻となっている旧姓羽山信恵（一八八六―一九六〇）に、どうか行幸のすむまで小生が無難であるよう祈ってほしいと申し出た。自分にもし失態があれば親友の妹の一生に傷をつけると思い、かならず事無きを図るというのが南方のねがいであった。こうして南方が進講をつづけている間中、山田の妻の信恵とその妹は、南方に失態なきを祈って田辺の浜辺に立っていた。お召艦が出航してから姉妹は帰路についた。このとき熊楠は六十四歳である。

熊楠の献上した田辺付近産の動植物の標本について、天皇は終戦後、渋沢敬三にむかって「普通献上と云うと桐の箱か何かに入れて来るのだが、南方はキャラメルのボール箱に入れて来てね。それでいいじゃないか」と当時を回顧したという。このあと渋沢敬三は「平素凡(およ)そ批評がましいことを口になさらぬ陛下として、物心の本質をよく把握される片鱗を洩らされ嬉しく存じましたが、之も南方先生なればこそ極めて自然であり、陛下も殊の外親しみ深く思召されたのでありましょう」と自分の感想をつけ加えている(『南方熊楠全集』月報)。しかし、真相は別にあったことはこのたびの聞き書きではっきりした。ちなみに、このキャラメルの箱と似たものが現在、白浜町の南方記念館に陳列してあるが、そのデザインはきわめてうつくしい。なお同館には南方が執筆するとき構想を練ったことを示す大きな紙が保存されている。それにはおどろくばかりの精緻な書きこみがなされていて、彼がそれをもとに一気に書き下ろしたことを物語っている。

熊楠がアンパン好きであったことは、岡茂雄氏の南方邸訪問記(『本屋風情』所収、平凡社)に、「腰の左わきにアンパンを容れた紙袋をおき、目をつむって、そのアンパンをちぎっては口に運びながら、とりとめない話」をする熊楠の姿が伝えられている。岡はまた母屋の二階に床をのべてもらったが、夜なかに熊楠が標本室であり書庫でもある土蔵に出入りする音で、ときどき目をさました、とも記している。

熊楠が死んだのは一九四一(昭和十六)年十二月二十九日であった。墓所は田辺郊外の高山寺にあり、戒名は智荘厳院鑁覚顕真居士。臨終のとき幻のように見た紫の花は楝(おうち)、俗にいうセンダンで、熊楠が進講した六月一日頃が花盛りである。なお、聞き書きに出てくる水原尭栄（一八九〇―一九六五）は高野山で修行した学僧であった。

＊この文章を書くにあたって『南方熊楠全集』（平凡社版）を参考にした。

（「展望」一九七八年七月号）

生を拡大する宇宙観と死生観――常民の思想にみる伝統

一

最近、A・ストーの「ユング」（河合隼雄訳）をよんでいて興味のある箇所に出会った。それはニューメキシコのプエブロ・インディアンの話である。彼らは太陽が自分たちの父であると信じているだけでなく、自分たちが宗教儀式をおこなうことで、太陽が毎日空を横切る旅を遂行するのを助けている、とも確信しているということである。これらの儀式を几帳面に果たすことを怠ったなら「十年たてば太陽はもはや昇らなくなるし、永久に夜が続くだろう」とインディアンは思っている。これに対するユングの註釈は次のようであった。

「私は個々のインディアンに見られる『気品』と静かなたたずまいが、何に由来するかがわかった。それは太陽の息子であるということから生じている。彼の生活が宇宙論的意味を帯びているのは、彼が父なる太陽の、つまり生命全体の保護者の日毎の出没を助けているからである」。このユングの言葉を更にA・ストーは説明して言う。

「神話は、生命に気品と意味と目的とを与えうるなら、たとえ客観的真実でなくとも、重要な建設的機能を勤めているのである。分裂病者の妄想がうまく役立たない神話であることは全く明白であり、そのために彼らは正常人の社会でなく病院に住まねばならないのだ。けれども、なおかつ妄想体系は新しい適応を見いだそうとするむなしい努力であるかもしれぬのである。そしてそれらが慣習的常識において真実でないからといって、単なる馬鹿げたものとしてかたづける理由にはならない」。

ストーはこう述べて、更につづける。

「結局のところ、幾千人もの正常なクリスチャンが処女懐胎を信じており、これもまたいかなる科学的判断によっても、おそらく『真実』でありえない神話であるとユングは論じるのである。それでもクリスチャンすべてが気狂いではないのである。その上、比較宗教学の研究から、救世主や英雄の処女からの出生のテーマは、キリスト教にのみ限られていないことをユングは知っていた。ユングが『観念はそれが存在する限り心理学的に真実である』というような所見を述べるようになったのは心理学的現象に対するこのような見方のためである」。

以上、長々と引用したのは、その中に、常民の生活に対する示唆が少なからずふくまれていると考えるからである。

私は今から十年ほど前に宮古群島の中の大神島に渡ったことがあった。そこは宮古本島の東北に位置する小島で、十数戸が生活していたが、半日もあれば島を一周することができる。私が知り合いの家へ、葡萄を土産にもっていったところ付近の老婆が三、四名あつまってきて、葡萄のおすそわけにあずかった。そして私にむかって、「これはヤマトからもってきたか」と聞くから「いや、平良の町で売っているのを買ってきた」と言うと、「葡萄はこの年になってはじめて食べた」という老女が大半であった。この話は私に衝撃を与えずにすまなかった。平良は大神島にもっとも近い宮古本島の狩俣という部落から三里の道のりにあたり、宮古群島の中心である。大神島の老女たちは平良の文化にもあずかることの少なかったことがこれで知ることができる。大神島と宮古本島の狩俣の間には二キロの海がよこたわっている。その海を渡って、島の外に出るということは、めったになかったにちがいない。更には大神島は外来者をきわめて警戒する風があった。

こうして外側の世界とは断絶とまではいかなくとも、大した交渉もないまま、大神島はつい最近まで孤立して生きつづけたのである。宮古本島との連絡が密接になったのは、沖縄の本土復帰がおこなわれて以来である。そこで、このように半日もあれば島をひとめぐりできる、眼にもとまらぬアワ粒のような小島の中で、一生、島外に出ないでよくも生きられるものだという疑問はとうぜん起こってくる。都会人ならば一日で退屈してしまうであろう。私が最初、大神島をおとずれたときは、水は天水、つまり雨水を使用しており、電灯はなくランプであり、また便所も、どこにあるのか見当たらなかった。こうした不便きわまる環境の中で都会人は一日も耐えることができない。そこで島を訪れた人たちは大抵日帰りで島を去るのがふつうであった。

では、面積〇・二三平方キロのホクロのように小さな島の人たちを生きつづけさせるものは何か、という問いが生じないではすまない。彼らが明確な宇宙観や死生観を抱き、そうした観念上の宇宙や他界と、自分たちの日常とをむすびつけているからこそ、大神島での生活は可能だと、私は考える。

つまり、広大な宇宙論的意味、深遠な死生観と卑小な生活とが分かちがたくむすびつくとき、卑小な生もまた、観念の世界では卑小でなくなる。プエブロ・インディアンが、自分たちの宗教的儀礼によって太陽の運行するのを助けていると思うとき、彼らは天体の中心である太陽と自分たちとの間に関係があると思うことができる。

これと似たような世界観をわが南島の人たちももっていた。私はまえに宮古島の万古山というところの老婆の話を聞いたことがある。その話によると、太陽の洞窟が、宮古本島の下崎の海岸にある。そこは宮古の方言で「てだががま」と呼ばれるところである。その「てだががま」は万古山の御嶽（うたき）の拝所のすぐうしろにあたり、老婆しかはいることはできない。老婆は一年に一度、七日七夜のあいだ、水だけのんで、海水でみそぎをしながら、そこにひとりこもる。八日目の朝太陽を誕生させるための用意をする。誕生した太陽（てだ）が水浴びをする場所もその洞窟（がま）の中にある。ここに太陽の水浴する話が出てくるが、おどろいたことに、古代中国の『楚辞』にも「甘淵」とか「咸池」というところが、太陽の水浴の場所と考えられているのである。つまり宮古島の老婆の話の背後にはひとりよがりの世界を超えた古代人の世界観がよこたわっている。

太陽の洞窟（てだががま）の話をした老婆はまた宮古島の創世記を自分でつくっていた。

「昔々、天の大神が親テダ、母（んま）テダの神をこの世につかわして、宮古の島建てを命じた。島造りのはじまりは、まず中骨をつくることで、あたまは北の島尻、狩俣、しっぽは保良（ぼら）の岬をつくった。そのまわりもみごとにつくり、浜々も完全につくって宮古島と命名した。そして親テダ、母テダの神の住家に万古山がきめられた。人間をつくるには、まず蛙をしらべてそれを手本に苦労して作った。しかし初めの神は

『水の子（ふわ）』であった。それから多くの人間を作った。最初の村建てを平井村と名付けた。これは万古山のすぐ近くにある。この村は数年の間栄えていたが、ある年の十五夜の日に、村民が豚を殺して神にささげたので、神は血だらけのものは非礼だと怒り、他の神々とも相談して人びとを村から追い立てるために、数日間ヤドカリで攻めさせたので、村人は村を立ちのき、八重山に新しく村を建てた……」。

この創世記にいう「水の子（ふわ）」はおそらく蛭子（ひるこ）であろう。ヤドカリに攻めさせたというのは、宮古の海岸の洞窟には大きな蟹のようなヤドカリがたくさんいる。そしてヤドカリは神の下等な使いと思われているのだ。この話は、洪水によって人類がほろぼされたという洪水神話とおなじように神の怒りにふれて追放されるという形式（パターン）を踏んでいる。したがって、これは宮古島の一老婆の創作にとどまらず太古の神話の構造と共通なものがみとめられるという点で、一個人の発想の枠を超えている。

太陽の洞窟の信仰は、宮古島だけでなく、沖縄本島にもあった。沖縄の古謡集の『おもろさうし』には「てだが穴」という言葉が出てくる。古代の沖縄では毎朝太陽は穴からのぼり、夕方になるとまたそこに帰っていくと信じられた。つまり、毎朝、太陽（てだ）は洞窟の中で新しく生まれると考えられていた。その穴はとうぜん東の方にあると見なされた。「あがるいの太陽（てだ）」という言葉がそれを示す。沖縄の方言では、東を「あがり」というが、それは、太陽があがる方向だからである。『おもろさうし』の中で、「てだが穴」をうたった、多くの歌から一例をあげておく。

東方（あがるい）の大主（うふぬし）
ややの真帆（まほう）
押（お）し上（あ）げて　走（は）りやせ

又　てだが穴の大主

この歌は「てだが穴の大主」である太陽が、東の海でまるで美しい帆をかかげて帆走する船のようにかがやいてみえる光景をうたったものである。もう一つの例。

東方(あがるい)の角(かく)の魚(よ)
向(む)かて　飛ぶ　角の魚
守る神さらめ
真強(まつよ)くあれ　見守ら
又　てだが穴の角の魚

この歌は「角(かく)の魚(よ)」すなわち飛魚が東方の海にむかって飛ぶ光景を叙したもので、守る神が心強く飛魚を守護しようというのである。ここでは、飛魚は「てだが穴」の魚と見られているから、守護する神もとうぜん太陽神ということになろう。

このように南島では太陽はつねに新鮮な感情をこめて眺めうたわれたのであった。太陽が水平線の彼方の洞窟からのぼり、そしてまた海の底をくぐって夜にはそこの洞窟に帰っていくという宇宙観が明確な形で沖縄の人たちに信じられていた時代があった。

さきにあげた歌では飛魚を太陽とむすびつけているが、飛魚だけでなく、琉球料理に欠かせないスクという小魚の中にも、テダハニスクとよばれる種類がある。つまり太陽の羽をもったスクという意味である。テダハニスクという小魚が群をなして海岸にうちよせるときは、その銀色の肌がきらめいて美しい。そこで沖縄の漁師はそう呼んだと思われるが、しかしそうした命名の根底には、ニライカナイとよばれる海の彼方の楽土から、そこの神である太陽神が贈ってよこした魚という意味がこめられていると思われる。奄美大島ではゴホウラという弥生時代の貝輪の材料になった貝を、テルコニャという方言で呼ぶ。テルコというのは、太陽のことであり、ニャは貝である。つまりゴホウラは「太陽の貝」にほかならぬ。こうした発想も、太陽と南島人の日常の信仰がむすびついてはじめて生まれるのである。その生活は狭小なものであっても、彼らの所有する観念の宇宙は大きいものがあった。

沖縄本島の北部西海岸では、以前に神女（のろ）の葬式のときにうたわれる挽歌の一節に「月（つき）ばんた、太陽（てだ）ばんた」という対句がうたわれていた。「ばんた」というのは端とか崖のことで宇宙の端を越えて、神女の屍のおさめられた棺が神の国にはこばれるさまをうたったものである。つまり、宇宙には崖があって、月や太陽もそこから引き返すものと思われていたのである。そうした明確な観念は南島の古代人の所有したもので、現代人の眼からみれば、きわめて幼稚であり、荒唐なものにすぎないであろうが、たといそれが科学的な認識からかけはなれたものであり、客観的真実でなくとも南島人の日常にユングが言うように、「気品と意味と目的」とを与えてきたことはまちがいないのである。もし、神話とか伝承とかを論ずるとすれば、こうした側面からの考察が必要であることをもう一つの例によって次に述べておきたい。

二

江戸時代の潜伏キリシタンが作り、伝えてきたものに『天地始之事（てんちはじまりのこと）』がある。この書物が最初に発見されたのは、一八六五年（慶応元年）のことで、場所は今の長崎市に属する浦上においてであった。内容は、天地創造、天使と人間の堕落と救世主であるキリストの生涯、聖マリアの事跡、世界の終末と公審判までの聖書物語である。これをみてもわかるように、その内容は旧約聖書の創世紀の部分と、新約聖書の中の福音書をつなぎあわせ、つきまぜたようなものである。江戸時代に禁教令が施行され、徹底した弾圧が加えられると、教会や司祭の存続はいうまでもなく、宗教書一冊もつことさえ、ゆるされなくなった。もし所持の事実が発覚すれば、それだけで打首は必定という時代がおとずれたとき、それまでの信者たちの大部分は教えを棄てたが、その中には潜伏しながら信仰を守りつごうとする少数者がいた。彼らは身辺に教理書を置くこともなく、キリシタン布教時代からの記憶にたよっていたが、時がたつとその記憶もしだいにうすれていった。しかし信仰共同体を維持するためには、外部にたいして極秘におこなわれる宗教儀礼が必要であり、その宗教儀礼を支えるものは、教理である。教理はかすかな記憶の中に残されているだけであったから、潜伏キリシタンはそれを土台として、あらたに教理をつくり出すほかなかった。こうして身辺の伝承や口碑が動員されてできあがった和製のバイブルが『天地始之事』である。これは二百五十年間におよぶ禁教時代に潜伏キリシタンの仲間で伝承されたが、いつしかさまざまな変容をこうむることになった。

『天地始之事』をつくり出すのには既成の民間伝承がつぎはぎの形で利用された。それは、農民や漁民が以前、さまざまな色模様の端布（はぎれ）をつぎあわせて作った着物のようなものである。ありあわせの材料や道具を使ってものを作ることをレヴィ＝ストロースは『野性の思考』の中でブリコラージュ（器用作業）と呼んでいる。

「神話的思考の本性は、雑多な要素からなり、かつたくさんあるとはいってもやはり限度のある材料を用いて自分の考えを表現することである。何をする場合であっても、神話的思考はこの材料を使わなければならない。手もとには他に何もないのだから。したがって神話的思考とは、一種の知的な器用仕事（ブリコラージュ）である」(『野生の思考』大橋保夫訳)。

『天地始之事』を「神話的思考」の所産とよんでよいかどうかとなれば、もちろん、それは江戸期の創作であって、大昔の神話ではない。にもかかわらず、その創作過程は、神話的思考の特色であるブリコラージュを示すものである。日本民俗学では「神話」というばあい、それは語る者が言い伝えた内容を堅く信ずることが第一の条件とされる。しかもその内容は、祭の日などのように特定の日にのみ語られる。語りを聞くものは、それを信じようとする人たちでなければならない。したがって、それは現実に伝承している祭儀の説明となっているものが多い(柳田国男監修『民俗学辞典』の「神話」の項)。この定義はまさしく「天地始之事」に適合するのである。潜伏キリシタンの秘密集会の席上で、それらは口伝によって伝承されていったにちがいない。

これまで述べたことを、『天地始之事』の一節にみてみよう。そこには、ノアの洪水に相当する津波の話が語られている。人びとがふえるにつれて、盗みをならい、欲をはなれず、悪にかたむくことが多くなってくるので、天帝は、寺の獅子駒の目が赤色になるときは、津波がおそって世が滅亡するというお告げを帝王の「はっぱ丸し」(はっぱは教皇(ぱぱ)である。丸しはまるちる、殉教者の意)にさずける。ところがそのお告げを笑う者が出てきて、万里もある島が滅亡するものかと、赤い色を獅子駒に塗りつけた。はっぱ丸しは、それを見ておどろき、かねて用意のくり船に六人の子供をのせ、漕ぎ出すと間もなく、大波が天地をとどろかすほど押しよせて、島は一面の大海になってしまった。そこで、はっぱ丸しの家族は「板やしやくしにて掻く。万里が島の見えろがな、あり王島の見えろがなと掻く。さすれば微かに見ゆるあり王島、その島便りに掻きつくる」。

とあって、島を脱出することができたのである。原文には、今のぺーろんは、そのときの真似であるという注がついている。これはいうまでもなく高麗島の伝説を下敷にしている。むかし高麗島と呼ばれる島があって、そこに祀ってある地蔵の顔を赤く塗ったところ、島はみるみる沈没し、人びとはかろうじて島を脱出したという話は、瀬戸内海にも見られるが、五島列島にいくと、あちこちで聞くことができる。たとえば、福江島の三井楽町の柏港で私が聞いたところでは、高麗曾根は柏から北へ二時間余も船で行った海中にある浅瀬である。そこは引潮のとき水深七、八メートルの浅さになるという。そうして眼を凝らせば、ときたま水底に井戸の跡や墓石が見えるといい、また漁師の引く網に壺や皿がかかってくることがあるとも信じられ、現にそうした皿や壺を秘蔵している家が、久賀島にも福江島にもある。私もそれを見せてもらったが、なかなかの逸品であった。この高麗島の伝説は、中国渡来のものであるが、それが長崎県の離島や海岸部の漁村に定着したものであることはまちがいない。潜伏キリシタンは、ノアの洪水のかわりに、彼らが日頃よく知っている高麗島の伝説を代用させたのである。これがレヴィ＝ストロースのいうブリコラージュである。

この津波伝承の前段には、兄妹相姦の説話が置かれている。これは旧新約聖書にも西教の教義にもまったく見当たらないもので、長崎県の外海地方に残った伝承であることは推察がつく。洪水のために人間が絶えてしまったが、兄妹二人だけが生き残ってやむなく夫婦になったという説話が東南アジアから沖縄列島にかけて濃厚にみられる。だがしかし私は、『天地始之事』において、まず兄妹相姦の話が先行し、そのあとに大津波の話がくるという風に順序が逆になっていることに注目する。そこには特別の意味があると思われる。すなわち、人類が不合理で、条理にもとる関係から出発したという無意識の主張があるのではないか。兄妹姦という不条理な「おそろしきみち」とは、ユングの言う人類の始原にさかのぼる「恥と非道の行為」の記憶と受け取っても差支えない。もとより人間の社会では最初からインセストがタブーであったとは考えられない。しかしそれがタブーとなったある時点においては、そのタブーの侵犯が人類の滅亡をもたらす引き金となるという考え方が生まれるのはとうぜんである。このように津波と兄妹姦とをつなぐ説話を、順序を入れ変えて、『天地始之事』に利用した。これもまたブリコラージュの方法である。『天地始之事』には、ルソン国王がマリアに求婚し拒絶され恋いこがれて死ぬが、天国ではマリアと結ばれて夫婦となり「ぜしうす」（つまりイエス）と呼ばれたという話も載っている。イエスとマリアが結婚するというのは、母子姦をさえ暗示する奇怪な結末であるが、それは潜伏キリシタンの置かれているきびしく不条理な状況を、天国において一挙に止揚する方法にほかならなかったと私は考える。

『天地始之事』を長崎で最初に発見したのはプチジャン師である。このプチジャン師と同時代の人で、のちに長崎教区の副司教となったサルモン神父は、「随分と奇怪な伝説を交えた、取るに足らぬもの」と一蹴している。しかし『昭和時代の潜伏キリシタン』の著者である田北耕也氏は、明治になってもカトリック教会にもどらず、禁教時代の伝統をかたくなに守りついだ潜伏キリシタンを高く評価する。それは「貴重な宗教民俗学の資料を保存」したという意味においてである。田北氏は言う。「史的キリシタンの不完全な残存として軽視せず、日本の土壌にしみこんで根付いたキリスト教の民間下降を重視すべきである。『天地始之事』はこの資料価値を代表している」。

これに対して片岡弥吉氏は、『天地始之事』は迫害と禁教の最中に生まれたものであり、それをよい意味の風土化と見るのは妥当ではないと言っている。そしてむしろそれに大切な意味があるとすれば、異常な環境条件が、いかに人間の思想や信仰まで異常化させるかということの事例としてである、と付け加えている。

つまり片岡弥吉氏は、デフォルメされた内容がカトリックの正統思想にどれほど遠ざかっており、変形されたかに関心をもつ。カトリック思想の立場をふまえた片岡弥吉氏のこのような発言は、とうぜんのことであるが、田北耕也氏のように、宗教民俗学の資料としてその内容を見ようとするまでにいたっていない。この両者を比較するとき、私はどちらかといえば、田北氏の考えの方に与したい。

しかし、田北氏の考えだけでは充分ではない。『天地始之事』は私にとってはたんなる「資料」ではない。むしろそれは、外来思想をいかに日本に土着化させるかの貴重な実験例である。外部からの一切の指導、援助を絶たれた日本の民衆が、自力で思想を構築しようとするけなげなふるまいの中に私は日本の民衆（常民と呼んでもさしつかえない）の深い人間性のしるしを見るのである。彼らは民俗的伝承を借りてきて、自分たちの生活実感とつきまぜ、自分の理解し納得しうるように作りあげた。このようにあらゆる手持ちの素材を総動員して作りあげた『天地始之事』に接するときの感動は、天明五年に鳥島（とりしま）に漂着した人たちが、十二年余かかって、海岸に流れついた板切れを二百数十枚も拾いあつめて、それをはぎ合わせて船を作り、その船に乗ってみごとに無人島を脱出したという話を読んだときの感動と似ている。

たしかに『天地始之事』は外国人の宣教師が指摘したように、奇怪な伝説にみちみちている。マリアとイエスが天国において結ばれるという結末などは、カトリックの正統思想からすれば、宗教を冒瀆することもはなはだしい「取るに足らぬもの」である。だがこの『天地始之事』の内容を守りついだ潜伏キリシタンはながい禁教時代をみごとに生き抜いたのである。したがってそれを「妄想体系」として笑い捨てることは、「歴史的真実」を見そこなうことになると私は思うのである。

三

私がこれまで提示した実例は、一つの問いの形で要約することができる。南島のばあいは、半日もあればひとめぐりできるちっぽけな孤島、しかも老年にいたるまで葡萄を口にすることもなかった隔絶した環境のなかで、人間はどのようにして、人間らしさを失わないで生きつづけることができるかという問いである。それに対して島は小さくともそこに明確で広大な宇宙観や世界観があるかぎり、人びとはそこに生きる意味を見出すことができると私は答える。

また潜伏キリシタンのばあいは近代百年の二・五倍に相当する二百五十年間の禁教時代、あらゆる迫害に耐えながら、どうして、気も狂うことなく、教えを捨てることもせず生きつづけられたかという問いである。それに対しては、潜伏キリシタンがみずからの神話を作り出し、それによって彼らなりに人類の始源と終末、自分の霊魂のゆくさきの問題を解決していたからであると答える。つまり両者とも生きる意味を宇宙観や世界観とむすびつけることができた。そこから人間としての品位や尊厳さが生まれ、迫害を耐える勇気も生まれる。現代人の荒涼とした生活風景は、おそらくその正反対のことを物語っている。都会に住む知識人は一切の慣習から解放されている。しかし解放されたその分だけ、その生活は狭小にならざるを得ない。彼らには明確な宇宙がない。感覚も意識もすべてが、そうした広大で深遠な観念と連動するところがない。「蝶が一匹飛ぶにも宇宙の広さが要る」というのはクロオデルの言葉であるが、すべての繋縛を脱しようとする現代の知識人はついでに「宇宙の広さ」も失ったのである。それはことわっておくが、最近卑俗な形（たとえばＵＦＯ）で見られる宇宙に対する関心とはまったくちがう。なぜなら、かつての常民の宇宙論的認識は、彼らの生死とつながりをもつものであるが、現代人の宇宙への興味は傍観者的な遊戯にすぎないからである。

私はこの十年間、日本人の世界観や宇宙観はどうしたものであるかを追い求めてきた。それは、民俗資料としてでなくそこに日本の常民の人間的な姿があると信じたからである。したがって神話がやがて伝説となり民話となってもなお、そこには宇宙論的認識のかがやきは残っており、また慣習の中にもそれの破片をみとめることができると私は信じている。人間は今なお神話（ミュトス）を心の奥深く呼吸している。ただそれが古代人や常民のばあいほど、明確な具体性をもたないだけの話である。こうしたことから私は封建的とよばれる生活の中に、これまでとちがった意味を見出すのである。戦後日本では封建的残滓として旧い「習俗」の鎖を断ち切らなければ、新しい時代にむかって飛翔できないといわれてきた。この指摘の真実性をまるごと否定するつもりはない。しかしそれは半面の真実である。というのも人間はなにがしかの観念なしには飛翔できないからである。旧来の陋習を剝ぎとっていった近代の果てに何が残るかといえば、観念の翼をうばわれて飛べなくなった裸の人間が残るだけである。

戦後一時期の合言葉は「民主主義」であり、「市民社会」であった。たしかにこれらの言葉は、戦前と戦後を区別する標識として有効であった。しかしそれらは過去との断絶をつよく主張し、また死者との連帯を顧みないという点で、「伝統」とはなり得なかった。なぜならば、「伝統」とはなにがしかの形で過去と死者を引きつぐものでなければならぬからである。過去を否定するにせよ、過去を遡及し、過去の始源に否定の根拠を求めねばならないことは、キリスト教もマルクス主義も、またわが国学もひとしくそうである。つまり、過去とは断絶することは不可能である。新しい世界を創り、未来を切り開くことは、「伝統」を更新していく以外に方法はない。そのためには「伝統」を固定化せず、活力のあるものとしなければならない。それでなくては「伝統」は因襲化して、創造する力を失う。

もし日本に真の意味の「伝統」を求めるとすれば、それは常民の中にしかないと私は考える。いわゆる国粋主義的な伝統主義は、日本の敗戦によって破産を宣告された。それにとってかわった市民主義的な進歩主義も、もはやかつての輝きをもたらさない。貴族や僧侶、武士や軍人の社会から市民の社会へという推移は思ったほどたやすくはない。それはなぜか。反動的な勢力が阻害するためか。もちろんそれもあるにちがいない。しかし私はまた別の理由を考える。それは市民主義というのが社会の浅瀬をわたるようなかっこうでおこなわれてきたためである。つまり革新陣営が自分の理想の遂行の困難を保守反動の勢力のためとするのは一方的な解釈にすぎないと私は考える。むしろ、そうではなくて、常民の伝統を深くたがやすことを怠ったためではないか。それは「日常的活動」といった政治用語とはまったく別のものであり、認識の次元に属する。

これまで過去の因習と思われてきた常民の民俗的慣習の中に、常民は生きる力を見出してきた。なぜならば、私がくりかえし力説してきたように、常民の民俗的慣習は宇宙観や死生観とつながっているからであり、その背後には太古の「神話」の世界がかくされているからである。この「神話」の枠組は現代にいたっても、人間の心の奥底に存続する。個人の力は弱小であるが「神話」が与えられることによって蘇生する。したがって、ナチスがおこなったようにゲルマン民族の神話を作りあげ、それによって多くの人を死の淵へ追いこむことも可能である。こうしたいつわりの現代「神話」に目をくらまされないためにも、個人の弱小な生活を宇宙論的意味とむすびつけて生きた常民の生態をふりかえってみる必要がある。「死の神話」でなく「生の神話」は今日も明日も明後日も生きつづける常民の中にしかない。そしてその例を、私達はすでに大神島の島民や潜伏キリシタンの中に見てきたはずである。

（「公明」一九七八年九月号）

師・柳田国男への内在的批判を書く――『青銅の神の足跡』刊行に思うこと

雑誌「すばる」に連載した文章を中心として、今回集英社から『青銅の神の足跡』と題する本を出すことになった。私は数年間、この本の主題を追求することに集中した。そしてその報告書をやっと世間に出す段階までこぎつけた。いつわりの謙遜をかなぐり捨てていえば、私のこの本は戦後にあらわれた民俗学的論文、または古代文化史に関するさまざまな著作の中で、もっとも独創的なものの一つであると自負している。

私はこの本で柳田国男を批判した。私はかねがね柳田の批判は内在的でなければならぬと思っていた。内在的な批判とは、柳田の考えを内側から個々に論破していくことを意味する。柳田国男をひそかに師とあおいで民俗学の道に足をふみ入れて以来、私ははかり知れないほどの恩恵を柳田から受けた。もし柳田民俗学に出会うことがなかったら、私の一生は充実したよろこびをあじわうことなく終ったろう。私を「再生」させてくれた恩人が柳田である。私はいつか柳田に恩を返したいと思っていた。恩返しの方法は師説を内側から批判し凌駕することであると私はかたくなに信じていた。そしてともかくも本書によってその恩返しの一端ができたことを私は喜んでいる。本書はけっして柳田国男を冒瀆するものではない。

私が本書で批判したのは農民中心の柳田民俗学である。柳田民俗学が農民の生活を中軸としていることは、前近代の日本の社会が農民を中心として維持されてきたことを考えるととうぜんのことである。しかしこのことのために柳田民俗学は、農民中心の意識の外側に立とうとすることがなかった。いきおい非農民である金属精錬者の意識は欠落した。私が本書で明らかにしたいと思ったのは、金属精錬者をめぐる信仰と意識である。それを根本的につきとめるためには古代にまでさかのぼる必要があった。

私がとった方法は、古代氏族と地名とそこに所在する古い神社や伝承を組合わせてみるということであった。とくに私は地名を重視し、その組合わせの中心に据えた。地名には銅や鉄を精錬した人たちの足跡が印されているはずであるというのが私の考えであった。これまで古代の金属器、とくに銅鐸の研究は考古学者の手にゆだねられてきた。しかし考古学的な方法による銅鐸の謎の解明はもはやゆきづまり、頭打ちになっている。これは藤森栄一などがつとに指摘したところである。そうしたことから、私の方法は銅鐸の謎をとくのに有効な道をあらたに切り開いたといえる。考古学者だけでなく古代史家もまた地名はおろそかに扱ってきている。したがって、『青銅の神の足跡』は民俗学、考古学、歴史学の三者にたいする批判の書である。それは古代学がこれら学際的領域にまたがらねばならぬことを示唆している。

では本書で明らかにし得たことは何であろうか。

第一の点は、古代史に登場する天目一箇神（あめのまひとつのかみ）の性格が、銅や鉄を吹く人、すなわち、たたらをつかって製銅製鉄に従事した人たちを神格化したものであるということを実証したことである。これは一眼一脚の神が神のいけにえの名残りであるとする柳田国男の信仰起源説を論破したものである。

第二の点は、銅鐸の製作の中心に古代氏族の伊福部氏が関与していたことを跡づけたことである。これまで銅鐸はいかなる人たちの製作にかかわるかという視点が考古学者や古代史家を問わず、ほとんど問題にされたことがなかった。

第三の点は、聖域である神社の起源が古墳前期はおろか弥生時代までさかのぼることを類推したことである。すなわち日本人の信仰には弥生時代と古墳時代との間に断絶はなく連続性がみられるということをたしかめた。

第四の点は、南中国から渡来した人たちによって稲作文化がもたらされたが、彼らは大きな耳輪をさげていたと思われる。一方、朝鮮半島を経由して日本列島に渡ってきた人たちによって金属器文化がもたらされたが、それは目一つの神の信仰をもっていた。かくして耳という名に象徴される中国南部の稲作文化と、目一つの神に代表される金属器文化が接触して、日本文化の基礎が形成された。このことを私は「耳と目の結婚」という風に表現した。

これらのことはすべて私の直覚と想像力から出発したものであるが、その輪郭を明示するには個々の実証の裏付けが必要であった。「すばる」編業部の山形正男氏とは幾度も旅行した。どしゃぶりの大雨の中を歩きまわって、神社をたずね歩いたこともある。私が論証の手抜きをしなかったかどうかは本書をみてもらうほかはない。ともかく私は眼前のトーチカを一つずつ、つぶしていくような苦しい戦闘を二年間やった。まことに辛気くさいたたかいであった。それをあえておこなったのは何であろうか。

それは戦中派の私の底に流れているやむにやまれない衝動である。ヤマト朝廷が成立する以前の社会の信仰とは何か。それをつかむことによって古代天皇制の成立以前の社会と以後の社会との接続、または変質を明らかにしたいというのが私の念願であった。そのために記紀の彼方の社会を手さぐりすることを私は目指した。これを天皇制批判の書と受けとっていただいて一向に差支えない。

本書は実証的部分が多いのでかならずしも読みやすいとは思われないかも知れない。しかし大胆な問題提起だけでは、人を動かすことはできない。そう私は考えて論証をいとわなかった。ともあれ、私の著作の中でも、もっとも記念碑的な書物が近く誕生する。私の書物を日頃読んでいる読者も待望してきたものである。難産のすえ、生まれ落ちた書物の運命に幸せあれと著者は願う。

（「青春と読書」59、一九七九年四月）

本のなかの本――下橋敬長『幕末の宮廷』

長い伝統をもつ日本の宮廷は、日常のしきたりのなかに貴重な民俗文化を保存している。しかし何分にも雲の上の生活のことで、外部からうかがい知ることは容易ではない。たまたま、一条摂家の御側席をつとめて、孝明天皇が在位していた当時の宮廷の食事に精通していた下橋敬長（しもはしゆきおさ）の談話が「幕末の宮廷」「維新前の宮廷生活」「維新前の宮廷生活補遺」という題で刊行されたのは大正年間のことであるが、その三書がまとめられてこのたび覆刻されたのはよろこばしいことである。

本書をよむとさまざまなことが分かる。まず幕末の朝廷のまかないは三百二十一石六斗で、これは天皇の日常費であった。だから幕末の天皇はさほど貧乏だったわけではない。天皇は毎日、目の下一尺の鯛をたべていたというから、かなりぜいたくな食生活であった。孝明天皇は酒が好きで、夕方は六時、七時から十時ごろまで酒を飲んだ。寝間に帰るのはたいてい十二時ごろ。奥向きの女官のなかには、天皇が便所にいくとき手燭をもって先に立つ役があり、それを御差（おさし）と呼んだ。天皇と御差は一番親しくなった。天皇のつけていた絹の六尺のふんどしはきれいなもので、下賜されて呉服屋の手で紋付の羽織が作られたりした。御差の役もふくめて命婦（みょうぶ）には従三位以上の家柄の娘がなり、命婦は天皇の手のかかることにもなった。皇子や皇女の誕生となると、徳川幕府から三百石の手当が出た。

　孝明天皇はじめ、堂上公卿たちは一日ごし、あるいは三日ごとに女のようにお歯黒をつけるのが習いであった。禁中の年中行事にはさまざまなものがあった。まず元日には、天皇は午前三時ごろ、湯を使って、そのあと、清涼殿の庭に出て、四方に屏風をかこい、神にむかって礼拝するという古風な儀式がおこなわれた。七日の朝には、おもしろい行事がある。コウベというものが白い衣を着て、検非違使のまえにうずくまる。検非違使が首を斬ることを申し渡すと、その部下が梅の杖をもって、コウベの首を斬る。烏帽子（えぼし）をたたくだけのことであるが、それで首を落したことになる。この行事がすまないと、京都の町奉行所でも、幕府方の裁判ができないことになっていた。当時は元号をつけるのにも一々幕府の内意を得なければならなかった。そうした上で朝廷では、それを認めるものと、反対意見を述べるものの二つにわかれて、討論をおこなう。もちろん、すでに内定しているのではあるが、形式的に一応そうした儀式をすますのである。本書は年中行事のほか、禁裏の交際とか、宮殿の制とか、口向（くちむけ）諸役人とか、地下の官人とかについて詳細な記述があり、維新前の朝廷の内部の知識を満載している。

　本書は民俗学の立場から興味があるだけではなく、歴史家も小説家も当時の宮廷の様子を知る上での必須の文献であることを力説しておきたい。

（「諸君！」一九七九年七月号）

本のなかの本——岩田慶治『カミの人類学』

柳田国男や折口信夫の著書をひもとくと、彼らがいかに神や魂に関心をもっていたかがよく分る。私はかねがね日本民俗学は「霊魂の科学」として他の学問と異った特徴をもっていると考えている。したがって柳田や折口以後の日本民俗学が、神や魂の構造分析にあまり興味を示さないのが私には大きな不満である。シャマニズムの研究は進められているが、そうした研究も、実証科学の方法に終始しているために、神や魂の主題への深い洞察が欠落している。そうした現行の民俗学の欠陥をおぎなうような本が本書である。本書はもともと「諸君！」に掲載したものを主軸として、それに未発表の文章を大幅に加えてできたものである。

著者は仏教とくに禅にくわしい文化人類学者なので、本書の随所に禅の話が出てくるのに異和感をもつ向きもあるかもしれないが、それは神や魂の本質に肉薄するための著者独自の弁証法としてとらえたい。著者が訴えているのは、直感が参与する世界がこの世にまぎれもなく存在するのに、それが学問の対象からはずされているのは、不合理ではないかという主張である。

本書のなかではタマ（玉）の構造と機能に大きな関心がそそがれている。そして論旨はほぼ折口信夫の説にしたがっている。しかしまた霊魂つまりタマの本質や機能については、著者の東南アジア調査の豊富な体験がものを言っている。たとえばタマあるいはカミ、あるいは精霊を、ラオスとタイではピーと呼ぶが、このピーについてのさまざまな考察が本書を生彩あるものにしている。

本書のなかでは、美しい叙述や描写に出会う。その一つ。

「ジープにのって夜の熱帯雨林を走る。森の闇のなかに鳥たちの眼が光り、道路のぬくもりを求めてさまよい出た獣類の眼がかがやく。そういうときに、何物であろうか、車のライトのなかに迷い込み、ビシッとフロント・ガラスに当って死ぬ。それは蛾のたぐいだったのだろうか。死んだ生きものの鱗片と体液がガラスに飛び散り、その痕跡だけが残っている。まことに無残な、傷ましい一瞬の光景である。怖れと驚きはつねに文化の外からやってくるように思われる。それは突然、予期しないときにわれわれを襲う。カミもそういうものではなかろうか。」

「霊魂の科学」としての人類学や民俗学はもちろん本書で充分とはいえないが、その最初の切り口がつけられたことは認めねばならぬ。神秘主義におちいらないように配慮している著者の態度にも学ぶ必要がある。

それにつけても思うのは、学問の領域の広大無辺なことである。大海の上に浮ぶ小舟のような現在の人類学や民俗学は、自分たちを浮ばせている大海の広さや深さに畏敬をはらうことが大切であることを本書は教えてくれる。

（「諸君！」一九七九年九月号）

民俗的本質を解明——C・アウエハント『鯰絵——民俗的想像力の世界』

まず「訳者あとがき」の小松和彦氏の文章にしたがって本書の紹介をしてみよう。江戸時代末期の安政二年（一八五五年）一〇月二日の夜十時頃、大地震が江戸の町をおそい、多くの被害がもたらされた。その直後、鯰の化物をえがいたユーモアと諷刺に富んだ版画が売られ、庶民はこぞってこれを買い求めて一大ブームの観を呈したと伝えられている。これが今日「鯰絵」と呼ばれているものである。この「鯰絵」はきわめて少なく、しかもその多くが海外に流出してしまっている。そこで「鯰絵」の最大のコレクションは日本にはなく、百点近くの版画を所蔵するオランダのライデンにある国立民族学博物館にある。ところで一九五一年にこの博物館の館員となったコルネリウス・アウエハント氏は、この「鯰絵」に心をひかれた。彼は一九二〇年にオランダのライデン市に生まれ、ユトレヒト、ライデンの両大学において中国語、日本語、文化人類学をまなんだという経歴をもっている。日本を遠くはなれた「鯰絵」は、海外において、もっともよき理解者にめぐりあった。

アウエハント氏は一九五六年から七年にかけて来日し、柳田国男の主催する民俗学研究所で、「鯰絵」を中心に日本の伝統文化、民俗文化の研究に従事した。ライデン学派と呼ばれるオランダ構造人類学の理論にもとづいて、日本の文献資料の分析や考察をおこなった。その成果が本書『鯰絵』（一九六四年）である。本書には、他に一九五八年から五九年にかけて書かれた「スサノオ論覚書」も併録されている。その後、アウエハント氏は三度来日している。主として沖縄の波照間島での宗教を中心とした社会人類学的な調査をこころみている。氏はまた日本人を妻とし、大江汎人の雅号をもっている。アウエハント氏の日本理解にはそれにふさわしい深い土壌がそなわっている。

さて、本書は三部にわかれている。第一部は「鯰絵への招待」、第二部は「さまざまなテーマ」、第三部は「隠れた意味」という題名をもっている。

第一部は第三章の「破壊者─救済者としての鯰」にもっとも力点がおかれている。すなわちそこでは地震をおこす原因である鯰が、江戸の社会で不当の金をもうけている連中をこらしめ、金を吐きださせ、それを庶民に再分配するという救済者としての役わりをになっていることが説明されている。そしてそれの傍証として、鯰の代用物あるいは置換えとしての鯨が論じられている。鯨はエビス神とつながり、エビス神は異国の海神である。またエビス神は常民の神としてのスクナヒコナやヒルコとおなじものと見られている。エビス神は醜く不具であり、また荒っぽく、たたりもするが、その一方では七福神の一人として人間界にさいわいをもたらす。それはトコヨについても言われる。トコヨは禍福双方の根源なのである。

このようにして、著者は鯰の民俗的な本質を遠巻きにしながらときあかしていく。鯰はなぜ破壊者でありながら救済者でもあるかということは、せんじつめると日本の神にそなわった和魂と荒魂という両側面に帰着する。これは一つの神を美神と悪神とに分割させることになるが、それだけでなく「両要素である荒魂と和魂も、それぞれ独立し発展し別々の神として現れると、もう一度両義的になるらしい」ことを指摘する。ここで感じられることは、西洋の神のパターンに馴れ親しんだ著者が、それとはまったく異なる日本人の神観念に生き生きとした好奇心と興味をよせているということである。西洋の神の尺度にあわないものは切り捨てるというのがヨーロッパ人の一般的な思考方法であるが、著者の精神はきわめて柔軟である。

第二部では、鯰と雷神との関係が主として論じられているが、そのなかで著者の関心をとくにひくのは、鯰絵のなかに金時鯰とか弁慶鯰が登場していることである。金時のマサカリも弁慶の七つ道具もともに雷神の武器であると考えられるところから、鯰―雷神との関連が見出せるのであるが、さらに鯰が破壊者でありながら救済者でもあるように、弁慶も二つの要素をもっていると著者は説くのである。金時と酒顛童子、渡辺綱と茨木童子、弁慶と常陸坊海尊は、これを敵対者として切りはなすわけにはいかない。それらは本質的には同一の存在である。つまり日本の神の荒魂、和魂という両義性がここに人格をとってあらわれていると解する。この構造論的指摘は私を大いに啓発したことを書きそえておく。

著者はさらにヒョウタン鯰や河童についてふれる。宮田登氏が本書の「解説」で言及しているように、著者のトリックスター論が河童や鯰をとおして展開される。

第三部は本書の結語にあたる部分である。ここではベルグソンの「創話機能」の概念が借用されている。鯰絵がなぜ一八五五年の江戸大地震の際に出現したか。それは破壊にたいする民衆の防禦的反応であると著者はいう。社会不安のなかで起った天災は、古い秩序の終りであり新しい秩序のはじまりであるとみなされる。それを表現したものが鯰絵であり、災害を引き起こす者としての鯰は、社会的不正に対する復讐者であるとともに、そこなわれた均衡の回復者として、人びとに受け入れられる。

歴史学者は江戸時代の一揆や世直しや飢饉を論じても、民衆の不安の根源をこのように捉えることはできなかった。一枚の鯰絵にこめられた意味の重大さに気がつかなかった。また日本の民俗学者も、個々のテーマは研究するが、このように、置き換えの可能な対象の関係性に着目しなかった。それが一人の異邦人によってなしとげられたことに、深い敬意を表したい。

私もまた最近刊行した『鍛冶屋の母』（思索社）のなかで弁慶や河童の問題をとりあげているので、本書はことさらに興味深かった。ただ河童がぬけやすい腕をもっているのは、水界の「霊童」の不具性の表現だという著者の見解については保留しておきたい。

（「日本読書新聞」一九七九年一二月一〇日）

無垢の魂を一冊の民俗誌に結晶——國分直一監修『長門市史 民俗編』

民俗誌はある意味では民俗学者の試金石である。さまざまな民俗学の研究はついには一冊の民俗誌に集約される。民俗学者が民俗学についてどのような考えをもっているかは、彼が参加し、編纂した民俗誌を見れば、端的に分かる。その土地に住む人たちを読者対象の埒外におく民俗誌というものがあり得るとしても、その土地の外側の人たちを捉えるものがなくてはならない。蚊をおびきよせる人間の生き血のようなものがなくてはならない。

それにしても戦後おびただしく刊行された市町村史（または誌）のなかで、民俗学者も参加することが多いのに、人を引きつける魅力をもつ民俗誌のなんとすくないことだろう。与えられた枠組の範囲の民俗資料をかきあつめ、整理し、並べるだけの民俗誌には事欠かないが、そこには生活者の影はまったく不在なのだ。

しかしここに私の心を満す民俗誌があらわれた。山口県の長門市といえば萩市の西にある日本海沿岸の小都市であるが、長門市史（全二巻）のうち民俗編一巻が、國分直一氏の監修で刊行された。國分直一氏は、考古学者でありながら民族学あるいは民俗学にもきわめて造詣のふかい学者である。國分氏の提唱する考古民俗学は、この市史編纂に際して、いかんなくその成果を発揮した。どのページを開いても國分氏の半世紀にわたる学問の業績がものを言っている。そこには斬れば血の出るような情熱の集積がある。あくことのない学問への好奇心にいかなる雑念もまじえることのなかった無垢の魂の、衰えることのない躍動がここには見られる。國分氏はその純潔にして底深い知識のすべてをこの民俗誌一冊に結晶させた。長門市史民俗編は、最良の民俗誌であるといっても過言ではない。

この民俗誌で私がもっとも心を打たれるのは、名も無い住民のくらしへの心くばりであり思いやりである。したがって従来の民俗学の対象の範囲をこえて、そのくらしぶりを記述している。それは人間だけではない。たとえば「牛の歳時記」という一節がある。そこでは牛が人間並みに扱われている。漁業の中では南へゆくクジラ（下りクジラ）のコースを図示することを忘れない。長門市は捕鯨基地の仙崎をふくむだけに、クジラについての記述は詳細をきわめている。また通浦の海士についての記述も見のがすことはできない。

萩ととなりあわせなので、萩焼の深川分窯についての記述があるのもとうぜんだろう。交通と交易は民俗誌のなかでとりわけ興味を引く主題であるが、渡海船や渡し船のことにも触れられている。また肥とり船の話もおもしろい。かつぎによる鮮魚行商の図示も苦心の作とおもわれる。

この民俗誌のなかで、特色があるのは言語生活に多くのページをさき、長門市周辺の民俗語を集録したことである。多くの民俗誌のなかにはこれを欠くものがあるが、「くらしのことば」の有無は民俗誌の効果を大きく左右する。本書の成功の一つは、そこに着目した点である。つまりこれによって、人間の生態が彷彿と読者に伝わるのだ。たとえば長門市では朝の挨拶を「オハヨーアリマシタ」という。完了助動詞の「タ」で結んでいる。また朝の浜で出会った漁師たちは「お早う」などとはいわず「キョーワ、ナンノ、カデジャロー、カェエナー」（きょうはどんな風が吹くだろうかねえ）と挨拶をかわす。海に生きる者たちの、風にたいする、切実な関心のほどがうかがわれる。

私はかつて油谷湾を横断して大浦の海女のことを調べにいったことがある。また國分直一氏や、鏡崎の海女をくわしく研究している伊藤彰氏（本書の執筆者の一人）と、九州の志賀島の海女部落をおとずれたことがある。そうしたときの思い出が今重なりあい、本書は生き物のように私に迫ってくる。さいごに、本書の巻末に二五〇名にのぼる「話者および資料提供者」の名前が掲載されているのも見のがすことのできない特色といわねばならない。

（「日本読書新聞」一九八〇年三月三一日）

身内の貴重な新証言——堀三千『父との散歩』

本書は柳田国男の三番目の娘で、宗教学者堀一郎と結婚した女性の、父柳田についての回想録である。柳田国男ほどその生涯が研究の対象となっている学者はめずらしいのだが、ここにまた、身内からの貴重な発言の一つが加わった。堀一郎は、柳田が最晩年に「時間が足りない」と口ぐせのように言っていたという鬼気せまる挿話を伝えている。堀夫妻は柳田の身辺にもっとも近かった人びとであるだけに、本書もまた正確な記録として伝えるにふさわしいものである。本書は随筆の体裁をとっている。その中には柳田について知識をもつ読者には、すでに知っている事柄と重なりあう部分もないではないが、また新しく啓発される部分も少なくない。

私の興味を述べるとなれば、柳田その人よりは、柳田の二女で、のち赤星家にとついだが、三十歳の若さで死んだ赤星千枝にふれた文章が眼をひいた。千枝は著者のすぐ上の姉である。千枝が「早稲田文学」昭和十五年十二月号に、柳井統子の筆名で書いた小説作品「父」は家庭の中の柳田国男を描いたものであるが、生涯、旅に明けくれた柳田の家庭における孤独な姿がよく活写されている。

その千枝（子）は、本書によると、幼いときから、まけぎらいの活発な子どもであった。お茶の水の女学校は当時もっとも難関とされていたが、千枝は合格した。その発表の日、有頂天になった千枝が、家の花壇のまわりを踊りまわって「千枝子はえらい、千枝子はえらい」と唱えたというエピソードを著者は伝えている。自分で自分をほめそやす柳田の娘。本書にも述べてあるが、柳田は家庭の中では、ほとんど家族と打ちとけた時間をもつこともなく、娯楽を放棄して仕事に打ちこんでいた。唯一の気晴らしは散歩に出かけることであった。「父との散歩」という本書の題には、散歩している父とくつろいだ時間をもつことができた娘の、なつかしい思い出がこめられているのである。

（「東京新聞」夕刊、一九八〇年七月一日）

一国民俗学の適用と限界——柳田国男『民間伝承論』、安間清編著『柳田國男の手紙』

『民間伝承論』は「現代史学大系」の第七巻として共立社から昭和九年八月に発刊されたものであるが、本書は柳田の口述を後藤興善が筆記したものだということで筑摩書房版の「定本柳田國男集」には原稿のあった第一章以外は収録されなかった。まさに半世紀近くして、柳田の民俗学に対する基本的な考えを述べた書物が再刊された。

本書の第一章の題は「一国民俗学」となっている。柳田は一国民俗学をここで提唱しているが、「あとがき」で大藤時彦が解説しているように、これによって柳田が比較民俗学を否定したのではないことがよく分かる。大藤は「まずわが国では自国の民俗学を成長させ、一国民俗学を大成させることが急務であったのである。それをぬきにしていきなり世界各地の民俗を比較しても学問とはなり得ない」と言っている。大藤の考えは、柳田の一国民俗学に対する通説と言ってもよかろう。

しかし私は本書を読んで別の感想をもった。それは柳田が「日本は一国一言語一種族の国故、国内における整理が楽である」（九八ページ）と言っている点である。異なった言語の陰影をかぎとり、異なった人種の心意を理解することが、いかに困難であるかを考えるならば、雑多な言語と人種との混合体である他国に比べて、日本はフオクロア研究にとっての理想的な国柄であることを柳田が強調するのはとうぜんである。しかし日本には古い習俗が近代社会になっても依然として残りつづけてきた。これらのことによって、柳田が本書の中でとくに力をこめている同郷人の学としての民俗学の成立が可能となったのである。柳田は本書の序で「僅かな例外を除き外人は最早之に参与する能はず」とさえ極言している。つまり一国民俗学は、一言語一人種の国家であり、しかも文明国でありながら残存の文化が温存されているという条件を必要とする。外国人が自分の国を対象として民俗学の研究をしても日本のように条件がととのわないのが殆どである。柳田や折口の民俗学が世界の学問の中でもっともユニークなものと考えられるのは、彼らの天才的な洞察力だけではないことを、私は本書を読みながら痛感した。

今日、日本を一言語一人種で捉える考え方はすこぶる批判されている。たしかにその中にはアイヌ民族のような少数民族を犠牲にする考えが含まれており、また中央の政治権力や文化を肯定する見方がとられている。一言語一人種というのは支配階層が日本歴史を糊塗し、事実から眼をそむけさせる意識的な行為であることが指摘されている。しかし、私は一言語一種族の考えは、さまざまな言語や人種の寄合世帯である外国と比較するばあいには、日本の特徴としても差支えないと思う。すくなくとも平安朝以降はアイヌ民族を別とすれば、日本文化は均質化され、日本人の意識は同質化の過程を辿ったのではないか。したがって問題はヤマト朝廷の成立以前にある。

柳田の一国民俗学が完全に通用するのはヤマト朝廷以後と限定しなければならない。それまでは日本は多言語、多人種の小国家群が濫立し連合していたと見るべきであろう。そうしてこれら多言語、多人種の習俗や意識は注意深くみれば、そのあともながく伝承され残留したにちがいない。一国民俗学が批判されるとしたら、この点をゆるがせにしたことにあると私は思う。

本書はその後半に特色がある。第八章言語芸術、第九章伝説と説話、第一〇章心意諸現象などの各章は、日本文学のすぐれた入門書としても充分に読める。謎と諺や伝説についての柳田の卓越した考えは、ここで遺憾なく披瀝されている。

柳田は第六章採集と分類の中で、調査項目による調査を烈しく非難している（一一六ページ）。つまり質問用紙を送りつけて、それに回答を書きこませるやり方をみとめない。

『柳田國男の手紙』（安間清編著）の四六ページにも同様の趣旨のことを柳田は安間に対してのべている。「解説」の中で宮田登は、アンケート方式の調査は、副次的な手段としては有効であるとしながらも、生産統計処理やアンケートを用いなかった柳田民俗学の精神を思い見るべきであると言っている。

『柳田國男の手紙』では第二部に収録された若狭の大島半島の民俗誌が貴重である。私も二度おとずれたことがあるが、そこにある有名な「ニソの杜」の信仰についても昔のように聞くことはなくなっていた。そうした意味でも安間清の調査は今日いっそう価値を高めている。安間清には『早物語覚書』と『虹の話』があるが、本書とあわせて読めば、興味深いと思われる。それにしても柳田が学問の上でいかに真剣に後学の人びとをみちびこうとしたか、その感銘なしに私は本書を読むことができなかった。

（「日本読書新聞」一九八〇年一一月二四日）

志をもった民俗学者 宮本常一氏を悼む

宮本常一さんと私が知り合ったのは、今から二十数年まえ、一九五〇年代の末である。当時の宮本さんは五十歳になるかならない位であったが、心身ともに強壮で活力にあふれていた。二、三度会ってその話しぶりを聞いて、これは異常な能力をもつ人物だという感想をもった。昼まえから話をはじめて、夜にかかってもまだとぎれないというおそるべき長口舌にどぎもを抜かれた。話題も日本全土にあまねく及び、しかも眼にしみるようなキメのこまかさで、庶民の世界を描いていった。どの地方の話でも、そこには彼の手足のぬくもりが感じられた。彼は「あたたかき土」という言葉をよく使ったが、それは日本の庶民のあたたかさの別の表現だった。

民俗学が庶民の世界を対象とするものである以上、はえぬきの庶民層の出身であった宮本さんが、だれよりも庶民の心をみごとにとらえたのは当然のことかも知れぬ。しかしそれは柳田国男や折口信夫もできなかったという点で、宮本さんの偉大さを証明するものである。

私は柳田の諸著作にみちびかれて民俗学に関心をもったが、民俗学がまちがいのない学問であり、生涯自分の身を托しても悔いのない学問であるという確信は、宮本さんから得た。それは宮本さんのすばらしい庶民感覚をとおして私がまなびとったものである。

宮本さんは、生涯を歩きとおした人である。彼は江戸時代の菅江真澄以来の大旅行家であると言ってさしつかえない。幾千日にものぼる旅の日々、彼はかず多くの農民、漁民、山民に接触した。柳田のように白足袋の旅行でなく、地下足袋で歩きまわった。彼はそうして花粉にまみれた蜜蜂のように、おびただしい庶民の知識を身につけ、彼独特の感覚を備えていったのである。

宮本さんは庶民の世界に深く分け入り、庶民のくらしを少しでもよくしようという志をもっていた。彼は残存文化とか民俗慣習とかを漠然と求めて、地方を歩きまわったのではなかった。彼の関心はあくまで、常民とか庶民と呼ばれる人びと自体にあって、ひややかな、客観的な研究対象としての文化にはなかった。そこがふつうの民俗学者と宮本さんのちがった点であった。つまり彼は、志をもった民俗学者だった。

それには彼が農家に生まれたことが大きくものを言った。彼は農民の日常をよく知っているだけではなく、後年にいたるまで郷里で田植えをし、稲刈りをした。また蜜柑を栽培していた。民俗学者は稲作文化を研究するが、じっさいに田を作り、芋を植え、蜜柑をそだてることのできる者は、ほとんどいない。誰もが宮本さんに及びがたいと思うのは、この点であった。

地方を歩いているとき、宮本さんの大きく、黒く、するどい瞳は、山をみれば、そこに植林や果樹の育成を、海をみれば、魚や真珠の養殖の可能性を描き出した。彼はとくに離島の振興に力をつくした。こうして宮本さんは、その文章の中でも、かず多くのすばらしい庶民像を彫り刻み、定着させた。土佐の山村の乞食や、対馬の漁民の話は、まるで文学作品を思わせるみごとさをもっている。

私と知り合ったときから、宮本さんは胃の痛みになやまされていた。それは彼の旅先での粗食と過労のせいにちがいなかった。それが不死身とも思われた彼の生命をちぢめたのである。学者の常識の枠から大きくはみ出した宮本さんの一生をもっとも短い言葉で表現するとすれば、次の句が妥当である。

「生きた、書いた、歩いた」

（「毎日新聞」夕刊、一九八一年二月二日）

「菅江真澄全集」の完結に寄せて

菅江真澄の著作は、明治以来さまざまな形で刊行されてきた。こんど十年がかりで、別巻一冊を除いて完結した未来社刊の「菅江真澄全集」（全十二巻、別巻二巻）は、その集大成である。その中には「真澄遊覧記」の名で知られた膨大な旅日記や秋田藩領の克明な地誌のたぐい、それに民俗や考古の図譜も含まれている。これによって日本民俗学の大先達であると同時に大旅行家であった真澄の全体像をつかむことが可能となった。それに花を添えるのは、各巻ごとに載っている編者内田武志氏の綿密な解説である。

内田氏は血友病という難病を背負って、菅江真澄研究ひとすじに、戦後三十幾年を生きた人である。この全集のもう一人の編者の宮本常一氏が今年の一月他界したとき、私は「生きた、歩いた、書いた」というはなむけの言葉をおくったが、それに対して昨年の十二月に世を去った内田氏は「生きた、寝た、書いた」という言葉がまさにふさわしい人だった。彼は身動きもならぬ横臥の身で、腹の上に羽根枕をのせ、それに菓子箱のふたをたてかけ、ごくなめらかな紙に、6Bか8Bの鉛筆で大きな字の原稿を書くのが精一杯だった。武志氏の身のまわりの世話、原稿の浄書はすべて妹の内田ハチ氏にゆだねられた。彼女の無私の献身があればこそ、内田武志氏の比類ない学業は成就したのである。

菅江真澄はその生きていた時代から謎の人であった。生国は三河というばかりで、そのたしかな故郷の所在を知らせず、天明三年（一七八三）に、三十歳で出郷して以来、四十数年間を旅の空の下で生きた動機は、真澄自身の口からはついに明らかにされることがなかった。彼はいつも頭巾をかぶっていて、秋田藩主の佐竹義和に面謁したときも脱ごうとせず、死んでも頭巾のまま葬られたことが、彼の生涯をいっそう神秘化させる逸話として残っている。彼が秋田藩領の角館で生を終えたのは七十六歳のときである。そのあいだ、真澄は柳田国男の言葉を借りれば「知識を唯一の情欲として」ひたすら民衆のくらしに分け入り、蝦夷地（北海道）にまで足をのばした。彼を駆りたててやまなかった衝動とは一体何であるか。それは菅江真澄を敬慕する人たちのひさしい間の謎であった。

内田氏はこんどの全集の解題でこの謎に挑戦し、これまでの彼の著作では述べたことのない仮説を提示した。それを一言でいえば真澄の三河の生家は、尋常な武家とも農家ともちがう家すじであった。真澄は白太夫の子孫と自称していた。そこから内田氏は白という語に着目し、真澄が白山信仰に深い関心をよせていたことを指摘する。白太夫は百太夫とおなじであると柳田は解釈している。

百太夫はくぐつ師と呼ばれる人形つかいや遊女の信奉する神であり、漂泊遊芸の徒にふかい縁をもっている。そうであれば、真澄が独身を守りながら、一生のあいだ遊女への関心をたやさなかったことも納得される。真澄はまた東北の鉱山になみなみならぬ興味を抱いていた。これについて内田氏は真澄の生家が各地の山相を見てまわり、鉱脈を発見する家すじであったと推測している。

それと共に、三河万歳とつながる陰陽師の家と関わりがあるという説にも耳を傾けている。伝聞によれば、真澄の生家は回国の順礼や旅芸人などに宿を提供していたと言われるが、真澄が漂泊者と関係ふかい家柄に生まれたことは、彼の旅人としての後半生を暗示するものである。内田氏はまだ真澄の故郷やその職業をはっきりとはつきとめていない。しかし真澄の生家を社会の底辺層の遊女や鉱山師や雑芸人や白山神人と関わりがあると推察したことで、菅江真澄研究は画期的な深化をとげることになった。私たちは、真澄の全著作を遊歴文人の眼でなく、漂泊者の血をとおして、読み直してみる必要がある。それはまた社会の底辺の漂泊者に同情をかくさなかった柳田民俗学の出発点に立ちかえることでもある。

（「朝日新聞」一九八一年一一月三〇日）

狼煙と遠吠え

岩手県の遠野地方では、昔は日ぐれがくると、狼をおそれてはやばやと戸を閉めたものであると聞いたことがある。明治時代、遠野では子どもが泣くと「モウコがくるぞ、お犬がくるぞ」とおどした。お犬は東北では狼のことである。モウコとは何を指すのだろうか。蒙古人とするのは俗説である。

狼はウォーと鳴くものと私たちはきめてかかっているが、信州の山村では、狼が夜遠吠えするのはモウ、モウ、モウと鳴いたのだと言っている。ということで、夕ぐれをモウモウドキと呼ぶのは、狼が日ぐれに出没するからであるにちがいない。東北ではモウコとかモッコといえば、子どもがおばけを呼ぶときの言葉だが、おばけの正体は狼だった。モウコ、モッコのコは東北ではベッコなど語尾につける愛称語であろう。

西国ではおばけはガガモとかガゴと呼ばれていた。このガガというのは狼がものをかみくだいたり、ひっかいたりする音の口まねと考えられる。こうしてみればモウコ、モッコにしろ、ガゴ、ガガモにしろ、小児語としてはなかなか迫力のある言葉である。

狼は肉食獣であり、動物の骨も皮も、また鳥の羽もかみ砕いてたべてしまう。そこで狼の糞（ふん）は固く、地面にまっすぐに立っている。この狼の糞に火をつけて、のろしをあげ、遠方と合図することから、のろしに狼煙という漢字をあてた。能登半島の先端の珠洲岬には狼煙という地名がある。（「読売新聞」一九八二年一月九日）

記念碑的な『大系』を目指して

近頃流行の日本人論は、日本人が自分の顔を鏡に映してみたいという願望から生まれたものであるが、その鏡は外国製のものが気に入られるようである。そこに日本人の昔も今も変らない海外の動向を気にする性格があらわれている。日本人ほど海外のことに敏感な民族はないと言ってさしつかえないほどなのに、相手国に対する冷静な認識をもとうとしないのも日本人の特性である。日本人は海外に幻想を抱きたがるし、またみずからの幻想を相手に押しつけて平気でいる。したがって今回、教科書問題を通して明るみに出た日本人の海外認識の甘さ、アジア諸国民の心情を把握することの拙劣さなども、これを一部政治家や文部官僚のせいにしてしまうには、問題ははるかに深いところに根ざしていると私はおもう。それは幾千年来培われてきた日本人の深層意識の一端があらわれたものにほかならないのである。

ここにおいて、日本人みずからが自分に問わねばならない。「日本人とは何か」と。それは外国製の鏡によることではない。また年に何百万という日本人が海外旅行に出かけて見聞をひろめることで済まされる問題ではない。昼間の星を井戸の底に映してみるように自分の心の奥底をのぞいてみなければならない。そのときもっとも役に立つのが常民の意識や民間伝承を重視する日本民俗学である。日本民俗学は一貫して日本人のアイデンティティ、すなわち日本人としての自己認識の主題を追求しつづけてきた学問だからである。

高度経済成長期の反省をとおして、日本人が日本について知ろうとする欲望は高まっている。学問の分野においても、民俗学と接合して活性化をはかる試みが、歴史学、文化人類学、考古学などさまざまな分野でおこなわれている。また尖端的な思想や芸術の世界でも、民俗学の手法を大胆にとり入れた実験がおこなわれている。

だが民俗学の対象となる民間伝承は戦後、とくに高度成長期をへて、いちじるしく稀薄になっている。日本の社会の風貌は一変し、残存文化は消滅の危機に瀕している。もはや旧態依然とした民俗学の方法に終始することは困難になっている。こうしたとき、それに固執することは、民俗学の本質をかえって見失わせ、民俗学の可塑性を矮小化する怖れがある。

このような時代の風潮に答えるべく本大系は企画された。あえて、『日本民俗文化大系』としたのは、民俗学を閉じた所与の体系とみなすのではなく、時代の要請にふさわしく開かれた体系と考えたいためである。

そのために民俗学者だけではなく、その周辺の学者にも執筆をねがった。そのことによって日本文化の基底部をつらぬく主題を一層明確化し、それを現代人の意識に対応させることが可能になるはずである。なお、将来はもはや消滅するにちがいない民俗現象を反映する写真を多数入れて、この時代の記念碑的な『大系』をかざることにした。

（『日本民俗文化大系』月報1、一九八三年二月）

一枚の葉書――高取正男氏を偲ぶ

歴史学と民俗学の間を架橋しようとする試みはすでに和歌森太郎氏によって着手されていたが、和歌森氏の学問はどちらかと言えば歴史学よりのものであった。それに対して高取正男氏はおなじように歴史学出身でありながらはるかに民俗学よりの業績を残した。それは両氏の資質の差によるものと私は思っている。東国人と西国人の気風の差が、あるいは育った時代や環境の差が両氏の学問の上に滲み出ている。

そうした背景を考えての上のことだが、民俗学者としての適性はむしろ高取氏のほうにあったと私は思う。彼の長い間の地味な研究調査と独特な発想は晩年にはますます磨きをかけられ、私の眼からみても高取氏は眩しい存在であった。しかしその根底にはいつも庶民へのかぎりない共感がよこたわっていた。庶民はいたって小さき者であり、その生活は波の上に描く雨足の波紋のようにはかないが、庶民の生活を土台に置かない歴史学はあり得ないことを彼は知り抜いていた。それは彼のきめのこまかい、やさしい心情に裏打ちされた学問的な確信であった。『神道の成立』の刊行が機縁となり、それまで蓄積されていたおそるべき底力が発揮され始めたときも、彼はつつましい微笑をたやさず柔和なまなざしを忘れなかった。彼自身、やっと労苦が報いられた思いで「花の五十代です」と言っていた。だがそれも束の間、内裏雛を思わせる彼の風貌を見ることは永久にできなくなった。

昭和五十二年の夏から『日本民俗文化大系』の企画がはじまったとき、私はためらうことなく高取氏を編集委員に推した。そうして五十五年の秋の彼岸の頃に、編集委員の一行は編集部の山崎晶春氏と一緒に、能登の羽咋の海岸に出かけた。高取氏はすでに病にたおれていたので、私どもは病中見舞のよせ書を彼に送った。それに対する返事の葉書が私のもとに届いた。十月七日の消印のあるその葉書は今も私の手もとに大切に保存されている。

「拝啓　本格的な秋になりました。お変りない事と存じます。先日、羽咋からのお便り有難く拝誦しました。この度は御心配かけて申訳ありません。胃の腑2／3三途川原において逃げてきました。その後まあ〳〵の調子、今日、これから四回生の演習にはじめて出勤する処です。三途川原はすごく明るく、テレヴィのスタジオより明るくて少しも熱くない処、死んだ親爺とお袋が嬉しそうに笑って手を振って別れてきました。あの明るい顔が、今も鮮明に残ってます。そのあと、お袋の膝の上にうつ伏せになってゲー〳〵と吐いている夢、子供のときの自家中毒のときの夢をみて、気がついたら女房が酸素カーテンの外からのぞき込んでました。手術ということは大変なことですね。羽咋の浜は戦争末期、新潟、伏木、敦賀の港が米軍の機雷で使用不能になり、満洲大豆を積んだ機帆船が浅瀬に乗りあげて荷を降しました。その沖仲仕に動員され、気多大社など暇をみて廻りました。当時は邑知潟にトキもいたようです。その後、昭和三十六年に学生をつれて行きました。随分変ったと存じます。取急ぎ近況御報告まで。ぼつ〳〵戦線再帰いたします。

草々」

私はこの葉書を受け取って、彼の病気が快方にむかったことをよろこんだ。それとともに高取氏が死の世界の入口までいったときの報告は、民俗学の貴重な実験例と思われた。高取氏がかいま見たのは、まさしく常世（とこよ）の姿であった。常世は明るい冥府であり、そこでは亡き父母にも会えるというのは日本の常民が抱いてきた他界観であるが、それが知識人の高取氏にも見られたということに、私は興味をそそられた。この葉書では、高取氏は再起の希望に燃えている。私も心から安堵していたのに、それから二カ月のちの昭和五十六年一月三日にはもう不帰の客となり、常世びととなってしまった。稀有な人物を失ったという痛恨は長く尾を引き、私の胸にあいた空洞は今もって埋められないでいる。

（『日本民俗文化大系』月報1、一九八三年二月）

家父長制

家父長制とか家父長的という言葉が、戦後やたらに使われた。家長が家族を自分の意のままに使役し、妻子は家長の奴隷のような状態に置かれているのを非難したものである。それと共に封建的という言葉も流行した。ときには、家父長制的封建性と二つをくっつけて言うばあいもあった。このばあい家父長制というのは、封建時代の遺物だという意味がこめられていた。

だが、よくよく考えてみると家父長制と呼ばれるものは何も封建時代の特産物ではなく、古代からあった。そしてまた日本では明治国家が必要以上にこの家父長制を強調した。明治の民法では、家の統率者として戸主権をもつ戸主があり、戸主権は全財産と共に家督相続によって、長男に継承された。戸主としての権利を父親から長男へという形で規制したことから、これまでに見られない家父長的な家族形態が、明治になって誕生した。

しかし、そうした戸主権や財産の相続の仕方だけが民間におこなわれていたのではけっしてない。たとえば瀬戸内海沿岸や九州の佐賀や長崎や鹿児島では末子相続がおこなわれていた。九州などでは戸主夫婦は納戸で寝ていた。その納戸には家の神と祖先の霊がまつられていた。戸主の長男が成長して妻をもらっても、戸主が納戸をゆずらなければ、長男夫婦は分家してあたらしい寝部屋をもつことになる。一方、長男に家の祭祀をはやくまかせるばあいには、親は長男夫婦に寝部屋をゆずる。親は二、三男をつれて他に出てゆき、二、三男のために土地を開き、分家させてやる。これを隠居分家と呼んでいる。二男が独立すれば、三男以下をつれて出ることもある。他に出ると言っても、おなじ屋敷の中にいて、住居を別にする隠居分家が多い。そうして親はたいてい末子の家で死んだ。

このように、長男が分家して末子が相続するばあいと、親が家を出て、二、三男とくらす隠居分家のばあいがある。いずれにしても、戸主の財産がそのままそっくり長男に相続されることはない。子どもたちに均分に相続させることを原則としている。

これは西日本にひろくみられる慣習であるが、東日本では、とくに武士の家で長子相続が強調されていた。明治の民法はそうした武家の相続法を受けついだものである。

また戸主権といっても、家政の管理はむしろ主婦の手にゆだねられていた。これを主婦権と呼ぶ。たとえば合掌造りと大家族制度で知られている飛騨の白川郷の家々では、明治の末頃までは毎日三通りの飯をたいていたと、江馬三枝子の「飛騨の女たち」は伝えている。稗(ひえ)ばかりの稗飯。稗に稗ぬかを混ぜたぬか飯。それに、稗の中に米を一、二割混ぜた程度の稗と米の飯の三種類である。

稗飯は激しい労働をする男たちと、その家の直系の老婆たちの食べ物。ぬか飯は一般の家族の食べ物で、主婦もみんなと一緒にこのまずいぬか飯をくった。そして米をわずかにまぜた稗飯(それでも三種類の中では一番上等な飯)は直系の男の老人とごく幼い子供たちだけに与えられた。

主婦は食事どきには三種の飯鍋を自分の側に置いて、よそってやるので、鍋と杓子には主婦以外の誰も、戸主といえども、触れてはならなかった。主婦権というのは家族の中での食物分配についての権威の象徴なのであった。

主婦権または杓子権のことを岩手県の遠野ではヘラ持といった。ヘラは杓子のことである。ヘラ持の権威は絶対であった。昭和初年に遠野の、ある旧家では祖母がヘラ持だった。彼女はかくしゃくとしていて、毎朝起きると家中にひびき渡るような声で、一日の仕事を命令するのだった。当時、村長をしていた自分の息子には、朝飯まえに草を刈ってこいと言いつけ、村長の妻には馬を飼うことを命令し、村長の息子たちには桃売りにいってくることを指示するという風に。こうして一家がヘラ持の祖母の指揮監督の下に動いていった。

こうしたことは主婦にかぎらなかった。昔は大きな邸にはすべてをとりしきる年老いた女中がいて、若い嫁などに差し出がましい口を許さなかった。身分は低かったが、まかせられている権限は大きかった。社会的役割は身分の高下とかならずしも一致しなかった。戸主に対して主婦が、長子に対して末子が、「家」の中での重要な役割を果していたのが近代以前の日本の民間の社会であった。それをどうして「家父長的、封建的」ときめつけることができよう。それは明治の民法に規定され保障されたものを、封建遺制と錯覚したにすぎないのである。

（「住まいの文化誌　日本人」ミサワホーム総合研究所、一九八三年六月）

けがれ

けがれとは、魂の活力である「け」が身体の外へ出てしまって、回復しない状態を指す。古代の日本人は魂はたやすく身体の外へ抜け出すものと信じていた。たとえば何かの拍子におどろくことがあれば、魂は外に出てしまう。これを「たまがる」と言った。魂離(たまか)るの意である。「けがれ」とは「け離(か)れ」の意である。人間の身体に入って活気づける力、それをメラネシア語でマナと呼んでいる。マナに相当する日本語が「け」である。これは中国語の「気」に由来すると思われやすいが、そうではなく、固有の日本語である。

魂の活力である「け」は身体の外に出ても、また戻ってくる。しかし永久に戻らないことがある。それが死であり、「けがれ」の最大のものである。しかし古代人は死は「けがれ」であっても、触れてはならないきたないものとは考えなかった。

沖縄では以前に死者を屋敷の内に埋葬することがよく見られた。それは沖縄に仏教の浸透する度合がきわめて稀薄だったからである。日本本土でも、神社の境内に古墳の残っているところがかなりある。これは土地の有力者の墳墓を祀ることが神社の起源につながっていることを示している。しかし仏教が普及すると、神道もその影響をつよく受けて、神職にたずさわる者は、死者に触れることを、もっともけがれたこととして、忌み嫌うようになった。

家人が産のけがれを忌避するために、女が隔離された場所でお産をするという考えは、古代にはまったくなかった。むしろ産小屋でお産をするというのは、産婦が他人を近づけないことが肝要だったからである。卵か繭のように中空で密閉された場所でなければ、無事に出産できないと古代人は信じていた。そこで産小屋を開けたり、のぞき見したりすることは、自分の夫といえども許さなかった。

それが後になると変化してくる。神主の妻がお産をするとき、自分の家を出て産小屋でおこなう例が出雲や対馬などにある。それは神道が産による血のけがれを忌むようになってからの習俗であって、古代からある慣習ではない。

丹後地方のように家の土間で産むようなこともおこなわれた。つまり産小屋のかわりに、家の中の土間にワラを敷き、むしろを屏風のように囲って女はお産をした。家族はもちろん、家に出入する者も、その光景に顔をそむけて、かたわらを通りすぎた。「まるで犬のお産のようだ」と女たちは嘆いた。それは女たちにとって屈辱だった。そこに夫もよせつけない古代の女たちの誇りはなかった。

産小屋と似たものに月経小屋があった。月経時の女たちはすべてその小屋に籠らねばならなかった。民俗学者の折口信夫によれば、古代では月経時の女は神を迎えるために籠った。その目じるしに産小屋の前には槻（つき）の木を植えた。神はもちろん男性であった。月経時に神と交わったのだという。そうした神聖な意味があったのに、後世になると、血のけがれということで、なかば強制的に月経小屋に閉じ籠められた。自宅ですごすようになっても、月経時の女は神棚に燈明をあげることを許されず、また食事も別にするところが多かった。このように、産や月経の血の不浄が強調されるようになったのは、室町後期からひろまった「血盆（けつぼん）経（きょう）」の影響が大きい。

古代の日本では西北の方角にあたる戌亥（いぬい）の方位は、神霊のおとずれる方向として畏敬され、また幸福や富のもたらされる方角として歓迎された。屋敷の戌亥の隅に倉をたてる風習も見られる。そのあと、陰陽道の思想がくわわると、東北の方角にあたる丑寅（うしとら）の方向は神霊や鬼のおとずれる方位として、鬼門の意がこめられるようになった。

このように固有の日本人の考えは、死や産や月経を魂のおとろえ、すなわち「けがれ」の状態とみなしても、不可触で汚穢なものとは考えなかった。「けがれ」に倫理的、美的な価値観を付加したのは、仏教と陰陽道である。それによって、これまでの聖穢の観念はむしろ逆転するという現象を示すことになる。

今日「けがれ」を清めるのに塩を使う。それには身体についた、きたないものを払い落すという意味がある。しかし、この塩はもともと海の潮の象徴で、その潮は海の彼方のはるか祖霊の在す常世から押しよせてくるものと古代には信じられていた。その常世の潮をかぶって心身を若がえらせ、魂を新しくするという意味はあっても、きたないものを払い落すという意味はなかった。

（「住まいの文化誌 日本人」一九八三年六月）

お祭りの効用

今日のように、万事刺戟で溢れかえっている時代には想像しにくいことだが、昔は村や町に住む人たちにとって、祭りは数少ない楽しみの最大のものであった。

祭りは祭りを待つ心から始まった。祭りが近づくと人びとの心は浮き立った。なんとも言えない厳しく、甘い空気が家の内や外にただよい出す。柳田国男は『明治大正史 世相篇』でそのことを次のように述べている。

「以前の酒造りは、事の外に簡単であつた。麹に二日と甘酒に二夜を送ると、残りの三日四日の間にはもう甕にふつ〳〵と湧いて居た。ちやうど遠方から太鼓の音が響いて来るやうに、この幽かな酒瓶の音に耳を傾けることが、即ち家々の祭を待つ心であつた。当日の用意は新しぼりの器を替へる香によつて整うたのであつた」。

濁酒をつくるのは家刀自の仕事であった。祭りの日がきて、客にもてなすために濁酒の瓶を開けたときの芳醇な匂いを、柳田は「村の香」とも「祭りの香」とも呼んでいる。祭りへの期待は村の中に溢れる濁酒の香でまず満されたのであった。

祭事に酒はつきものだが、ふるまい酒に酔うことは、短時間に多数の人びとの気持を揃え、異常な心理状態を作り出す効果がある。日頃は静まり返った一角から笛や太鼓の音がとぎれなく流れてくると、家の中にじっとしておれなくなる。このように香や音が人びとの感官を弾ませ、否応なしに祭りの昂奮へと駆り立てていく。神社の参道は、出店の間を縫う晴着姿の彩る雑沓で織りなされている。

毎日の煩労から解き放たれた人びとの心は、新しいうねりに支配されていく。

日頃は何事によらずつつましくするのが美徳であるが、祭りの日ばかりはそうではない。祭りでは吝嗇はすべてに勝る悪徳であり、浪費こそ最上の美徳として数えたてられ、もてはやされる。言ってみれば、祭りの日の浪費のために、日頃は精出して節約しているという趣きがある。それもただの浪費ではない。昂奮を伴わなければならない。

そこでは日常的規範は無視される。祭りの夜に、筑波の嬥歌のような自由恋愛がおこなわれた話は方々で耳にする。日常的な倫理の軛に従っている限り、それはもはや祭りでなくなるのである。

祭りでは神輿もずいぶん暴れまわる。ときには民家に飛び込んだりする。ということはそれをかつぐ人たちが暴れることにほかならない。ときには神輿を崖から突き落したり、海の潮になんべんも浸けたりする。

そうしないと神さまが喜ばないと心得ている。諏訪神社の御柱祭りのように死者や怪我人が出る祭りもある。これは何を物語るのだろうか。祭りの日は、日常の生活と正反対に、過度が美徳だからである。

とはいえ、祭りは最初から最高潮の昂奮を見せるのではない。信州遠山の霜月祭りでは、昼頃から始まった祭りがピークに達するのは真夜中である。志摩の立神村の宇気比（うけび）神社の祭りも正月三日の午後二時頃から始まるが、五時間位はかなり退屈な行事がつづく。それが日のとっぷりと暮れた午後八時頃から壮絶で華麗な火祭りに変わる。これがえんえんと二時間ものあいだくり広げられる。このことは多くのことを考えさせる。つまり祭りの熱狂とその前座となる退屈さとは不可分なものだということだ。退屈さを抜きにした熱狂ということはあり得ない。しかも一たび熱狂に火が点じられると、その渦は容易に去らない。これが祭りの「過度」の意味である。

民俗学では労働にいそしむふだんの日をケの日と呼び、仕事を休んで神に仕える日をハレの日と呼んでいる。祭りはまさしくハレの日に属する。その日はすべてにおいてケの日の掟（おきて）と倒立する。ケの掟は俗の世界のものであり、ハレの掟は聖の世界のものである。

祭りは季節の折目におこなわれることが多い。志摩の宇気比神社の祭りのように、冬の火祭りは、春を呼ぶ祭りである。春は一年の豊作を祈願する。夏は青森のねぶた祭りのように疫病退散のための祭りである。それが過ぎると、にわかに秋の気配がしのびよる。信州遠山の霜月祭りは収穫感謝の祭りであると共に、一年のしめくくりの祭りである。このように、新しい季節にむけて心身を切り換える必要が祭りを生んだと言って差支えない。ケの日の単調なリズムがつづくと人間の生活は停滞し、衰弱化の一途を辿る。そこでそれをつき破るために、ケの日の中にハレの日を突出させた。万事控え目なケの日と裏腹に、ハレの日には世間を縛っている倫理からの一時的な解放が公認される。それは、長い間貯えられ、なかば無意識のものとなった人間の智恵であり、生命力の更新のために祭りが案出されたのだともいうことができる。日頃、人間の心の底に渦巻いて出口を求めている破壊と解放の情念に、一時的なカタルシスの場を与えるもの、それが祭りである。だが、人間の心はお祭り騒ぎの昂奮の長い持続には耐えられない。そこでふたたび日常のおだやかなやすらぎを求める。それが「祭りのあと」である。このようなハレとケのたくみな組み合せが変化をかもし出し、人間の社会を健全に保つ仕掛けになっている。

祭りの効用はまず、神と人との一体化した儀礼を通して、集団の共同感情の紐帯（ちゅうたい）を固くすることである。今日のように世俗的な刺戟の過剰な時代には、聖なる日の敬虔（けいけん）な気持に浸ることは大きな意味がある。そこで繰り展げられる儀礼も、人生の何たるかを具体的に教えるものである。祭りとはまず第一に、みんなこぞって神に奉仕する行事である。ということから、商店街が大売り出しをするために催す七夕祭りなどは、祭りとは言われないことも、おのずから分かる筈である。

（「住まいの文化誌　人世祭事」一九八六年八月）

『風土学ことはじめ』はじめに

日本は南北につらなる島々で構成されている。気候の差があり、地形のちがいがあり、また文化の輸入の経路も一様ではなく、その生活は陰影に富んでいる。日本で民俗学が独特な発展をとげたのは、こうした風土の条件に依るところが大きい。このばあいの風土とは、気候、地味、物産、土地のなりたちのほか慣習や風俗や地名の由来までをふくめた八世紀初頭の『風土記』の記述内容と似ている。風土とはあいまいなことばだから、風土学と呼ばずに気候学と言い換えたらどうかという提言がある。だが気候は風土の大きな要素であっても、内容の全部を尽してはいない。

風土とはさまざまな要素をあつめ、それを統一的に把握することから生まれる語であって、人びとの生活が大自然にしっかり抱かれているという感情がないところに、風土の概念は育たない。したがって風土とは、その土地が人間を創る根源の力をもつという意味もこめたことばである。

風土はどのように大きな地域にもひろがり得るが、またどのような小さな地域にも分けることができる。そこに生活する人びとの多様性への関心が風土を無限に分割するのである。しかし日本の風土を考えるばあい、まずそれを東と西に分けてみるのが妥当であろう。東と西とはさまざまな面で対照的な様相を呈している。そのことは日本とは何かというあらたな問いを引き出さずにはすまないのである。

この座談会は『歴史公論』昭和五十七年四月号から昭和五十八年三月号までの誌上でおこなったもので、風土学への試みの一つである。もちろんこれだけで充分とはいいがたいが、かず多くの示唆は提出されている。対談者の一人であった玉城哲氏は、日本の風土、とくに稲作と水利の問題にふかい造詣をもつ学者であったが、その後亡くなられたことは、惜しみてもあまりある。ここに玉城氏の御逝去を悼む次第である。

昭和五十九年二月一日

（谷川健一編『風土学ことはじめ』雄山閣出版、一九八四年四月）

妖怪語モウ・モッコについて

東北地方では化物をモウとかモウコと呼んでいる。この言葉について柳田国男は「妖怪談義」の中で「咬もう」という猛獣の真似をする言葉がはじめにあった。それは相手をおどすときに使われたのだが、東北地方では第一音節に力が入らないでモウとかモウコと呼ぶようになったと言っている。モウコという言葉が元弘の役のとき来襲した蒙古の軍勢の意とするのはもとより俗説である。しかし柳田の説も間違っている。

昔は陸中遠野では夕ぐれになると狼がくるからと言って、民家の雨戸を早々と閉めたという話を現地で聞いたことがある。明治時代の遠野の家々では、子どもが泣くと「モウコがくるから泣くのをやめろ……」とか「オイヌがくるから……」と言って泣きやめさせようとした。東北ではオイヌと言えば狼のことである。この場合のモウコとは何を指すか。

松山義雄氏は『狩りの語部』という書物の中で、狼が「モウ、モウ、モウ」と夜空に向って大きな遠吠えを始めると、その声に答えるように、峠路のあちこちから、たくさんの物すごい遠吠えがきこえてきたという老人の話を記している。これは信州の伊那郡の話であるが、信州の木曽山脈の東麓の上古田では、狼は鳴くとき、頭を上から下へさげながら「モウ、モウ」と大きな声で鳴いたあと、「ウオン、ウオン」と小さくつけ足したということである。

狼はウォーと鳴くように私たちは考えているが、じっさいに狼の鳴き声を聞いた人たちはそれを「モウ、モウ」と表現している。そうしてみると、遠野で「モウコがくるから」と言ったそのモウコは狼のことであったのである。富山地方では、幼児をおどすのに「泣くとモウモウに噛ましてやるぞ」と言ったそうだが、このモウモウも狼のことである。

田淵実夫氏も『動物風土記』の中で、モウを狼の鳴き声とし、夕ぐれをモウモウ時と言うのは、狼の鳴き声にあやかったのだと述べている。

モウとかモウコという妖怪語は東北を中心に分布しているが、それに対して西国ではガゴという言葉が流布している。この言葉の由来については、元興寺の鐘楼に夜な夜な化物が出るのを気丈な小僧が退治したという伝説から、元興寺といえば化物を意味し、それらが短縮してガゴになったという説があるが、それは取るに足りない俗説にすぎない。柳田国男は「咬もう」の意味を誇大にするために第一音節のカをガと濁音で発音した結果、ガゴとなったのだと言っている。しかしこれも間違っている。ガゴとかガガとかは狼がものをかみくだいたり、ひっかいたりする音の口まねだという田淵氏の説が正しいのである。私は熊本県水俣市に生まれたが、小さいとき、泣きやまないと、母から「ガゴがくるぞ」とおどされたことを今なつかしく思い出す。

（「季刊　自然と文化」一九八四年秋季号）

海の社会の画期的な研究──河岡武春『海の民──漁村の歴史と民俗』

本書は昨年秋に亡くなった河岡武春氏の遺稿集で、このたび網野善彦氏らの尽力によって刊行された。著者の名は私が三十数年まえ、宮本常一氏に出会ったときから聞かされていた。宮本氏の指導を受けて、瀬戸内海の家船(えぶね)集落を、寺の過去帳をもとにしながら、丹念に調査している若い研究者として、その業績を私は注目していた。

本書は四つの章に分かれているが、第一章と第二章には、広島県三原市の能地(のうじ)や二窓(ふたまど)の家船漁民を論じた文章が収めてある。それによると、彼らは瀬戸内海を中心に百をこえる枝村をつくっている。私も当時、河岡氏の論文に接して、その画期的な仕事に敬意を払うと共に、「藻が三本ありや曳いて通れ、家が三軒あれば売って通れ」という漂泊漁民の屈託のない生活にひそかな羨望と憧憬の念をよせたものであった。波の面に落ちる雨脚が無数の波紋をひろげるような「小さき者」たちの生活に固執することこそ、民俗学の本領であるという確信を抱いたのも、河岡氏の家船研究に負うところが少くない。

ところで、能地の漁民は紀州から移住したという口碑がある。宮本常一氏は紀州の雑賀崎出自説を唱えていたらしいことが本書にも述べられているが、まことに紀州漁民の進出は驚異的であった。彼らは東は九十九里や銚子まで、西は瀬戸内海から九州まで遠征した。地曳網だけでなく船曳網による漁法もまた各地に伝えていった。本書の第三章では瀬戸内海の漁業と漁村が記述されている。たとえば大竹市に属する阿多田(あたた)島へは和歌山県海草郡塩津浦の漁民がカケビキ網を教えた。また地御前村の漁民には夜中にカガリ火を焚いて魚をあつめてとるハチダ網の漁法を教えた。こうした紀州網の瀬戸内海への進出を本書は克明に追っている。そしてその背景には、菜種、茶、棉などの肥料として効力の大きい干鰯（ホシカ）の需要があったことを指摘している。その中で著者は興味ある事実をいくつも報告している。

たとえば、零細な農民は秋の十月・十一月までは「もらい鰯」によって渡世をしのいでいるものがままあった。彼らはすこしばかり作業を手伝っては「菜貰（さい）い」と称して、鰯を貰った。そのために、漁業に差支えることがでてきた。ユイと称する漁業の協同作業にたずさわったものは、漁獲物の幾分かを貰う権利があり、適当な分配を与えられるという古代の慣習がまだ生きていて、「もらい鰯」の慣行はそれをたてにとったものであることが判明する。しかしそのために獲った鰯の多くを農民たちに分与しなくてはならなかった。買船がきて、買いつけた生鰯を浜辺で干鰯に仕立てているときも、菜鰯（さいいわし）をむりに乞いうけ、聞き入れられないときは干鰯を踏みちらしたり、海へかき捨てたりした（一一八ページ）。

また江田島に近い東能美島の柿浦では、農家はもと山麓にあった。それは海賊をおそれて高所に位置し、屋敷は樹木にかくれ、しかも海岸に展望のきく所に家をかまえたからだという（一一九ページ）。

第四章は伊豆の川奈におけるイルカ網や紀州九鬼浦の定着網についての記述がある。

本書にうかがえるように、紀州を源流とする近世漁民の展開はまさに海の叙事詩と称しても過言ではない。この叙事詩は歴史の壮大な壁画として描かれるべきであると私は考える。河岡氏はそれを試みようとした先駆者の一人であったが、惜しいことに挫折した。その遺志を継いで、それに取り組む学問的な冒険者の出現を切望する。陸の社会、陸の文化に対して、海の社会、海の文化の研究はいちじるしく立ちおくれている、ということで、私はこの四月、第六回全国地名研究者大会で海のテーマをとりあげたのであった。その日、パネル討論の司会をした私の眼前には、過ぎし日の河岡氏の姿が去来していた。

（「週刊読書人」一九八七年六月一五日）

野性のエネルギーと集中力

南方熊楠（みなかたくまぐす）は、生きながら伝説の人物だった。まず、驚きに値するのは、そのたぐい稀なる集中力でしょう。エドガー・ポーという人が、善とは何か、集中力だ。悪とは何か、放散することだ、と言った言葉を思い出すけれども、集中力こそ善であり、放漫とか、放散こそ悪である。そういうことからいえば、集中するということは、全力をかけるということだから、最高の人間であったといえるでしょう。

しかし、集中力というものは、一方においては、非常な無関心を必ず伴っているわけで、何かに集中すればほかのことは忘れてしまう。例えば一生懸命仕事をしているために、飯を食ったことも覚えていない。おれは飯を食ったかと聞きにくることも往々にしてあったという。南方は、自分の存在のすべてをひとつのものにかける力を持っていた。それが、彼の強さだった。

神社合祀の反対運動も、政治的な目標としてやったわけではなく、自分の父親が信仰していた神社だということから、自然な感情としてはじめた。それはただ、一個の本当に小さい祠のためにおのれを投げ打った、ほとんど孤立無援の戦いです。だれも応援してくれる人もいない。神社の森は、非常に貴重な植物があるところだからということも理由にあったわけだけれども、彼の自然保護運動には、そういう学問的な理由だけではなくて、神社の価値を、伝統的な立場から見る目もあったわけです。客観的な態度を学問的な目と考えて、そういうことに深入りしないという人たちがほとんどなのに、南方はそこが違っている。だから、彼は自然保護運動の先駆者でもあったということが言えるわけです。

そこに南方の持つ、学問を単に客観視するのではなく、もっと自分とダイレクトに、直接的につなげていこうとする姿勢があったのではないかと思うんです。そこが南方の大きな魅力です。柳田国男は、これについてやや距離を保っている。距離を保っているけれども、南方の神社合祀反対運動の支援をするんです。柳田には柳田の考えがあったと思うんですが〝あまり修羅を焼するな〟ということを南方に言っています。修羅を焼するなということは、自分をそこで燃え尽くすなということ。それはなぜかというと、南方の学才というか、知識を惜しんだからです。

しかし、南方は修羅を焼している。柳田は、ほかに例がないほどのすばらしい学者が、それで終わってしまうことを危惧している。立場はいろいろあるけれど、しかし、お互いにそれは理解していたのでしょう。南方というのは、そういう直接話法の人間で、間接話法じゃない。何でも直接的だから、カッときたら、行動に移してしまう。だから、カッときて行動に移すことが、果たして得か損かというふうには考えない。本当に憤激すれば、行動に移してしまうんです。

柳田は、こういう人間が、今、非常に少なくなったということを、書いていて、南方は、古代の酋長のような存在で、権力も、権威も持っているけれども、おかしいときは笑い、悲しいときは泣き、そういうふうに直接的に感情を表現することができる人間だったと言っています。

しかし、一方では、そういう自分自身を外部に剝き出しにすれば、また、自分自身が壊れるということも、南方は知ってはいたんです。だから、南方の名声を慕っていろんな人が訪ねて来ても、いきなり会わないで、どういう人間かをテストをして、そして気が合えば会うとか、合わなければ追い返すということをしょっちゅうやっていたようです。あるいはまた、植物研究所に寄付金をもらうために、長い長い文章を書いて、履歴書も書いて相手を説得するとか、そういう面ももちろんあった。人間というものは、きれいごとで済まされるような存在でないということも、彼はわかってはいたわけです。だから、人間をリアルに見つめている。野性人、未開人の持つ、直接性というようなものを持っていたともいえるでしょう。

南方は、まるで密林をゾウが歩いているような感じで、木の枝をへし折ったり、果物を鼻でもぎ取ったり、足で踏みつけたりしながらのしていく。そして知識が木の葉のようにふりかかってくるのを平気で通っていくような、そういう密林の王者的なイメージがあります。普通の学者だったら知識の出し惜しみをするところを、もう、次から次に出していくわけです。まるで、そのことに何の未練もないがごとく。だから、彼の書簡の中にはものすごい量の知識が入っています。

書簡というのは、一対一の知識のやりとりですが、そこで知識をどんどん出している。そういうところにも、彼の知識の底知れぬ深さを見ることができるのです。昔の書簡というのは、今よりずっと重要な意味を持っていたので、いろいろな意味があったんだと思いますが、それもやはり直接性の一つの表現といえるでしょう。

私がもっとも南方熊楠という人物に感動するのは、あれほどの知識を持ちながら、知識を目の前にして、一種の知識の饗宴をやっているということ。物にとらわれないで、カラカラと打ち笑って、針金のようなひげを生やして、大飯を食らってという、そういう絵にかいたようなゴーケツじゃないけれども、小ずるいということが微塵もない。中途半端ということがまったくないんです。中途半端では、やはり彼のような人間にはなれない。とにかくすべてにおいて、徹底していたということです。だから、我々のようにそれができない人間は、やはり憧れてしまう。

ロンドンで抜き書きした本が南方の生家に今も残っていますが、これがものすごい。つまり、自分が読んだ本の主要な部分を、書き写してゆくんですが、すごい重さのものが大量にあるんです。それもロンドンの場合は、すべて外国語で、英語だけじゃないわけですが、それを一心不乱になって写している。抜き書なんていったい、何になるかということを考えた途端に、もうやめたいようなものですが、果たしてこれはいつ役に立つのか、ということなど気にしないでやっていく精神は、それだけでも値打ちがある。十数カ国語に通じ、古今東西の本を読んで、あれだけ膨大な知識を持っている人間が、知識の下敷きになっていない。彼の知識の上に彼の人間がいるんです。これはやはり感動すべき光景です。

だからこそ、知識をちぎっては投げ、ちぎっては投げというように、自由自在に引用して、かき集めては散らしていくというか、そういう芸当ができる。非常に無邪気で、見栄を張るようなところが全くない。そこに共感が沸いてくるのです。そういう意味において、天才的な知識とともに幼児というか、子どものような清らかさ、純真さというものが備わらないと、南方的世界は構成できないと思うのです。

（「文」第四号　公文教育研究会、一九八六年八月）

南方熊楠の現代性

南方熊楠は大変な波瀾万丈の経歴の持ち主で、もちろんその生活ぶり自体、興味深いものであるが、その上で見逃してはならないのは、彼の学問の在り方、学びの仕方ということである。

彼は生涯、独学を貫いた。八、九歳のころから書物を写し始め、『和漢三才図会』等の大著も三年がかりで写本したりしている。非常な勉強好きだが、大の学校嫌いで、大学予備門も、渡米（二十歳の時）後に入学した学校も中退している。その後、キューバ辺りを放浪したあげく、イギリスに渡って大英博物館に親しく出入りするが、正式の館員にはならない。欧米の一流学者らと対等に伍する学識を持ちながら、である。帰国してからは、紀伊・田辺という地方都市で、在野の一学者として一生を送っている。

彼の学問を体系のない乱雑な知識のように誤解するむきがあるが、そうではない。人格と離れた客観的・中立的な知識、知識の下に人間がコントロールされるような学問ではなく、自らの人格の下に、あの「知の饗宴」ともいえる膨大な知識を置こうとしたのである。

これは、管理社会の中でがんじがらめになった現代人にとって、尽きせぬ魅力をもつものではなかろうか。とともに、とどまることを知らぬ、自ら知識を求めて止まぬ、彼の鮮烈な独学の軌跡は、いまの規格的でお仕着せに陥りがちな学問の在り方に対して、大きな反省を促すものと思えるのである。

その上で、二、三、指摘しておきたいことは、まず彼の博物学、博物誌的な思考である。いろいろな意味で世界の相互依存が深まり、多様な価値観が共存することになった現在、かつてのように何らかの絶対的な視点から裁断したり取捨するのではない、統括的に全体を眺める視点が重要になってきている。

その一つの方法として博物学（ナチュラル・ヒストリー）が関心を集めつつある。それは人間社会の歩みも自然史としてとらえていく視点を含んでいるが、南方にはこうした思考方法が既に自覚的に行われているのである。

以前私は、柳田国男は「日本人とは何か」を追求し、南方は「人間とは何か」を究めようとしたという意味のことを書いたことがある。南方には、そんな問いが常に存在していた。現代を見る時、日本人というテーマは無効にはなっていないけれども、純粋な日本人などもはや考えられないいま、そうした単線的な思考を超え、考え方を複線化、多層化するためには、人間とは何か、ということの方が優先すると思う。

それから、彼の粘菌研究等を支えた生命の神秘への宗教的なまでの情熱とともに、エコロジー的な視点、感受性も忘れてはならない。いまでこそ生態学・エコロジーは脚光を浴びているが、彼は既に明治の末ころから、自然保護の大切さを訴え（彼は「エコロギー」といっている）、実際、生態系の破壊をもたらす森林伐採等に反対運動を起こしている。しかも、ヨーロッパでの自然保護運動の実態を熟知したうえで。

わずかに一瞥したにすぎないが、南方熊楠の業績は、現代においてこそ輝きを増し、継承すべき価値があると思われるのである。

（「聖教新聞」一九八七年九月一七日）

今を照らす「南方熊楠」

南方熊楠は二十世紀も終わりに近い日本の社会に、真新しい、現代的な装いでよみがえった。生前、もっとも反時代的、反語的な言動で世人を驚かし、ひんしゅくさせていた巨人は、死後半世紀足らずで地下から呼び戻され、いま熱い期待をもって迎えられようとしている。

今年に入っても神坂次郎『縛られた巨人』のほか、『南方熊楠日記1』（八坂書房）が刊行され、また雑誌「現代詩手帖」は南方の特集を組み、そのいずれもが世人の注目を浴びた。

私は通勤時の混みあう駅の階段を昇り降りするサラリーマンの腕に、南方の本が抱えられている姿を思い描く。これは一見、奇妙な取り合わせのようでありながら、それはどこか似合ってもいるのである。現代のぼう大な管理・情報社会。その網目に押しつぶされまいと抵抗する人間にとって、南方は限りなく魅力をもった人間である。

管理社会の中でがんじがらめになり、規格的でお仕着せの考えに陥りがちな社会では、枠を破って独創力を発揮できる人間が必要である。はんらんする情報の洪水に目をくらまされることなく、知識の上位に自分の人格を置くことのできる人間でなければ、現代社会を乗り切ることはむずかしい。そうした点で南方は私たちに大きな示唆を与える。

南方は生涯独学をつらぬいた。彼は幼少のころから非常な勉強好きだが、大の学校嫌いで、この双方は彼の中で矛盾することなく同居していた。独学は彼の独創力の源泉であった。そして独創力をもってしのぎをけずる現代も、ある意味では独学の時代である。他人とおなじ知識、おなじ考えでは競争に勝てない。
南方は若い時から博物学を志向し、博物誌的な思考を抱いていた。そのことによって彼は独学者の陥りやすい偏狭さを免れることができた。日本にあるほどのことは世界にあり、その逆もまた事実であると考えた。諸民族のもつ多様な価値観に対して寛大であり、知識に高下をつけなかった。世界の相互依存がますます深まっていく現代では、日本だけが特殊であるような独断は許されない。世界全体を統括的に眺める視点が必要である。そうした点から博物学の思考方法が関心を集めつつある。博物学者としての南方熊楠の新しさはそこにある。

彼の博物学への関心は現実の社会と切り離されたものではなかった。明治末、ときの政府が実施した神社合祀（ごうし）政策に反対して、彼はほとんど独力で立ち向かった。それは復古主義的な考えからではなく、神社の森を保存しようというエコロジー的な視点に立脚するものであった。彼は十九世紀末のロンドンに住み、ヨーロッパでの自然保護の考えを熟知していたのであった。彼の先見の明は、すでに今日の時代を先取りしていた。南方は日本の自然保護運動の先駆者である。

彼のおどろくべき集中力、その裏にひそむ忍耐力はどこからきたか。彼には無垢（むく）と猥雑（わいざつ）さ、放埒（ほうらつ）と禁欲、大胆と小心、放浪性と定住性、国際的視野と愛国心が同居していた。これらをあわせもつ南方は矛盾の塊であった。しかし彼の赤裸の心と、その極限に向かう精神は、現代人の求める宗教とも通じるものをもっている。私は南方熊楠を正岡子規と共に、近代日本のもっとも「宗教的人間」と考えている。

南方は小児と獅子（しし）の心をもっていた。彼は近代日本のガルガンチュアであり、それにふさわしい伝説の持ち主である。南方に匹敵する知識の大冒険家に折口信夫がいる。南方を陽の人間とすれば、折口は陰の人間である。私はかつて、柳田国男の民俗学が日本人の幸福を求める民俗学であるのに対して、折口の民俗学は「不幸な民俗学」であると呼んだことがある。折口は「不幸な魂」の持ち主であったがゆえに、その鋭いメスで、日本人の深層心理をだれよりも、鋭く、深く、正確に解剖したのである。今年は折口生誕百年にあたる。秋には「折口信夫全集ノート編追補」全五巻が刊行されるという。南方も折口もその強烈な現代性のゆえに、二十一世紀まで生きることはたしかだ。

（「読売新聞」一九八七年一〇月五日）

名著への旅──折口信夫『日本芸能史ノート』

折口信夫は柳田国男を「八町あらし」と呼んだ。柳田が民俗学のすべての方面に手をつけ、着々と成果を挙げていくのを、折口は手を拱いて見ているほかなかった。ただ柳田は芸能を民俗学の一部門としては認めていなかった。折口が芸能の研究に身を入れ、余人の追随を許さぬ業績を挙げても、それで柳田の不興を蒙ることがなかった。それは日本の芸能史の研究にとっては、まことに幸いであった。

「日本芸能史ノート」は折口が慶應義塾文学部で昭和三年から五年までの三カ年講義したときのノートを、当時聴講した学生の手でまとめたものである。当時、折口の主著である「古代研究」はまだ刊行されておらず、学生たちは折口の難解な講義の内容を一語一語かみしめるように聞いたと想像される。そのなかには池田弥三郎や山本健吉も混っていた。それが書物になったのはそれから三十年近くたった昭和三十二年のことで、折口の全集完結後、中央公論社から刊行された。折口の没後の門人の末席につらなると自称する私は、この「ノート」を開いて、彼の講義の席にいるような気になる。折口は開口一番次のように言う。

「日本の国家組織に先立って、芸能者には団体があった。その歴史をしらべると日本の奴隷階級の起源・変化・固定のさまがよく訣る。日本には良民と浮浪民とがある。そのうかれ人が芸人なのである。その歴史が訣るだけでも芸能史はやりがいがある。かぶきものといふのは、このごろつきの団体の謂で、結局無頼漢の運動が日本芸能史となるのである」。

折口は体制からはみ出したアウトロウ、乱暴狼籍を働く厄介者が日本の芸能の歴史を作ってきたというのである。こうした魅力的な講義をのっけから聞かされて、折口の虜(とりこ)になっていった若い弟子たちの気持がよく分かる。彼らは、その後の人生も折口によって狂わされたのであった。

折口は芸能史と併行して文学史の講義をはじめたが、そのときのノートが「日本文学史ノート」である。折口の基本的な考えを知る上で「日本芸能史ノート」と「日本文学史ノート」は併読されるべき書物であることをつけ加えておく。

（「かがくさろん」第44号　東海大学出版会、一九八七年一〇月）

「民俗文化」創刊のことば

柳田国男や折口信夫は民俗学と文芸を、一方は科学、他方は芸術という風に殊更の区別をしなかった。柳田が若くして詩人であり折口が終生歌人であったことからして、それはとうぜんのことと思われる。しかし柳田や折口の民俗学にたちこめる文芸的香気は、彼らがそうした文人の経歴をもっていたためにとどまらない。そもそも民俗学は日本の伝統文芸と共通の根をもっている。人間の生と死、あるいは個人と共同体の関係を順接するのが民俗学であり、逆接するのが文芸であるという違いはあっても、その根ざす土壌は一つである。これは万葉以来の日本の文芸の伝統をみれば、誰しも納得のいくところである。長い間、民俗は共同体の詩として庶民の世界に受けつがれてきた。

しかし、明治以後の近代文芸は個人と生のテーマを追求するあまり、死と共同体のテーマを切り捨てた。柳田と折口の民俗学はこうした日本の近代文芸の在り方に対する深い懐疑から生れた。死と共同体を母胎とした近代以前の文芸の伝統を、彼らは民俗学の場で追求した。そうしたこともあって、柳田の文章でも、長い間、近代的学問の体裁にそぐわない随筆のたぐいと見なされる位置に甘んじなければならなかった。また民俗学は日付のない事象を扱う学問であるから、科学の体系をとりにくいという理由で、学問的評価を受けることが少なかった。民俗学が正当に遇せられるようになったのは、柳田の没後であり、ここ四分の一世紀のことに属する。

このことが民俗学を研究する学徒にも影響した。民俗学徒は、民俗学を科学として認知させる努力を傾注し、それなりの実績を挙げた。その結果、今日では民俗学を科学でない、という人はまずいない。しかし科学としての民俗学を強調するその分だけ、民俗学が文芸とおなじく、人間の実存に根ざす存在であることを往々にして見落したこともたしかである。民俗学から文学を追放することがとりも直さず科学的であるという誤った観念が民俗学の世界に横行する仕儀にもなった。だが柳田や折口の文章に、あらずもがなの修飾は見当らない。そこに宿る香気は、日本人の意識の深層から立昇る目に見えぬゆらぎのようなものである。幾千年以来、日本の庶民の胸中に秘められた歎きであり、求めつづけた願いでもある。民俗学はそれをうたうことを自ら(みずか)に禁ずる。しかし、喉もとまで昇ってくるうたを扼殺しつづけてもなお、喉もとから洩れる微かな音、吐息は残る。若くして文学に背を向けた柳田の文章は、こう考えてはじめて理解し得るものとなる。

民俗学の取り扱う対象としては、一方においては庶民の生活の中に伝承されてきた「物」があり、他方においては「心」がある。心というのは日本人の意識のことを指すが、とりわけ霊魂観である。日本人の魂は死んだらどこへいくかということを、仏教やその他の宗教の理念の力を借りずに考察するのは、民俗学をおいて他のどの学問にも見当らない。そこで私は民俗学を「たましいの科学」と呼んだことがある。科学といっても、そうした点では民俗学は学問の仲間では一風変っているかも知れない。しかし幾千年来の日本人の心の根本問題と取り組むという点では、もっとも正統的な日本人の学問である。そしてそれは日本の伝統文芸とも通じ合うのである。

過去の衣裳を一枚ずつ脱ぎ捨てていった果に近代があるという通念に対して、民俗学はつよい疑念を表明する。民俗学の立場からすれば、過去に生起した一切の物に意味のないものはない。近代主義や進歩主義が薤(らっきょう)の皮を剝ぐような努力の結果空しい壁につきあたっている現在、過去の総力をあげて近代の意味を問おうとする民俗学があらたな注目を引いているのは、怪しむに足りない。このような評価を受けていることは、民俗学が今日なお学問としての生命力を保持している証拠であると考える。それを更に未来に向って問うことが、民俗学徒に課せられている使命である。私たちはその使命を担うものとして出発する。

一九八九年二月二五日

近畿大学民俗学研究所　所長　谷川健一

（「民俗文化」創刊号、一九八九年三月）

「民俗文化」第2号　はじめに

沖縄の自然を本土と区別するもっとも大きな特色は何だろうか。それは干瀬（ひし）と呼ばれる暗礁が島のまわりを取り巻いていることである。暗礁には沖合からよせる波がぶつかっていつも白い波しぶきを揚げている。その光景を見るたびに、珊瑚礁の暗礁ができた遥かな昔から、未来にまでつづけられていく永遠の造化の営みに深い感動をおぼえる。そしてその干瀬を毎日見ながらくらしてきた島の人びとのことを察して、悠久の思いに駆られる。自然の中の人間の姿は、干瀬にかこまれた海をのぞむ南島の生活にもっともあざやかに描かれる。

干瀬の内側は潮が引けば洲があらわになるような浅い海である。それをイノーと呼んでいる。それはたぶんイン（海）と関連する語であると思われる。このイノーは琉球弧の人びとにとって欠かすことのできない生活資源をもたらした。イノーは南島の人びとの毎日のくらしの舞台であった。イノーの恵みをあてにして南の島の集落は発達してきた。南島の自然と人間の関わりを考えるとき、イノーはまず挙げられるべき主題である。私ども近畿大学民俗学研究所は沖縄研究の第一歩として「イノーの民俗」と取り組むことにした。南島の人びとが明け暮れ相手にし、生活と一体になっているイノーについての調査研究は、どうしても現地の人びとの協力を必要とする。

さいわいにして旧知の「南島地名研究センター」は沖縄の各大学の地理、民俗、歴史の研究者を中心として活動をつづけてきている。そこで、私どもはそれらの人びとの賛同を得て、「南島地名研究センター」との共同研究をおこなうことにした。本巻に収録したのはその第一回目の報告である。仲松弥秀、堂前亮平両氏をはじめ、御協力をいただいた方々に厚く御礼を申上げる。

今年は大嘗祭のおこなわれる年である。私は創刊号に「穂の祝祭」と題して大嘗祭のときの初穂儀礼に関わる私見を発表した。私の見解は、種籾よりは初穂の儀礼を重視すべきであるというものだが、私の意見に賛同をよせられた方々がいた。その中から今回は二人の民俗学者に御寄稿をいただいた。萩原秀三郎氏は中国の民俗から、竹田旦氏は韓国の民俗から、それぞれ初穂儀礼についての貴重な御報告を寄せられた。「種籾か初穂か」というテーマは、柳田民俗学にとっては大きな問題である。この主題のさらなる発展を望みたい。

このほか、創刊号にひきつづいて「熊野特集」の諸論文を掲載した。これも本号で終らすべき研究テーマではないと思っている。

一九九〇年一月十四日

近畿大学民俗学研究所　所長　谷川健一

（『民俗文化』第2号、一九九〇年三月）

進歩という迷信から解放――中村吉治『日本の村落共同体』

戦後、十年か十五年位の間、知識人の間では、「前近代的」あるいは「封建遺制」を非難する風潮が流行した。それは思想界の主流ですらあった。私はそれを聞くたびに納得できないで、違和感をおぼえずにはすまなかった。

明治にいたるまでの前近代社会、もしくは江戸時代に代表される封建社会でも、人間は懸命に生きてきたのに、そうした時代に生まれ合わせたというだけで、何かといえば批判の種になるのは、たまったものではないと思っていた。だがそれを大声で言えば、直ちに反動のレッテルが貼られる、そういう時代であった。

それに私は進歩的と呼ばれる知識人の前近代、封建時代批判に立ち向かうだけの具体的な思想的根拠をまだ持ち合わせてはいなかった。それでいつも、くやしい思いをしながら、なかば泣きべそをかいたような気持ちで、押しだまっていた。

そうしたあるとき、偶然に中村吉治の『日本の村落共同体』（昭和三十二年刊）を手に取った。それは薄い本であったが、私は眼から鱗（うろこ）が落ちたような体験をした。

中村によれば、封建制の残存の一つと思われる「村八分」は共同体が確立していた時代に起こったものではなく、共同体の崩壊過程においてだけ生じるものである。つまり明治時代になって起こった現象である。封建遺制と思われ勝ちな村八分は、むしろ近代の所産だというのが中村の主張であり、立論であった。

明治以降のいわゆる村落共同体と見なされているものは疑似的なものにほかならない。江戸時代までつづいた生産共同体は明治になって分解し、生産の単位は、共同体から各戸へと移行するが、しかし、村の祭をおこなうとか、村の学校をたてるとか、公共的な場での共同体規制は残存する。

その規制意識は地方有力者の手中ににぎられているのだから、結局は公共的な営為が彼らの利益になるように仕組まれている。もしそれに反対するならば、共同体（じつは疑似共同体）に協力しないという理由で「村八分」にあわされる。生産共同体では共同作業の仲間から労働力をはずすことはたやすくできない。したがって「村八分」は江戸時代には起こりにくく、明治になって多発する。それをあたかも封建時代からの残存のように扱うのは見誤りも甚だしいという。

この中村の説に勇気づけられて調べてみると、山陰地方に戦後になっても根強く残る「憑（つ）きものすじ」の迷信も、江戸時代よりは明治に入ってからのほうが盛行する。親子心中にいたっては、明治から大正へ、大正から昭和初頭へと幾何級数的に増加する。このような事実をふまえ、私はようやくにして「進歩という迷信」から解放された。その後、柳田国男や宮本常一の著作に親しむようになって、私の確信は更に強くなった。そのきっかけを作ってくれた一冊に私は深い感謝の意を表せずにはおれない。柳田は桑原武夫との対談で「進歩」という言葉を「幸福の増進」という語に置きかえることはできないかと云っている。まことに味わい深い提言である。

（「毎日新聞」一九九一年五月二七日）

寄りものの民俗誌

日本の海岸線は海の彼方から寄りくるものを待つ場所であった。日本人はいつも海の彼方に聞き耳をたてていた。寄りくるものは、神であり、人であり、物であった。

たとえば渥美という名は和名抄の三河国渥美郡渥美郷に見える。これは九州の安曇氏に縁のある地名と考えられる。安曇氏は海人族であり、海からの移住者であったことはまぎれもない。

日本後紀という本によると、延暦一八年（七九九年）七月、三河国幡豆（はづ）郡の海岸に小舟に乗ったコンロン人（インドシナ辺の住民）が漂着したという。布をもって背をおおい、ふんどしをつけ、左肩に紺布をななめに、袈裟（けさ）のように着けていた。いつも一弦琴をひいて、その歌声はかなしかった。コンロン人は綿の種をもっていたという。

渥美半島の尖端は椰子の実の流れつく場所であり、他方では鷹の渡りの見られるところであった。サシバと呼ばれるこの鷹は遠くフィリピンまで渡るのであるが、途中の八重山群島では、サシバがにぎり飯をくれるという伝承があり、秋になると、南の島々の子どもたちはサンタクロースのように、サシバの飛来を待ち望んだのであった。

愛知県の愛知も「よりもの」に関係がある。吉田東伍は「物の湧きいづるをアユといえり」とし、愛知の古言であるアユチをそれと結びつけている。私の郷土の熊本では汗が吹き出して落ちるのを、汗があえる、果物が熟して木の枝を離れて地に落ちることも、アエルと呼んでいる。柳田国男は、種々の「よりもの」が海岸に打ちよせることもアユまたはアエルであるとし、アイの風はそれを約束する風を意味したと言っている。

こうしてみると、神、人間、動植物などが海岸に寄ってくることは海にかこまれた日本人にとって、まことに重大な関心事であったと言わざるを得ない。

（「柳田國男ゆかりサミット　第六回　黒潮のフォークロア」一九九二年五月）

自分の歩いてきた道——自著を語る

私は昨年『民俗の宇宙』（全二冊）を三一書房から刊行した。四十代の終りから今日まで書いた文章の中で、自分の気に入ったものを集めた自選のアンソロジイ（選集）である。小部数であるために定価はそれぞれ七〇〇〇円と、私の著書の中ではもっとも高価である。それだけに渡辺千尋氏にお願いした装画・装本も美しく、私の気に入っている。

旧文章を集めるということは回顧的と思われるかも知れないが、私の著作集（全一〇冊、三一書房刊）は一九八六年五月の文章までを収録したものであって、その後の仕事はまだ「著作集」には収録されていない。いずれ「著作集」は続刊されると思っているが、その日どりは未定で、大分先のことになりそうである。

その後の仕事というのは『白鳥伝説』（一九八六年）『海の夫人』（一九八九年）『大嘗祭の成立』（一九九〇年）『南島文学発生論』（一九九一年）などである。私としては力を入れて書いた書物が、この十年足らずの間に刊行されている。

一九九一年夏、私は親しい方々から、古稀の祝いを開いていただいた。なんとなく気恥かしい、面はゆい会なので、「励ます会」という名称にして貰った。もちろんこれからもいままでと同様仕事をしていくつもりでいる。仕事の意欲にかけては若い人びとにも負けないと自負している。だが、前途のきびしさもよく承知している。いつか新年の賀状に前登志夫さんからヤマトタケルを歌った一首が送られてきたので、私はその返礼に即興歌をしたためて返した。

日にけに険しくなれる坂ふめば大き運命（さだめ）は猪のごと

これはもう七、八年前のことだが、その心境は今もって変らない。歌といえば、「励ます会」には鈴鹿市の歌人山中智恵子さんもわざわざ出席していただいた。その後、山中さんから送られてきた書状に

　青きひととはなるものを古稀といふうつしよの呼び名羞（やさ）しかりける

という歌が記されてあった。「羞（やさ）し」という言葉の使い方は絶妙である。私が古稀という呼称に気恥かしい思いでいることを察した山中さんの優しさにあふれた歌である。私は今でも「青きひと」である。私の気持ちには青年期の火照りが感じられる。その一方で、日暮れて道遠き旅人である。そこで、私は一時、立ち止まり、ふりかえって、自分の歩いてきた道を確認したいと思い立った。そうして生まれたのが本書である。

私の民俗学の道はガイドブックを破り捨てた気ままな旅である。私は渓流の始源から聞こえてくる水音に耳を澄し、それだけを頼りにして、草木の茂いしげる坂道をさかのぼった。その水音、それは「日本人とは何か」というただ一つの問いであった。その問いに対する私の報告のまとめが本書である。ささやかではあるが、ここには私の確認した『民俗の宇宙』がある。

（『フォークロア』第二号、一九九四年五月）

美しい日本人による美しい民俗学——小野民俗学の巨歩

小野重朗先生が亡くなったときいて、平成の世のサムライが一人姿を消したいう感想をもった。戦後の日本、とくに近頃ではサムライらしい人物はめっきり少なくなった。小野先生は物腰や言葉遣いはおだやかであったが、どこか昂然とした趣きがあった。背骨が硬く真直ぐであることが、誰にも分かった。

長い間、採訪調査を丹念にくりかえし、その上に蓄積されたぼう大な知識を先生は執拗に反芻した。素材を丸呑みしないで、時間をかけ、自分の唾液をまじえて、こまかくかみくだいた。小野先生の文章は、横糸が素材とすれば、縦糸は自分自身でつむぎ出した思弁である。この横糸と縦糸を織り交えて、先生は美しい織物を作った。それは見かけは華美ではないが、洗えば洗うほど光沢が増す名品である。

小野先生は元来、博物学者であった。民俗誌は博物誌（ナチュラル・ヒストリイ）の分野に属すると私はかねがね考えている。先生は昆虫や植物を見る目付きで、民俗現象を観察した。それは概念に捉われない自然観察者の眼であった。小野先生の文章に、歴史学者や文化人類学者のような臭味がないのはそのためである。

しかも先生は、若い時の赴任地であった首里の地で「おもろさうし」に触れ、それに心を魅かれ、戦前に「琉球文学」というすばらしい著作を残した。博物学者の冷静な眼と文学愛好者の熱い心が小野先生の学問を独特なものにした。それに沖縄戦の前に本土に引き揚げたことが、教え子を戦場で死なせたという自責の念につながった。先生は沖縄に対する複雑な思いを捨て切れず、戦後は長く沖縄を訪れなかった。

しかし、それゆえに先生にとって、沖縄は学問上の久恋の地となった。先生は「おもろさうし」の独特な解釈という貴重な成果も残したが、琉歌に対してはきわめて低い評価しか与えなかった。そして宮古島につたわるアヤゴを絶賛した。これらは伝統にとらわれることのない先生の審美眼から生まれたものである。

数年前、宮古島で「南島文学の会」が開催されたとき、小野先生にお会いしたのが最後となったが、八十にして眼光は炯々とした光を放っていた。無駄なことは一切言わなかった。そこには長年の研究一筋に生きたサムライの姿があった。

サムライと言えば、ややもすれば権力社会の一端を担うように思われるが、先生はそうではなかった。権力からもっとも遠い場所に身を置いた。それは一口に言えば研究の邪魔になると思ったからであろう。戦後はやく奥さんを亡くしたのち再び娶らなかったのも同じ理由からである。

そして、まるで郵便配達夫のような格好で毎日々々歩き、庶民の生活に接し、自分の抱いているテーマを気の済むまでたしかめた。そして「南九州の民俗神」や「神々の原郷」などのすぐれた著作を残した。

路傍の小さな神を探る眼は、一茎の露草に寄せる心と異なるところがない。それは「ちいさきもの」に対する限りない愛惜の念である。先生の眼に沁みるようなキメのこまかい叙述に接すると、「神は細部に宿りたまう」という私の好きな言葉が思い出されてならないのである。

小野先生からは数多くの学恩を受けた。八重山にはじまる稲の初穂儀礼が、沖縄本島をへて奄美諸島に波及し、さらに変容を見せながら、トカラ列島を経由して大隅半島に達することを、小野先生は「農耕儀礼の研究」などで証明しているが、それは南島の問題を本土につなげるキメ手であった。

私は小野先生の研究がなければ、宮中でおこなわれる大嘗祭（新嘗祭）が、農民の初穂儀礼とは直接につながらず、変質していることを、自信をもって論証することはできなかったろう。私の「大嘗祭の成立」という書物が陽の目を見ることはなかったろう。

しかし、敬愛する先生とも、学問の上で争わねばならぬこともあった。私が「南島文学発生論」を書いたとき、いくつかの点で私は小野先生と意見を異にした。そのためにやむを得ず先生の説を批判することもあった。そのとき、学問の進歩のためには私情が許されない悲しみを私は深くあじわった。しかし、私の羞恥心から先生にそのことをあからさまに申し上げることができなかった。後悔はしないが、痛みは残りつづける。そのときの非礼を先生のみたまの前にひざまずき、お詫び申し上げる。

小野先生の民俗学、それは一口に言えば美しい民俗学であった。木の杓子が美しいように、売り物の民芸品に見られぬ美しさがあった。そして小野先生は、美しい日本人であった。あるいは南日本や南島の庶民のなかに美しさを求めた人であった。その美しい日本人が今一人消えていく。

(「南日本新聞」一九九五年七月二六日)

先駆者　伊能嘉矩

伊能嘉矩は柳田国男が敬愛したかず少ない学者の一人であった。『遠野物語』九一には鳥御前（とりごぜん）という綽名（あだな）

をもつ鷹匠の話が載っている。その話を記したあと「此人は伊能先生なども知合なりき。今より十余年前の事なり」と注を加えている。また柳田の『山の人生』の中にも「故伊能嘉矩氏の言には、陸中遠野地方でも山の頂の草原の間に、路らしいものの痕迹ある処は、山男の往来に当って居ると称して、露宿の人が之を避けるのが普通だったとの話である」と述べている。これは伊能の「遠野のくさぐさ」の中の「五三 山男の路」の記述に相当する。

オシラ神の研究でも伊能は柳田の先駆者であった。柳田は「オシラ神の話」の中で「オシラ様の事は、私がかつて遠野物語に筆記して公にしたよりも更に、十数年前に、遠野の学者で台湾文化志等の大著を世に遺した伊能嘉矩先生が、之を東京人類学会に報告せられたことがある」と述べている。柳田が山人と平地人を新旧二住民の対立抗争の歴史の中で捉えたことは知られているが、この構想にも伊能の考えが影を落としていることは、「古奥に於ける東夷」という文章から推察される。伊能はここで奥州の蝦夷を論ずるのにつねに台湾の蕃族と比較している。柳田の山人論には台湾の蕃族の話は伏せられて一切出てこないが、伊能の著述を通じて、彼我の比較をしていたことが推測できるのである。

伊能嘉矩は大正十四年（一九二五）五十九歳で亡くなったが、ちょうど一年目にあたるあくる年の七月三十日には遠野の大慈寺で追悼式がおこなわれ、柳田も出席している。

伊能の「遠野方言誌」の序文には「諸君の知る如く、先生は東奥遠野のみの恩人では無かった。日本一国の学者の態度を以て其郷土を研究し、又其郷土愛に立脚して、弘く内外の事相を学ばれた」と記している。柳田にとっては、伊能はもっとも理想的な郷土史家であったのである。

（『伊能嘉矩——郷土と台湾研究の生涯』遠野市立博物館、一九九五年八月）

民俗学とは何か——神と人間と自然の交渉の学

「民俗学とは何か」という問いにたいして、私は「神と人間と自然の交渉の学」であるという私製の定義をもって答えることにしている。ここにいう神とは被造物と一線を画する超越的な神ではない。また自然とは科学者の対象とする客観的な自然ではない。動物や植物はいうに及ばず、石や水や土までも生き物としてあつかわれる自然にほかならない。

かつて人間は神や自然の中に人間と同質の魂を発見した。神人同型説(アントロポモルフィズム)は人間が自己以外に神聖なものの姿を描こうとするときの不可避の宿命である。この点ではキリスト教といえども例外ではない。だが、キリスト教は、人間の魂の中に神のかたどりをみとめても、動植物や木石の中に神をみとめることはしない。キリスト教に代表される西欧の神観念は垂直神である。神と人間とのあいだに越えられぬ一線があり、人間と動物その他の被造物とのあいだにもとび越せない溝がよこたわる。

だが、民俗学のあつかう世界はそうではない。神と人間と自然とは同一の平面上にあって円環状の水平的な関係を形づくる。こうした観念の秩序は自然の循環体系に見合うものである。弱肉強食の自然界の底にも精妙な平衡状態が保たれている。このことに着目するのは生物学者の中でも、自然の生態系を研究する生態学者たちである。この生態学は、ギリシアやローマの博物誌や自然誌にその伝統を発するとされている。人間もまた自然の成員である以上、民族誌または民俗誌は博物誌や自然誌の中の一部に含まれるものと考えてよいであろう。

宮脇昭によると生態学の本来の意味は生命集団とその生存環境との相互の関連関係を研究する分野であるが、このばあい「環境」とは生物集団が生存するためのあらゆる生物的、無生物的な要因の全体を生命と関係づけた際に「環境」というふうに規定されるという(『現代のエスプリ62』)。これは「常民」すなわち自然的人間と風土との関わりあいを研究対象とする民俗学と、きわめて近接した概念規定である。

西欧の経済、政治、宗教、そして自然の動植物の保護施策さえ弱肉強食の観念の上に成立しているとすれば、そこから引き出される世界観はペシミズムに駆り立てずにはすまない。さもなければ絶対唯一神の権威を礼拝し栄光を讃美するという以外に方法はないかも知れぬ。

だが、自然の世界を仔細にみると、そこに循環的論理が働いていることを発見するのはさほど困難ではない。生物相互のあいだに種の絶滅をふせぐ巧妙な歯止めがかかっている。この歯止めが外れると、それは他方に影響を及ぼさずにはすまない。たとえば明治初年に北海道の鹿が濫獲と雪害によって絶滅すると、鹿を主食としていたエゾ狼もまた絶滅するという連鎖反応を生んだのである。

そこで自然の生物のあいだには絶滅防止のためのさまざまな抑止力が働いている。それゆえに自然の生物は弱肉強食という右まわりの循環の回路をもっていると同時に、その底に共生共存という左まわりの回路をもっていることが確認される。

われわれが自然界を見るとき、敵と味方との間においても、食うものと食われるものとの間においても、さらにへびとかえるとのようなきびしい関係にあるものにおいても、実は、生命の歴史においては敵は味方であり、味方は敵であり、互いにがまんしながら生活の場をすみわけて、共存させられている多様な生物共同体の一員のわくの中でしか生活していないのである。

そして

強調されすぎても誤りないことはバランスのとれた多層社会こそ、最も強い自然の表現力であり、そこでは持続的な生命あるいは生命集団の存続が保証されているという事実だ。

と宮脇昭が言うとき、それは自然的人間である常民の世界観と通底するものをもっている。ただし自然的人間の抱く「生物共同体」の観念には生き物だけでなく石や火や水も含まれる。流れる水、燃える火、吹く風も生物共同体の仲間なのである。

太古から今日まで、常民の生活にとって、自然は死せる自然ではなかった。生きた力をもつ自然であった。この自然の活力の中で自分に善意をもち利益を与えるものを受け入れ、悪意をもって自分を害するものを遠ざけることに常民の関心は集中した。この自然の活力は物体の中にこもるだけでなく、その外へも自由に浮遊して、他者と付着融合しやすい性質をもっている。それは他者と結合しやすいがまた分離や脱落もしやすい。そこで相手を自分の中にとり入れることで自己の活力の増大をはかるという観念は、自然的人間としての常民にとって日常的なものであった。

相手の神聖な力を自分の中にとりこむにはさまざまな方法があるが、もっとも基本的な考えは相手を食べることによって自己の血肉と化することである。もう一つは相手と婚姻し交合することで、心身の結合をはかる方法である。これを生物相互間の親和作用と呼ぶことができるならば、親和力によって、神人交渉、人獣交渉、神獣交渉という三者の間柄が成立する。他方、神は自然の精霊を征服しようとかかるが、自然の精霊はそれに反抗したり、嘲笑を加えたりするという関係も成立している。そこで水平的な秩序の平衡が保たれる。

民俗学における森羅万象の関係は平等であり、これらのキリスト教の説く神、天使、人間、動植物、無生物といったうごかしがたいタテの秩序にしばられているのではけっしてない。キリスト教のように超越神でなく自然に内在する神である。存在のロゴスはかくもちがっている。

そうした世界観を原始未開社会にとどまらず、古代から中世へ、そして近代までも引き継いできたのが日本の社会の特徴であった。アジアの中でも、もっとも急激な発展の歴史をもち、社会停滞を打破しつづけた日本に、このような現象が後代までみられることは一見奇異な感じがしないわけではない。だが万物に霊魂（アニマ）があるとするアニミズムと神がかりの託宣者であるシャーマンとの混淆した産物であるわが原始神道は、後来の輸入イデオロギーと結合する特質をたくみにそなえていた。仏教といえども日本の古神道と習合しないでは社会の底辺に根を下ろすことはできなかった。仏教としてのよそおいはもちながら、その内実は固有の民間信仰であるばあいはすこぶる多い。仏教のほか、道教や儒教も古いキリシタニズムも既成のアニミズムやシャマニズムの思想イデオロギーを排除し一掃することはできず、それらと手をむすぶことによって生きのこった。

神仏習合と神仏分離という日本歴史の重大な事件も、アニマが容易に他者と結合し、容易に他者と分離するという神道に含まれている事実を抜きにしては理解することができない。

だが、固有の民間信仰の方も、後来の輸入イデオロギーの刺戟を受けて、その本質を変化させることはしないままに、その本質を深化させることができたのである。日本の民俗現象は周辺諸民族と共通の要素をもっており、日本だけにしかみあたらないという民俗はない。しかしこれらの民俗現象が古代・中世から近代へと受け継がれるときに、仏教その他の外来イデオロギーから微妙な影響を受けずにはすまなかった。従来、民俗現象は空間的なものあるいは無時間的なものであるが、生者と死者、人間と自然の関わり方が内画化されると、自然の親和力の確認は人間の連帯性の強調へととって代わる。すなわち死者を思い出し、過去を追体験することが民俗行事の形を通しておこなわれる。死者の過去と生者の現在との連帯とは伝統意識の形成にほかならないが、それは日本の常民の意識の内画化によってはじめて可能となったのである。

日本の民俗現象はこのようにことごとくが常民の意識のこまかい襞をともなって形成されている。柳田国男は現在の残存文化を通して民族の過去に遡行するという方法をとったが、そこには現在を起点として過去へさかのぼることを可能にする常民の「記憶の伝導体」ともいうべき存在があるからである。生者が思い出すことによってのみ過去が存在するという考えを常民は忘れたことがなかった。あらゆる日常の困難さを乗り越えて、民間伝承や民俗行事を伝えてきたものは、そうした常民のささやかな決意にほかならなかった。物体が落下するように過去の伝承は伝わるものではない。むしろ噴水が物体を押しあげるようにして過去は現在へとつながる。

現在の日本文化は雑種文化といわれる。デパートの屋上に稲荷社がまつられ、自動車の新しい車には神主のお祓いを受ける。しかしそれでもって日本人がチグハグな生活文化をもっていると指摘するのは、たとえていえば絨毯を裏返しにしたときの模様をみて日本の常民文化を論じることなのである。その裏模様から民俗の真の意味をたどることはできない。

わが常民が幾千年となくかかって織りあげた絨毯の絵模様はひとつづきのものである。そこには統一された意味がある。それを常民の世界観と呼ぶことができる。その世界観の中心にあるのが、常民の信奉する民俗神である。

本書は、民俗神を通して自然的人間すなわち常民の世界観や宇宙観を明らかにすることを目指したものである。ここで自然的人間について一言しておく。民俗学では人間と動物をおなじ次元で見ていく。善悪の考えを捨てて、人間の生態をリアルにクールに見ようとする見方をとる。民俗学の人間観は道徳的な人間観でもなければ、宗教的な人間観でもない。あるいは経済的な人間観でもない。動物とおなじ生物の一員として人間を扱うのである。民俗学は「人間は、死後の世界を夢み、想像できる動物」であるという一点においてだけ、他の動物と区別する。常民の規定はさまざまあるが、私は「死後の世界を考えることのできる動物」としての自然的人間というのが最も重要な指標と考えている。死後の世界といっても、民俗学の考える死後の世界はキリスト教や仏教など高等宗教の理念にもとづく思弁の追求の結果生まれたようなものではなく、常民の間に信じられた死後の世界観のことである。

あとがき

私の民俗学研究の目的はひとえに日本人の意識の古層を突きとめることであった。日本人の霊魂観と神観念を通して、日本人の世界観と死生観の深層を明らかにすることに、私の努力のすべてはついやされた。ところで、現代の民俗伝承では、この世界観と死生観は、ながい時代を経過し、また仏教などのイデオロギーの影響を受けて、変容した形をとって現われるか、きわめて稀薄な映像しか残していない。したがって不完全な民俗の断片をつなぎ合わせても、日本人の世界観と死生観の枠組を把握することはいたって困難である。南島（奄美・沖縄）の民俗と記紀万葉などの古代の文献の力を借り、更には古い地名や神社の知識も動員して、世界観と死生観の全体像を復元するほかない、というのが私の考えである。

古代日本の残像を今もって保っていることの多い南島の民俗は、日本の古代との間を架橋する絶好の立場にある。そこで私は南島の民俗や日本の古典を援用しながら日本人の意識の古層にさかのぼる試みをつづけてきた。現代の民俗学者は私のように南島に深入りをせず、また古代史への強い関心も抱いていないので、私が南島の民俗や古代史に頼りすぎると見る向きもあるかも知れない。しかし柳田国男や折口信夫の仕事を見れば、私の民俗学の方法が偏っているとは言いがたい。むしろ私は柳田や折口の忠実な弟子として、日本人の霊魂観や神観念、ひいては古代日本人の世界観や死生観の解明のために、沖縄や古代史を最も活用したいと心がけてきているのである。

柳田と折口に共通するのは、日本人の魂の行方に対する飽くなき追求心である。柳田は最晩年の大作『海上の道』で「海神宮考」や「根の国の話」を書いた。折口もまた最後の著述「民族史観における他界観念」で死者の世界を縦横に提示した。日本人の他界観への関心を終生捨てることのなかったのは、柳田と折口のただ二人である。「他界への嗜好」は他の民俗学者には見当らない。私はこの偉大な二人の民俗学者の驥尾に付して『常世論』を書いた。告白すれば、私も弱年期から他界願望を持ちつづけている。その点で私が柳田と折口の学問にもっとも親近感をおぼえるのはとうぜんのことである。

私は本書の冒頭で自然的人間である常民は「死後の世界についてさまざまな想像をめぐらす動物」である

と規定した。つまり他界に関心を抱くということに人間を他の動物から別(わか)つ重要なしるしを見るのである。そこで他界の問題こそ民俗学研究の核心に置くべき主題である、と思っている。それはタマシイと深く関わることから、民俗学は「タマシイの科学」であると私は考える。この一点において、民俗学は他の学問の追随を許さないが、「タマシイ」への配慮を欠くとき、民俗学は歴史学や社会学などに吸収されるか、補助科学としての地位に甘んずるか、いずれにしても哀れな運命を辿ることになり、その危惧はなかば現実のものとなっている。

柳田と折口は「日本人とは何か」という問いから出発して、古代へと遡り、最後には古代以前、あるいは前日本の人びとの心意を明らかにしたいという地点まで進んでいった。後代に付与された余剰な属性を剝ぎとっていくとき、日本という国家の枠を超えた普遍的人間の裸形の姿が現われる。省りみれば私も一貫して「始原への旅」をつづけてきた。それはほとんど私にとって衝動のようなものであった。複合した神の観念から人格(ペルソナ)をとり去って単純なタマに還元すること、そのタマを有する渓流の山椒魚や河鹿に、神の始原の姿を認めること、人間もまたそれから聖性を受ける時代のあったことを推測するのである。自分をヤドカリ(南島語ではアマン)と同じ次元に置くことが私の願望である。それは残された時間の私の生き方でもある。

数年前、私はその心境を次の歌に托したことがある。

やどかりの裔(すゑ)のしるしを針突(はづき)せし女(をみな)らの島の砂にまじらむ

いつかわれとほき花礁(はなぜ)にやどかりのまなざしもちて向きあはむ日よ

花礁というのは浅い海中にある色とりどりの珊瑚礁のことである。私はアマン――アマンについては「族霊との合体」の章で触れた――の文様を入墨した女たちの島で一生を終えられたら本望だと思ってきたが、その願望は今なお果されそうになく、見果てぬ幻を拙い歌にとどめるほかなかったのである。

本書成立の経緯については、一九七五年に上梓した『民俗の神』（淡交社刊）、また一九八〇年代に『日本民俗文化大系』ならびに『海と列島文化』（小学館刊）の各巻に発表した諸論文を素材として、あらたな構築を試みたものである。物書きとして民俗学に足を踏み入れて間もない七〇年代にはまだ充分でなかった考えは、八〇年代になって深まりを見せはしたが、それでも満足のゆくものではなかった。更に九〇年代になって、過去の経験を反省して、いっそうの民俗の思想の深化を目指すことにした。学問には限りはないが、個人の生命には限りがある。そこで私としては過去に発表した文章を素材として用いながら、最近の考えを表明しようと思い立ったのである。しかしそれは予想外に手間のかかる作業であった。私の我儘を快く受け入れていただいて、この本の誕生に御協力を惜しまれなかった同時代ライブラリー編集部の加賀谷祥子さんに心からお礼を申し上げる。

一九九六年九月九日

（『民俗の思想——常民の世界観と死生観』岩波書店、一九九六年一〇月）

民俗学からみた葬送儀礼

日本人の葬送儀礼の源流は、少なくとも三世紀後半の弥生時代後期まで遡ることが可能である。『魏志』倭人伝に「はじめて死すれば喪を停めるには十余日、当時に肉を食せず、喪主は哭泣し、他の人は歌舞、飲酒を就す。すでに葬むれば家を挙げて水中に詣り澡い浴う」とある。

喪を停めるに十余日とあるのは死者の遺体を喪屋に安置することを示している。その時、喪主は哭泣するが、他の人は歌舞し、また飲み食いをするとあるのは、死者があたかも生きているように、振舞うのである。つまりモガリの期間は死者はまだ完全に死んだということにはならないのである。

この風習が古代までつづいていたことは、『古事記』の次の記事でも明らかである。

「其処に喪屋を作りて、河鴈を岐佐理持と為、鷺を掃持と為、翠鳥を御食人と為、雀女を碓女と為、雉を哭女と為、かく行ひ定めて、日八日夜八夜を遊びき。」

これは喪屋の風景である。掃持は玉ハハキ（霊魂用の箒）で離散した魂を掻き集める者、碓女は臼女であって生成の呪術として臼をつく女、御食人は、食物の有する活力で死者の蘇生を図ろうとする者（枕飯の起源）で、また八日八夜の遊びは、魂の蘇生を図る手段である、と折口信夫は説いている。『日本書紀』にも同様の記述があり「八日八夜、啼び哭き悲び歌ぶ」と記されている。

私共はこれを誇大の風習と思いがちであるが、そうではない。

奄美大島では墓地にとくべつの仮小屋を作ってモヤと称し、そこに棺をはこび入れ、親子兄弟らの肉親が数日間はそこにいき、棺を開いてみたという報告がある。

モヤという言葉は今日も残っている。喜界島では横穴の風葬墓をモヤまたはムヤと呼んでいる。明治初年までは岩壁にうがった横穴に棺を入れ、死後一週間は毎夜親戚の者が酒肴をたずさえて墓守にいったという。伊波普猷も『南島古代の葬儀』の中で、明治のはじめころまで死者の傍らで近親者が歌舞する風習があったことを報告している。

このように先史古代の葬送儀礼は死者を喪屋に置いてその蘇生を願うことが最初にあり、ついでそれを本式に埋葬するという二段階に分れていたのである。

これは古代の宮廷にも見られた。殯宮（ひんきゅう）の儀礼がそうである。そこに奉仕する部民を遊部（あそぶべ）と称した。遊部は死者の相手をし、死者のたましいを鎮める役で、それには歌舞をともなった。その歌を挽歌と呼んでいるが、それは死者をしのぶ悲しみの歌だけではなく、死者の魂が帰ってくるようにと、魂乞いの歌がまじっている。『魏志』倭人伝に、死者の傍らで歌舞したとあるが、その歌は魂乞いの歌であった。『古事記』に「日八日夜八夜遊びき」とあるが、その「遊び」は歌舞して死者の復活を願う儀礼であったのである。

（『葬送儀礼にみる東アジアと隼人』宮崎考古学会・九州国立博物館誘致推進本部、一九九七年一二月一四日）

幸福を約束する充実感――20世紀の古典　柳田国男

日本は倭国と呼ばれた頃から、常に大国の圧倒的影響を受けてきた。その大国とは、江戸時代までは中国であり、明治以降は欧米であった。この大国の影響に屈せず、日本の主体を確立したいという願いは、学問の世界では、江戸時代に本居宣長の国学となって登場し、明治以降では柳田国男の創始した民俗学として結実した。

二人に共通する情熱は、外国からの借り物の理論や知識に頼らず、自前で日本人の学問を樹立することであった。柳田は自分の学問を新国学と称したが、そこには明らかに宣長の意志を受け継ぐ姿勢がある。しかし宣長の国学が文献中心の学問であったのに対して、柳田の新国学は、書物に縁のない庶民の生活に広く眼をむけ、日本人の伝統の内容を、これまでになく大きくした。それは日本人とは何かという問いの深さによる。

真の学問はそれに触れた人がイメージを膨らますことのできるものである。それに触発されてイメージを描くことのできない学問には、人間を解放させる何かが欠けている。

私たちが柳田国男の学問に関心を抱くのは、その豊かなイメージが私たちに幸福を約束するからである。柳田の著作を読み終わったときの、胸に潮が満ちてくるような充実感、日本人としての自己の解放感、柳田を読む前とそのあとでは、日本人の幸福に対する自信といったものがちがう、と私は思っている。

柳田はかつて桑原武夫との対談で、この進歩的思想家に対して、「進歩」という言葉を「幸福の増進」という語に置き換えられないか、と言っている。この提言は、世紀末の日本と立ち合っている私たちには、とくに痛切に響く。たしかに現状は物質的繁栄の只中にあるが、国民の幸福ということからすれば甚だ心もとない。社会の進歩がそのまま幸福の増進につながらないことは、今や明白である。

一九六二年、柳田が八十七歳で世を去ったときは日本が高度経済成長期に入る前であった。それ以来、日本の社会は経済や技術の面で大きな発展進歩をとげたが、それと引き換えに大切なものを失った。その大切なものが何であるかを知るために、私たち日本人は柳田国男という存在を、かつて必要としたし、今も、これからも必要とする。

（「朝日新聞」一九九八年一月一六日）

月に宿る力

私が琉球弧の最西端にある与那国島を訪れたのは一九六〇年代の後半であったが、夜、祖納（そない）の町の通りを歩くにも手探りでゆかねばならなかった。その頃の沖縄の島々にみなぎる夜の暗さは本土にいるものにはわかりにくい。闇がおおいかぶさってきて、その中にすっぽり包まれてしまう感じであった。与那国島では、むかし外出するときは、かまどの燃えさしを引きぬいて、松明（たいまつ）代わりにしたのだという。それだけに、月夜の明るさは島民にとって最大の恩恵であったと言っていい。夏の望（もち）の夜は、新聞の文字がはっきり読めると人びとは私に話してくれた。昼間は労働にかまけている若い男女が、月夜となればナンタ浜や祖納の町を見下ろすテンダバナの頂きで歌をうたい、蛇皮線を弾いて踊った毛遊び(もうあそび)の経験は、今ではわずかに残る与那国の古老の語草にしかとどめられていないが、この月夜の楽しみがあればこそ、おそろしい孤島苦をなぐさめることができたのである。これは与那国島にかぎらず、奄美の島々までおなじであった。

他人おそろし、やみ夜はこはい
親と月夜はいつもよい

これは日本本土で昔うたわれた子守唄である。十二、三歳の女の子が親の家を出て、他家の子守りをするときに、赤の他人にまじってこわごわと暮すときだけに、月夜のありがたさが、まるで親の愛のように身に沁みて感じられた、いじらしい唄である。

民俗学者の宮本常一が、戦後間もなく対馬の村を歩いているとき、夜ふけて雨戸を閉めない家があった。近づいて見ると、老婆が縁側で糸車を廻して苧麻(からむし)の糸をつむいでいた。「こんなに遅くまで」と宮本が言うと、「あんまりよい月夜だから寝るのが惜しくて」という返事が返ってきた。まるで能の黒塚を思わせる一場面であるが、月光に照らされた老婆の顔の口元は慈愛の皺にかこまれていた。

昔は昼間の過酷な労働でもなお足らず、月夜を利用して田を耕す農夫たちも見られた。

私は今から四十年ほどまえに、糸満漁夫に売られたという体験をもつ若者の話を聞いたことがある。糸満漁夫はサバニと呼ばれるクリ舟で沖縄の島々を漂泊し、魚を突いたり、貝をとったりする漁師である。沖縄本島の南部の糸満市に根拠地をもち、遠く八重山まで遠征し、方々に枝村を作っていった。与那国島の久部良(くぶら)の漁港も明治の末に糸満漁夫が開いた。糸満漁夫の漁法は水深のあさいところにある貝を採るもぐり漁だった。その労働力として貧しい家の子供たちを買った。まとまった前金を渡して、二十歳になるまでただで年期奉公させた。親元から連れてこられた少年は朝早くからもぐり漁をさせられた。少女は獲った魚をかまぼこにする工場で働かされた。

親方の叱声に追いまくられる日常の中でも、年頃の少年と少女の間には恋が芽生えることがあった。労働が過酷であるほど、お互いがいたわりあい、疲れをいやそうとするのはとうぜんすぎることであった。心を通わせた少年と少女は仕事が終わり、夕食も済ませた夜、あいびきをした。しかし、彼らは日頃時計などをもったためしはなかった。

そこで次のあいびきの時間を決めるのに「明日の夜は月が東の海の水平線から四寸あがった時刻にここで会おう」とか「一週間後は月の出がおそくなるから水平線に出た頃会おう」とか打ち合わせをした。

私はその話を若者の口から聞いたとき、これ以上に清純な恋物語はないように思った。

話は別だが、満月の夜の前後には、漁を休むところは多い。長良川の鵜飼も満月の夜は休みである。それは月光が水底まで届いて、鮎などの魚の眠りがあさく、松明を不意に水面に近づけてもおどろかず、素早く逃げてしまうからである。

長崎県の平戸の対岸にある生月島(いきつきしま)では、満月前後を「白月(しらつき)」と呼んで、どの船も漁をやすみ船や網の手入れや、漁夫の休息にあてている。長崎県下の西彼杵半島では「月夜間(つきよま)」と呼んでいる。

満月の夜の満潮の時刻に海底で珊瑚が産卵したり、蟹の一種が大挙して波打際で産卵したりする現象は知られているが、人の出産も満潮時であり、人が死ぬのは干潮時であるという説がある。宮古島では昔は葬式は干潮を見計らっておこなった。満潮や干潮などの潮汐作用は月の引力と深い関係があるとされているが、それが人間の生と死をつかさどるという考えは古くからあった。

ロシアの民俗学者であるニコライ・ネフスキーは大正十五年八月、宮古島から那覇に向う汽船の中で、宮古島の平良市出身の慶世村恒任から、月のアカリヤザガマの昔話を聞いた。それによると、昔々、月の神が人間に不死の薬を与えようとして、節祭（本土の正月にあたる）にアカリヤザガマに二つの桶を担がせて下界に降ろした。一つの桶には変若水（スデミズ・スデルとは生れること）もう一つの桶には死水（シニミズ）が入っていた。

月の神は、人間には変若水を浴びせて、世が幾度変っても、生き替ることと長生きができるようにせよ、蛇には死水を浴びせよ、と命じた。しかし下界に降りたアカリヤザガマが疲れて桶をおろし、道で休んでいるとき一匹の蛇がどこともなく現われてきて、一方の桶の人間に浴びせる変若水を浴びてしまった。アカリヤザガマはおどろいたが、仕方なく、他方の桶の死水を人間に浴びせた。

アカリヤザガマが天へのぼって委細を報告すると、神は怒って、お前は宮古のある限り、その桶を担いで永久に立っておれ、と命じた。そこで今でも、アカリヤザガマが月の中に桶を担いで立っている姿が見られるという。

しかし神は人間に不死の生命を与えようとしてそれができなかったのを憐れんで、せめて節の日だけは天から若水を送ることにした。その日、井戸や泉から汲む水を若水と称するのは、これが原因であるという。

この説話は、人間が死すべき運命にあること、蛇が幾度も脱皮するのは不死の印であることを語っている。

それは月ごとに繰り返される月の満ち欠けを死と復活とみなした古代人の考えを反映している。月の神が若返りの水をもたらすという伝承は、はやくから日本本土にもあった。万葉集巻十四に、

　月読の　持てる変若水　い取り来て　君に奉りて　変若得しむもの　（三二四五）

とある。月の神のもっている若返りの水を取ってきて、わが君に奉って若返らせるものを、という意である。ここに「変若水」という言葉が出てくるが、これは「をつ」という若返りを意味する古語にあてた漢字である。「をつ」は蘇生する、復活するという意味もこめられている。ヲトメ（処女、未通女、童女）もヲツ、すなわち若いということから生まれた言葉である。

万葉集巻一には、額田王の歌がある。

　熟田津に船乗りせむと月待てば潮もかなひぬ　今は漕ぎ出でな（八）

これは額田王が中大兄皇子にしたがって九州遠征の途中、今の愛媛県三津浜付近の海岸で詠んだものとされている。ここで「月を待つ」というのは、月が出てから夜の海をいこうとするものである。この三津浜の付近には、「月の出八合、入中満」という諺がある。これは月の出るとき潮は八合目まで満ちており、月が入るときには、半分満ちてきている、ということである。すると、この歌の「月を待つ」というのは、潮の満ちてくるのを待っている、という意味であることが分かる。そのころ瀬戸内海には、港らしい港はなかっ

た。もっともよい港というのは砂浜であった。その上、三津浜の沿岸では、干満の差が五メートルもあるので、潮が満ちれば海になるが、潮が引けば、干潟のでるところが多かった。そこでたいていは満潮に船を岸につけ、潮が引くと浜の上に坐ってしまうようにして置く。そうすると、風波にいためられることもなければ、また潮に船をさらわれることもない。古い港である住江津も武庫泊も和歌の浦も、みな遠浅をもつ砂浜の浦であった。熟田津もまたその例に洩れなかった。潮が引いて砂浜の上に坐っていた船が、月の出で潮が八合目ほど満ちてきて浮いたのであろう。満ち切ると今度は下げ潮になる。その潮は豊後水道に向かって流れる。額田王の船は西へ向かうのだから、その船にのれば脚も速い。潮が満ち、船が浮き、月がのぼる。やがて下げ潮になる。人々があわただしく船にのって漕ぎ出していく。まことにあざやかな光景である。以上は一九五七年に叢書「風土記日本」に書いた宮本常一の文章の要約であるが、今読み返してみてもあざやかな解説である。

海の民は潮が相手であり、それゆえ、月の知識は不可欠であった。日本書紀によると、顕宗天皇の三年に、月神が人にかかって神託を下したことが記されている。その月神は壱岐県主の先祖が祀る神といい、式内社である壱岐島壱岐郡の月読神社がそうであるとされている。壱岐の海人の祀った神であったにちがいない。また京都府綴喜郡田辺町大字大住は和名抄の大住郷で、大隅隼人が来住した土地であるが、そこに月読神社が鎮座する。これは大隅国から来住した隼人たちが祀ったものとされている。隼人は南九州で活躍した古代海人であった。海の民にとって月神がいかに重要であったかが推測される。

ちなみに月という言葉は神が人に憑く、という言葉と関係があると私は思っている。

月は、どこか人を狂喜にさせるものをもっている、という考えは、月と人間との関係のふかさを物語っている。

（「青」第三号、二〇〇〇年一一月）

有明海の干潟民俗学

有明海は日本の代表的な干潟の海である。そこで有明海を中心とした干潟の民俗を探ってみることにする。有明海という名称は一九〇六年（明治三九）以降の地図に記されて以来のもので、それ以前は筑紫海、筑紫潟、あるいは有明の沖と称したが、地元ではもっぱら前海と呼んでいた。熊本、福岡、佐賀、長崎の四県にかこまれた内海は、沿岸の人々にとって、居住地の目の前の海であり、そこは日常の生活に欠かすことのできない海の資源をたやすく入手できるありがたい海であった。前海物といえば有明海からとれる海の幸を指した。

有明の伝統漁法

有明海の特徴はガタ海で、六メートルにも及ぶ干満の差の大きな海であるため潮が引くと、海底の土や砂（ガタ）があらわれる。ガタはトブまたはトベとも呼ばれるように、海岸付近では腰までつかるほどの泥土であり、数キロいっても股ぐらいの深さがあるところがある。その先の沖合に進むにしたがって、砂まじりになり、あとは砂州に変わる、という具合なので、干潮時でも、干潟の上を歩くことはできない。有明海では古くは原始的な漁法がおこなわれていた。それは海中に石垣をながく突き出して、満潮時に入りこんだ魚が、干潮時には石垣の中から出られないように工夫したもので、石干見（いしひみ）と呼ばれる。奄美や沖縄の珊瑚礁の暗礁（コーラルリーフ）にとりかこまれた島々では、リーフの内側は干潮時に潮がすっかり引いてしまうことから、この石垣を魚垣（なかき）、またはたんにカキと称して古くから利用していた。有明海では石干見をスキまたはスクイと呼んでいて、前には島原半島だけでも、二〇〇以上あったといわれているが、現在は原型をとどめているのは数カ所しかない。スキという語はスクイに由来し、スクイは魚をすくうことにもとづく言葉であろう。

　これはごく単純な漁法で、潮が引いたとき石垣の外に出られない魚を網ですくいとるだけのことであるから、ふだんは農業に従事している沿岸住民が片手間にできる仕事であった。

　これに近い漁は、足形漁（アシンカタ）で、あらかじめ干潟に足形をつけておき、干潮時に足跡のくぼみに入っている魚をとる漁である。コチやクチゾコ（舌ビラメ）などが足形の潮だまりに入っているのをとる。

　有明海は干潟（ガタ）の海であるが、干潟の泥の中には多くの魚貝が棲息している。しかし干潟は海岸に近いほど泥が深いので、沖合の砂地のところまでいくには、押し板（潟板）に乗っていく。それは今日では「潟スキー」と呼ばれるもので、押し板には藁などで作った膝当てを据え、片膝をそれにのせ、もう一方の足でガタを蹴りながら滑っていく。押し板には獲物を入れる桶を固定しておく。「潟スキー」で通る道は溝になっている。それが「潟の上の道」なのである。前に通った跡には水が少したまっているので、滑りやすい。沖合に進むにしたがって、ガタと砂がまじりあい、あとでは砂地だけになり、押し板に頼らなくても歩けるような状態になる。このような砂地で高くなっている場所を「ツ」と呼んでいる。この砂地にはタイラギ、アカガイ、アカニシ、マテなどの貝類が棲んでいる。

また干潟には川のような水路のあるところがあり、それをミオと呼んでいる。そこでは小舟を乗り入れたり、水にもぐったりして、ボラやウナギをとる。

だが、なんといっても有明海の干潟漁の特色はガタの中に穴を掘ってひそんでいるムツゴロウ（現地ではムツとかムツトウと呼ぶ）やシャコ（現地ではシャッパとかシャッカと呼ぶ）やアゲマキやウミタケなどの二枚貝、またワラスボなどのハゼ科の魚を、泥土を鍬で掘ったり、穴釣りをしたり、足踏みをしたりしながら、魚貝の習性に応じて、さまざまな漁法を駆使してとることである。有明海の名物であるワラスボはウナギの形をした細長い魚で、三〇センチにもなるが、干潟の泥の中に穴を深く掘ってひそんでいて、目は退化している。有明海の干潟漁の中には、相手の魚貝の生態を熟知するための長い習得の期間が必要とされるものもある。たとえばガタの上で遊んでいるムツゴロウ（ムツ）を遠方から狙って釣り上げる技を習得するには一〇年あまりかかり、名人と呼ばれるようになるには三〇年を要するという。

有明海の有名な食品に「蟹漬け（がんづけ）」がある。ガンヅケはマガネ（シオマネキ）が潟の上にいるのをとり、この蟹をつぶして塩漬けにしたものであり、独特の風味をもつ。有明海沿岸では蠣（かき）をセッカと呼んでいる。セッカはたぶん石華（石花）に由来する語で、平安時代の『和名類聚抄』では石花と記してセイと訓（よ）ませている。このセイはカメノテのことで、五島では今でもカメノテをセと呼んでいる。カメノテはフジツボに似ている。同じ石花の字をあてでもその意味する生物はちがっている。これらから考えると、セッカはセのカイ（貝）のことで、古くはカメノテであれ、蠣であれ、海岸の岩に付着する貝状の生物は、セイまたはセと総称していたのではないだろうかと推測される。

有明海の漁業は魚貝の種類によって夏場と冬場におこなわれるものに大別されるが、いずれも一月（ひとつき）に二回めぐってくる干満の差の大きい大潮のときをねらっておこなわれる。その大潮の日の潮が引いたとき、海底の泥土や砂が露出するのを見計らって漁をする。大潮に対して小潮がある。小潮の期間は干満の差が少なく、潮が動かないので、干潟が露出せず、漁を休む。小潮はカラマと呼ばれている。

農民と有明の潮汐

有明海の干潟漁は魚貝の種類の多いことから、漁法も多彩であるが、昔は農民が農閑期を利用して、日常の副食物をとるのが目的であった。しかし近年は急速におとろえ、海苔養殖にとってかわった。今年はその海苔が不作をきわめ、怒った漁民たちは、それが諫早湾の干拓のために閉じられた水門のせいであるとして、千数百艘の漁船をくり出して、海上で抗議パレードをおこなったニュースはいまだ記憶に新しい。

これについて思い起されるのは、有明海の沿岸住民にひろく信仰されている「沖ノ島」の祭である。沖ノ島は佐賀県鹿島市の東方六キロあまりの海中にある有明海唯一の島で、満潮時には姿を没し、干潮時には姿を現わす。旧暦六月一九日には、沿岸各地から、にぎやかに飾りつけをした多数の船が、鉦（かね）や笛や太鼓ではやしながら、沖ノ島参りをする。昔は「おんがみさん」または「おんがみのせ」とも呼ばれていた。神がその髪をくしけずって海に投じた。その髪がとどまって島となったから、その島を「御髪（おんかみ）」と称したという。また「お島さん」とも通称されている。その由来については、お島という娘が、干害で農民が困窮しているのを見かね、神に雨乞いの願いをかけ海に投身した。そこで雨にめぐまれることになり、お島を豊作の神として祀り、沖ノ島を「お島さん」と呼ぶようになった、という伝承である。これを見れば、この沖ノ島の祭は漁民というよりは、農民の願望を反映したものが、のちに興玉（おきたま）神のように海の神の信仰とむすびついたものと考えられる。

有明海の潮汐の差を利用した農業の灌漑用の取水が、筑後川の流域でおこなわれてきた。筑後川は有明海の満潮時には海水が上流に向かって逆流し、河口から二六キロの久留米市まで、その影響を受ける。とくに河口から一〇キロまでの間は、筑後川の上流から流れてくる淡水と、有明海からさかのぼる茶色ににごった海水が混合する。その際、比重の大きい海水は淡水の下にもぐり、二つの層に分離する。満潮に押しあげられた淡水は色が青く澄み、この地方ではアオと呼んでいる。このアオには塩分が少ないので、水稲の生育時の農業用水として使われる。

このアオは筑後川からクリークに導入して灌漑用水に利用するが、その水門の開閉は熟練した経験ゆたかな農民でないとつとまらない。アオを口中に含んで、塩分の濃度の少ないことをたしかめて判断をくだすのが仕事で、これを「アオ取り水」と称している。

満潮のときに潮がのぼってくる川は有明海沿岸では筑後川にかぎらなかった。こうした川をエゴと呼んだ。エゴは入江や船だまりの呼称でもあり、干潟の水路とつながっている場所でもあった。このエゴの逆流現象を、自然に放置すると、水は川の堤外にあふれる。そうした状態をイカルと呼んでいる。まだ灌漑技術が発達しなかった昔は、そのあふれた遊水を利用したと思われるが、それでは塩分が濃いので、それを調整するために、水門を設置し、アオの取り入れ口を作ったのである。そこで有明海の干拓地には碇（いかり）という地名のついている場所がある。そこはイカリ、つまり遊水の見られた所である。さきのエゴには江湖の字が宛てられている。江湖のつく地は、海水の影響と川の流水の影響をつよく受けた地域であることがわかる。

有明海の干拓は江戸時代中期以降大いにすすめられたが、干拓地の名称は藩によって異なる場合もある。柳川藩や肥後藩では「開（ヒラキ）」と呼ばれる干拓地名が多く見受けられる。それに対して、佐賀藩では、「搦（カラメ、カラミ）」が多い。そのほか、「古賀（コガ）」がある。これは未開の荒地を意味する「空閑（くか）」が「古賀」に転じたものとされている。土居（ドイ）は屋敷の周辺を土塁でかこんだものである。更（フケ）は湿った低地のこと。牟田（ムタ）も湿地をあらわす。そのほか「免」のつく干拓地もある。寺社などの所有地は免税地としての特権を与えられたので、開発奨励のためにその地名をつけることにしたのである。江戸時代は各藩とも干拓地をつくるために海水を締め出す技術を編み出し、沿岸住民も労働に駆り出された。こうした干拓事業が可能になったのも、有明海の干満の差が烈しいこと、また海底が泥土であることが有利な条件となったのである。

（「ＦＲＯＮＴ　水の文化情報誌」財団法人リバーフロント整備センター、二〇〇一年四月）

金属と民俗――ヘビ・ムカデ・ニワトリ

日本書紀にはスサノオが天蠅斫剣（あまのはえきりのつるぎ）で大蛇を斬ったとある。また九世紀初めの歴史書「古語拾遺」には天羽羽斫（あまのはははきり）と呼ばれる剣が登場する。蠅も羽羽もヘビの古名である。

古事記によると、スサノオは八俣大蛇を、十拳剱を抜いて切ったとある。その尾を切ったとき、都牟刈の大刀が出てきたとある。これは蛇と剱の関係を示すものである。都牟は頭の頂を示す語である。刈は朝鮮語でカル、つまり刃物を云う。スサノオはこの大刀をふしぎなものとしてアマテラスに献上した。これが草那芸の大刀である。これはヤマトタケルがヤマトヒメから貰って東国の賊を征討する道すがら、火難に会ったとき、草を刈り払ったときの剱であるから、草薙の名称があるが、ナギとかナミは蛇を指す。イザナギ、イザナミの二神も中国古代の伏羲と女媧の兄妹神がそうであるように、蛇神であったと推定される。

蛇は金属のシンボルであるとともに、水神として川や池や沼に祀られ、また海神宮に住む竜神として畏敬された。竜神は竜巻を起こして船人を苦しめることがあった。そこで竜巻よけのまじないが工夫された。

琉球王国と明代の中国との間に進貢という名のもとに貿易がおこなわれていた時代があった。明国からは琉球王国の代替わりごとに冊封使がやってきた。冊封使をのせた中国船がもっともおそれたのは、台湾から北上して琉球に近づいていたところにある「落漈」であった。落漈に差しかかった船は流れのはやい潮にまきこまれて、帰ることができない、とされていた。その一方で琉球から中国に向かう進貢船がおそれたのは海上の竜巻であった。琉球の進貢船は百名を越す乗組員がのる大型の帆船で、中国から帰って那覇港に停泊している進貢船の描かれている古い絵図が残っているが、それを見ると、船尾に大きな目が描かれている。これは海の怪魚を威嚇するためのものである。またその帆柱の先には、細長い格好の旗がひるがえっている。これは百足旗と呼ばれ、航海中出会う竜巻除けのために掲げたのである。糸満漁師は竜巻を「竜下り」と呼んでいる。彼らは漁をしているときしばしば「竜下り」に遭うことがあるので、サバニの帆の中に百足がくるまっているのを見つけると、今日は竜巻に遭っても大丈夫で、大漁だとよろこんだ。

百足が竜に勝つという考えはすでに古代の中国にあった。「和漢三才図会」の「蜈蚣(むかで)」の項に「五雑俎(ござつそ)に云ふ。蜈蚣一尺以上になれば則ち能く飛ぶ。竜之れを畏る」と記してある。この俗信は日本にも早くから伝わったと考えられる。それは「太平記」が伝える田原藤太(たわらとうだ)の竜宮入りの話の中にも見られる。近江の勢多(せた)の長橋を歩いていると、大蛇が橋の真中にわだかまっていたが、それを平気で通りすぎると、しばらくして、竜宮のものに呼びとめられ、竜宮に攻めてくる百足を退治してほしいと懇願される。そこで湖底の竜宮に入って、そこに攻めてくる大百足の眼を射て撃退し、竜神から宝物を貰って帰るという筋書きである。その宝物の中にはいくら取っても尽きることのない米俵があったので、俵藤太と称するようになったという。その大百足は「太平記」には比良(ひら)の嶺から来襲したとあるが、一説には近江富士と呼ばれる三上山（滋賀県野(や)洲(す)郡野洲町）からやってきたという伝承もある。百足は三上山を七巻半まいたという。そこで三上山は別名を百足山という。

　三上山の西麓には天之御影命(あまのみかげのみこと)を祀る三上神社がある。社伝には、天之御影命は天津彦根命(あまつひこねのみこと)の御子の天目一箇命(あまのまひとつのみこと)の別名とあり、我国の鍛冶の祖神とされている。

田原藤太秀郷(ひでさと)の出身地は近江の田原荘といわれている。田原荘を『大日本地名辞書』は栗太(くりた)郡の小田原（大津市大石竜門町）にあてている。そこは山城の田原郷（宇治田原町）に接続するところで、昔はお互い通じ合っていて田原郷と呼ばれていたという。竜門の地名は竜宮の門を思わせるが、それと見合うように、竜門町の北の大津市大石中町には、佐久奈度(さくなど)神社が鎮座する。神社は瀬田川が山間を流れ、大きく西に屈曲する高台にあるが、かつては水流が巨岩と巨岩の間を通り抜け、激しく流れ落ちる川辺にあった（日本歴史地名大系『滋賀県の歴史』）。佐久奈度は水がどっと流れ落ちる様子を形容するサクナダリに由来する。大祓詞(おおはらえのことば)には

「さくなだりに落ちたぎつ速川の瀬に坐す瀬織つひめといふ神」という詞章があるが、佐久奈度神社の祭神は瀬に下りる「瀬織つひめ」、烈しい流れの底にいて罪を呑みこむ「速開(はやあき)つひめ」、さらには呑みこんだ罪を水底にある根の国に送り込む「気吹戸主(いぶきとぬし)」の神々である。佐久奈度神社は竜宮の入口にふさわしい地勢のところに祀られている。しかし田原荘を竜宮入りした秀郷の出身地とするのには、そこが竜宮入りの物語につごうよいだけ、どこか付会の匂いがつきまとうことはやむを得ない。

田原藤太秀郷の藤太という名から連想されるのは、芋掘長者や炭焼長者などに登場する藤太という人物である。豊後の方言では炭をイモジという。これは鋳物師が鉄を溶かすのに炭を必要とするからであろう。芋掘長者の芋も鋳物師のことにほかならない。そのことを示す祭が、秀郷の後裔と称する蒲生(がもう)氏の城下の滋賀県蒲生郡日野町中山でおこなわれる。これは芋くらべ祭と呼ばれて、もちよった芋の長さで稲の豊凶を占う祭であるが、中山のとなりにある蒲生町鋳物師と関係あることは若尾五雄がすでに指摘しているところである(『金属・鬼・人柱』)。中山の芋くらべ祭では祭場の野神山に登る道に樫の葉を敷きならべて百足道と称し、また祭の主宰者が手に持つ祭具には百足の絵が描かれている。

鋳物師にある竹田神社は天津彦根命とその子の天目一箇命を祀り、鍛冶にゆかりのある神社である。

百足と金属の関係を示す証拠はまだほかにも見られる。

江戸時代まで金山で栄えた佐渡の相川の市街の北側にある下相川の霊山寺の裏の岩山は、大百足が這いあがったという伝承をもち、百足山と呼ばれている。百足山には安永三年(一七七四)に創建された大百足神社がある。地元ではその大百足を炭焼藤五郎が射たという話も残っている。ここで炭焼藤五郎が出てくるのは、田原藤太と百足の関係を思わせる。相川町の法輪寺には金掘りの様子を活写した絵馬が残っており、画面の上方に百足の絵が描かれている。相川に伝わる金掘り歌の歌詞にも百足が登場する。歌い手は百足を描いた袴をつける。こうして見れば百足が鉱山と関係があるのはまぎれもない。

「摂津名所図会」には「多聞寺」（神戸市北区有野町）の項に「水晶山に百足窟があり、窟の中は百足に似て銀取坑である」と記されている。これによって坑道が竪坑から横の方にひろがっている有様を百足にたとえたものであることが分かる。水晶山の近くの多聞寺は百足を使いとする毘沙門天を祀っている。

百足と金属の関係を示すもっとも端的な例は、武蔵国秩父の聖神社に十五キロもある自然銅が御神体として祀られており、そこに自然銅とともに、元明天皇から下賜されたという銅製の百足二匹が置いてあることである。私も見せて貰った。緑青がふいているが、しっかりしたデザインのものである。その神社には次のような碑文がある。

> 元明天皇の御代慶雲四年武蔵国秩父郡黒谷村より吾国にて始めて自然銅を発見し、国司を通じて、これを帝に献上せり。帝は深く喜ばれ年号を和銅と改め、和銅開珍（ママ）と称する通貨を発行し、広く臣下に通用せしめ、又勅使多治比真人三宅麻呂を特にこの地へ遣し、自然銅を以て製したる蜈蚣一対を下賜せられたり。当神社はこの歴史的由緒ある自然銅を主神として祀り、更に金山彦命、元明金命を合祀し、父母社と称して蓑山十三谷の総社とせしが、後聖神社と改むと伝へらる。

ここにいう和銅とは自然銅のことである。「続日本紀」によると、多治比真人三宅麻呂は和銅元年（七〇八）の二月に、催鋳銭司（銭貨の鋳造を督励する官司）に任命されている。

田原藤太秀郷の竜宮入りの物語は「百足は竜に勝つ」という中国古来の思想を前提としたものであるが、秀郷が三上山の大百足を退治したという伝説の背景には、金属精錬のシンボルであった百足と黄金を発見した長者藤太の物語が伏せられていて、それらが複合していることがここで明確になる。南方熊楠の「田原藤太竜宮入りの譚」（『十二支考』）では、東西の古書を博捜の結果、百足は海蜈蚣すなわちゴカイの類であろうという説に落ちついているが、それこそ誤解というべきではあるまいか。

田原藤太秀郷の竜宮入りの物語に見られる百足と大蛇（竜）のあらそいの東国版が日光、赤城、二神の争いである。日光の竜は赤城の神の百足には勝目がない。そこで助っ人の田原藤太の役をするのは小野猿麻呂で、来襲する百足の左の眼を射て、首尾よく撃退する。柳田国男によれば、日光の本宮の神主は小野と呼ばれた猿麻呂の家で、猿丸大夫の子孫といわれていたが、天和年中（一六八一―八四）には仔細があって断絶したという。

ところで、日光二荒山の頂から一三一個の鉄鐸（てったく）が出土した。この二荒山の女体山を朝日山と呼び、その社人は猿丸大夫の子孫の小野源太夫ということを考慮に入れると、小野氏と鉄鐸とのつながりは無視できない。二荒山の女体山の神を朝日といったが、巫女の中に朝日と称する者が多かったことから、巫女がのちに神に祀られ朝日山姫の名がついたのであると柳田は推測する（『民俗学辞典』）。二荒の神主の小野源太夫は、朝日という巫女が鉄鐸を振って神がかりになる儀式を主宰したのではないか、と推定される。ここに諸国を漂泊し信仰を流布する小野氏の活動の一端をうかがうことができるのである。

私共の注目をひくのはここに朝日（太陽）と猿との関係が見られることである。猿は太陽神の使者であると考えられていた。それは近江の日吉神社の神使が猿とされていることからも分かる。また猿はよく馬を馭し、猿を馬屋につないでおくと、馬が元気づくという慣習が古くからある。「梁塵秘抄」にも「御馬屋（みまや）の隅（すみ）なる飼猿（かひさる）は絆（きづな）離れてさぞ遊ぶ」とある。猿と朝日、猿と馬の密接な関係がここに見てとれる。林羅山の「二がいない。

荒山神伝」によると、昔、有宇中将という人が奥州に下って、朝日長者の女を妻とし、子を儲け、馬王という名をつけた。その馬王の子が小野猿麻呂と呼ばれたというのであるが、これは朝日、馬、猿などの話をちりばめて作られたものにすぎない。これを創作したものは諸国を廻りあるく小野氏の信仰集団であったにちがいない。

沖縄の民話を読んでいたらおもしろい話に出会った。あるとき竜が耳の奥が痛くてたまらないので、鶏の医者の所にいった。医者は竜の耳の奥に百足がひそんでいたのを見て、それを引っぱり出してやったというのである。これには百足は竜に勝ち、鶏は百足に勝つという考えを前提として作られた昔話であろう。

金属と民俗に関わる動物説話や伝承はこのほかにも数多くある。

たとえば、「播磨国風土記」には、別部の犬という人物が同国の讃容郡の鹿庭山の付近で産出する砂鉄を発見したとある。また同風土記の讃容郡中川の里の条には「苫編部の犬猪、彼の地の墟を圃するに、土の中に此の剱を得たり」とある。ここに剣の発見者の犬猪の名前がある。花咲爺の話を思い出すまでもなく、犬は土中の宝物の発見者という伝承を負っている動物である。

また白鳥伝説に由来する、鳥取という地名も金属に関係がある。

古事記には垂仁帝の皇子の印色入日子命が鳥取の河上宮に坐して一千本の剣をきたえさせて石上神社に奉納したとある。大阪府阪南町に自然田という地名があるが、そのあたりと見られる。オオカミも鍛冶屋と関係がある。ハクチョウやオオカミについては、ここでは省略し、講演の中でくわしく述べたい。

（「語源研究」四〇号　日本語語源研究会、二〇〇一年一一月）

柳田国男との対話――伊那谷地名研究会発足記念講演

一　はじめに

先ほど伺ったのですが、伊那谷地名研究所には三十名ぐらいの入会者があると思っていたのですが、いざ蓋を開けてみたら五十名になったそうですね。おそらく一年後には百名を越すのではないかと期待しております。日本地名研究所の加盟団体は全国に四十以上ありますが、今日発足した伊那谷地名研究会が各地の地名研究会の中で重要な位置を占める日もそう遠くないのではないかと期待しています。皆さんは柳田国男の魂を受け継いで、これから地名研究に励んでいただきたいと思います。

今、柳田国男の魂を受け継ぐと言いましたが、魂を分けてやることを折口信夫は「みたまのふゆ」（御魂の増殖）と申しました。柳田先生の魂は故郷である播州福崎のほか、遠野、信州、沖縄、おもにこの三つくらいのところにある気がします。

二　柳田国男との出会い

私が柳田先生の著作を手にしましたのは戦前のことです。創元選書というのが東京創元社から出ておりましたが、文芸評論家の小林秀雄が柳田国男を高く評価しておりまして、柳田の著作が創元選書に何冊か入っておりました。私も旧制高校のときに買いましたが、よくは読みませんでした。というのは、柳田の文章はどうも若者にとっては穏やかな文章の感じがする。それからまたセンテンスが長くて意味を一挙に摑むことができない。青年はラジカルな激烈なものが欲しいのですね。それからまたストレートなものが欲しい。だが柳田先生のは激烈でもなければストレートでもない、非常に迂回した螺旋形の文章で、どこまでが本文やら、どこまでが自分の感想やらわからないようなものを綿々と書いておられる。そういうわけで、旧制高校のときに小使い銭に困り、本を丸ごと質屋に持っていって質草にしたこともあって、先生の本も質草にして流してしまったこともあります。

当時、私は西欧の宗教思想にかぶれておりまして、一生懸命それを勉強しておりました。ところが西欧のキリスト教の思想は日本の伝統的な社会とどうしても合わない。非常に魅力的な西欧世界の思想ですが、最後の点においてどうしても日本の考え方、あるいは風土と合わない。そういうことがありまして、西欧のキリスト教思想に帰依することを断念して、戦後すぐはトルストイの宗教論集、これは春秋社という出版社から出たトルストイ全集の中にあるのですが、それをくり返して読みました。トルストイはご存知のようにロシア正教を批判している。ロシア正教というのはギリシャ正教と同じようなもので、ローマンカトリックと非常に似ている。ですからトルストイのロシア正教批判を読むと、それはローマンカトリックの宗教に対する批判を読むのと同じようなものですので、一時はトルストイの宗教論に親しんだ時代もあるのです。戦時中は日本を世界のあらゆる国の上に置くという皇国史観に馴染まずに、西欧の思想に深入りしたのです。

しかし、日本の敗戦によってその皇国史観がなくなり、しかも、また西欧的な思想が怒濤のように流入したときに、私は西欧思想に帰依する道が閉ざされていました。自分はまったく行方を見定めることができず、日本の風土に根付いた思想が欲しい、しかも天皇中心主義でない思想、それが欲しい、といろんな人の著作をひもといて馴染もうとしましたが、どうしても最後まで馴染めない。次から次へといろんな思想を遍歴し、一種の思想的な漂流を始めたのです。

そうして終戦から十年近く経ったとき、もう三十歳を越しておりました。当時平凡社という出版社に勤めており、小田急沿線の喜多見という所にいて、そこから電車で市ケ谷にある平凡社に通っていました。たまたま本棚に柳田国男の『桃太郎の誕生』という角川書店の文庫本がありました。それは前に買って本棚に置いたままにしておったのですが、何か電車の中で読むものはないかと、それを何気なく引き抜いてポケットの中に入れ、小田急線の電車の中で読んでいるうちに、自分の足元からみるみる潮が満ちてくるような感じを覚えた。その中にはどういうことが書いてあったか。コミュニズムの思想では、日本の庶民、大衆は非常に虐げられて哀れむべき存在であった。だからこそ、これを解放しなくてはいけない、というようなことを訴えていた。それも一理があるわけです。しかし、庶民が被害者としてだけ生きてきたということに対して、どうも十分に納得できない。単に受身の一生を終わったということに対して、私の中で何か抵抗するものがある。それは違う。人間というのはそんなに受身だけで生きていられるものじゃないんだ。どんな奴隷のような状況に陥れられても、人間は根底から自分の幸せ、自分の喜びを求める存在である。であれば、権力から暴力をもって虐げられた人でも、決して受身だけの存在じゃない。そういう気持ちをもって、コミュニズムの人民被害者史観とでもいいますか、そういうものに最終的な肯定はできなかった。

ところが、柳田国男の『桃太郎の誕生』の中では、実に庶民が生き生きとして描かれている。庶民は形どおりの生活を強いられて、何の独創的な思想の芽も持たないように言われているにも関わらず、この『桃太郎の誕生』の中では、実に独創的（クリエーティブ）、それと想像力（イマジネーティブ）に満ちている。

ここに自分の探し求めていた世界があったということで感動しました。長い間、思想の袋を次から次に割いてみて、自分は金貨を求めているのにこれは銅貨だとがっかりした。また次の袋をひきさいてみて、金貨を求めているのになんだ、これは銀貨ではないか。そういうふうに次々に袋をひきさいては投げ捨てていったのに、ついにある袋をひきさいていったときに、そこに金貨があった。これが柳田の『桃太郎の誕生』にぶつかったときの私の印象です。

そういうことで、柳田の本をそれから貪るように読み始めたのですが、ちょうどひと月くらいたったときでした。我が家は農地を宅地化した田舎くさい所で、喜多見の駅まで行く途中に麦畑があった。麦秋のころで、茶褐色の麦の穂が実っておった。その麦畑の中を歩いているときに、何か冷やりとするものを感じた。雨が降ってきたのかなと思って空を見上げたが、空は五月晴れ。そのときに、戦時中から西洋思想に憧れながらそれに飽き足らず、さりとて皇国史観というものにもぜんぜん心服できず、漂流を続けて次々に自分の身丈に合う思想を捜し求めたその果てに、柳田に出会ったことの印が、いまその冷やりとする水滴として受け取られたのではないか、そんなことを思ったわけです。私はそのときのことをある文章に書きましたが、成熟の最初のひと滴、自分が成熟した思想へ近づく、その最初のひと滴が自分に降りかかってきたということを感じました。

三　柳田国男の学問

その後、『桃太郎の誕生』という書物は忘れがたい本になりましたが、それから長い間一度も開きませんでした。というのも、そこには開けば何か火傷をするような思いがあったのです。自分の方向を決定した一冊の本、火傷をするような感情がその中に込められている、ということで、この『桃太郎の誕生』はその後ずっと開いたことがありませんでした。

柳田国男に初めて自分の生き方を示されたということがあって、それ以来、柳田国男を一度も疑ったことがない。柳田の書いた内容についてはいろんな疑問を提出しましたが、しかし、柳田が日本人はこうあるべきだと考えた民俗学に対して、一度も疑ったことはありません。柳田国男は、おそらく私が求めたと同じように、日本をどうすればよいか、日本人とは何かということを、すでに明治時代に、日本で最も早く考えた思想家だったと思っているのです。

ご存知のように、柳田は青年時代に外国の文学に影響を受けて、いち早くイプセンを紹介したり、アナトール・フランスを紹介したりして、文壇の中でも一番先端的な歩みを続けていたのですが、明治四十年頃、農商務省に勤めて全国を歩きはじめてから、日本の大地に目を注ぎはじめて、外国の二番煎じの思想ではなくて、日本人自らが日本の大地からいろんな創造の種子を取り出すべきであり、またそれができるという信念を、柳田は自分に課したんだと私は思う。

考えてみれば、「魏志倭人伝」の頃から日本は絶えず海外の大国の様子を窺ってきました。魏とか隋とか唐とか、中国崇拝は江戸時代まで続くのですが、阿片戦争で中国が一敗地にまみれますと、今度は日本は直ちに西欧諸国の方に振り替える。これまでオランダが西欧諸国の代表者でありましたが、オランダよりはイギリスの方が文明が進んでいるということでイギリスへ。今まであれほど中国を崇拝していたのに、さっと切り捨てている。その次はアメリカ、というふうにして日本は絶えず海外の強国の様子を窺って、日本人としての思想の自立、魂の自立独立をなおざりにしてきた。

これを柳田は一八〇度変えようとした。日本の西洋かぶれというか、西洋追従というか、西洋崇拝の知識人の中で、非常に際立った少数派としての行動であった。天皇を愛しながら、しかも皇国史観に対しては厳しく批判した。ここに柳田の非常に独特な世界があるわけですが、しかし考えてみると、日本人の進む道は柳田の進んだ道しかない、私はそう思うのです。一方では西洋かぶれ、他方では皇国史観、その真中、日本人の道はどこにあるかということを追跡した。これが柳田国男です。

柳田も、晩年には日本人に対しては悲観的な言葉を述べている本もあります。戦後、毎日新聞から『日本人』という本が出たのですが、どうも日本人というのは渡り鳥の思想である。雁の群れのように鳥たちが先頭の雁の後をついていく。そういう追従主義、事大主義の傾向が日本人の思想から払拭できない、という悲観的な言葉も述べております。

この文章を私が何かの文章に引用しましたら、三笠宮が私の文章を読まれて、突然私の家に電話をくれまして、受話器を取りましたら、「三笠宮です」とおっしゃる。私には縁もゆかりもない人ですから、びっくりしまして「何かご用ですか」と聞きましたら、「いや、実は谷川さん、日本人には渡り鳥の思想があって、指導者の後を批判もしないで付いて行くような思想がある、と柳田の言葉をあなたは書いているが、どこから引用したか」とおっしゃるのですね。で、それは毎日新聞の『日本人』という単行本に出ていたと思いますと答え、それで私も探してみましたら確かにありましたので、三笠宮の方にご返事したのです。それは誰かとの対談の中で、ご自分が話したいことのひとつだったらしいのです。柳田と三笠宮とは新嘗の会で非常に親しくされているようです。

柳田国男の考えは、単に庶民、民衆の中へというような民主主義ではない、民衆の中に入りながら民衆を客観的に見る力を持っている。「冷眼熱腸」という言葉がありますが、冷たい目で見ても、しかし腸は滾（たぎ）っている。腸は滾っているが、しかし目は冷静である。この冷眼熱腸というのは柳田国男の民主主義に対する、あるいは日本に対する姿勢であったと思うわけです。

　飯田市に移築してある「柳田國男館」の建物は、もともと柳田国男先生の民俗学研究所の建物だったんですね。私も何度かお伺いしたことがあるのですが、そこの壁という壁は本棚で埋まっていて書物がびっしりあるのですね、私がどの本を取り出して見ても、必ず符帳が付いているのですね。×とか□とか○とか△とか▽とか。これは柳田の符号で、これはいいとか、悪いとか、怪しいとか、これはもう一遍調べるとかの符号です。しかも校正してあるのです。赤ペンで誤植を訂正してある。柳田は「五行並び下る」といわれ、一行ずつ読むのでなくて五行ずつ読んでいく。ものすごく速く読む。そういう離れ業を持っている人でありながら、しかもその校正の間違いをちゃんと見て赤ペンで入れてある。そうして最後は少し感想文を述べてある。どの本を見てもそうです。

　柳田は、単に民衆がどうの、国民がどうの、平民がどうのというのではなくて、これだけのことをやって、しかもその上に立って発言している。この姿勢を私たちは学ばなくてはいけない。大衆追従主義とでも申しますか、そういう考えが戦後一時流行りましたが、そうじゃなくて、必ず自分で本を読んでその感想も述べ、しかも誤植も訂正し、しかも重要なところはみんな符号を付ける。全部見たわけではありませんが、民俗学研究所で私の見たかぎりの書物ではみんなそうで、そうした研鑽の上に柳田の天才が加わったわけですから、これはもうまさしく鬼に金棒なんです。柳田の述べていることは大言壮語ではない、自分でレンガを積むように日々の労働をやりながら、その上でいろんなことを書いておられる。

しかも、明治時代は勅任官は高等官二等以上で、下にも置かないんですね。たとえば河上肇が左翼思想で投獄されたときも、勅任官だから特別待遇なんですね。ですから、エリートは国家から大切にされたのです。柳田の場合もそうです。エリート中のエリートがなんで庶民に関心を持つか、私はこれを柳田の天才以上に素晴らしいところだと思うわけです。柳田に限らず渋沢敬三とか柳宗悦とか南方熊楠とか折口信夫とか、そういう人たちはみんな庶民の中にこそ日本人の一番根源的な思想がある、と信じていて、書斎の机上の学問にあき足りず、庶民の中に入って、庶民の中に日本人の根源的な思想を求めた。これは今ならば不思議でもないことですが、エリートともなれば、ふんぞり返っているのが常であった時代に、柳田はそういうことはしない。

もちろん旅行をするときには羽織袴で白足袋履いて、伴の者に荷物を担がせたことはあった。しかし、とにかく最初に九州の山中の山深い椎葉に入って、猪狩りの話を一週間くらい聞いて本にしたわけです。当時のエリートの常識からいえば、椎葉の猪狩りの話を克明にまとめるなんていうことは考えられない。日本の小民というか、平民、庶民というか、常民というか、そういう小さき者に対する愛情が、柳田を突き動かしたのだと思います。これは民俗学の根底なんです。

これを失った民俗学は単なる資料主義でしかない。今の民俗学は、私からいえば断片的になりすぎているし、しかもある意味では堕落していると思うのは、資料主義だからです。日本人とは何か、日本人はどうすれば一番日本人らしいということができるか、日本人の誇りはどこに求めるか、そうした根源的な問いがもうなくなってしまった。大学のときから民俗学を習い、そして民俗学のいろはを知ってしまう。その上に積み上げていくわけですが、それが学問としてどうしても部分的にならざるをえない。それはある意味では宿命的なものですから、全面的に非難はできませんけれども、しかし、柳田が草創期に抱いた志とは一八〇度離れてしまっていますね。

私たちは柳田国男の精神というものを、ここでもう一度省みる必要がある。ということで『柳田国男の民俗学』という本を岩波新書で書いたのです。私は戦中派ですから、戦後はなんとかいい日本になってほしいと心に思いながらやってきましたけれど、だんだん悪くなっていくんです。特に九〇年代はすごく悪くなってきて、親が子供を殺し、子供が親を殺す、それを毎日テレビで見せ付けられる。そうしますとだんだん憂鬱になってしまう。そういうときに、もう一度、柳田の精神に立ち返って柳田を見直すことが肝心じゃないかと思いまして、『柳田国男の民俗学』を書いたわけであります。

四　日本の神の追究

私が柳田から学んだものは何か、具体的に申しますと、それは日本の神とは何か、ということです。戦時中に西欧の思想に惹かれまして西欧の神を追究したのですが、どうしても日本の風土や思想に合わない。最後のところで合わない。それで私はもう敗戦の前に挫折したわけです。西欧の何千年という歴史をもった宗教思想はそれなりに見事なんです。見事なんですけれど、日本の我々が生い立った歴史風土の思想に合わない。ということで、それを捨てて、それから新規巻き直しをやったわけですが、そのとき私は、じゃあ日本の神とは何か、という問いにつきあたりました。それを教えてくれたのが柳田国男なのです。柳田に対して私が一番ありがたく思っているのは、柳田は日本の神について生涯にわたって追究している。しかも、その日本の神の背景には日本人の死生観・他界観・人生観があります。

日本人の死生観・他界観を庶民の世間を通して追究したのは、柳田国男が初めてなんです。江戸時代の国学者の本居宣長も平田篤胤も、日本人の死後の魂はどこへ行くか、ということに関心がなかった。篤胤は月の世界へ行くとか、非常に荒唐無稽な言い方をしている。宣長は現実的な人ですから、死んだら汚いところに行くとしか書いてない。柳田が初めて日本人の死後の世界観を解明した。それは何でできたかというと、庶民の生活を探ったからです。いくら難しい書物を読んでも書いてない。やっぱり文字を知らない純粋な生活者の思想を庶民の中に探ることによって、日本人の古代、もっと原初的な世界観・死後の世界観念が何であるかということを柳田は解明している。柳田と同時に折口信夫も解明している。柳田・折口の二人の巨人がいなければ、日本人の死生観・世界観・死後観は絶対に明らかにならなかった。他にも偉い学者がいますけど、そういう人達もやっていない。そしてまた、江戸時代の国学者もやっていない。柳田・折口によって初めて日本人の魂のゆくえとでも申しますか、死んだらどうなるのか、という問題に解答が与えられたわけです。

私も日本人の神の問題・死生観・死後観に非常に関心があった。なぜならば西欧の神に対して絶望し、西欧の世界観、とくに死後の観念に対して肌の合わないものを感じていたわけですから。それを柳田・折口の二人によって教えてもらった。その日本の神の観念と日本人の、原始時代から古代・中世・近世・近代を貫く世界観。たとえば三月三日に雛祭りをやりますが、雛流しをやるということはどういう意味か、お雛様をただ水に捨てるのか。そうじゃない、あれは人間の死んだ魂を常世の国、海の彼方にある常世の島に流す。これが雛流しなんです。昔の人たちはある程度わかっていた。だけど、だんだんわからなくなってしまった。今の若い人たちはわからない。しかし、たとえば二十歳くらいの茶髪の女性が三月三日、どこかの海岸に立って人々が雛流しをする光景を見て、何か心に動くことがあれば、日本人の中に無意識の中にたくわえられてきた何千年と深く流れてきた感情が動いているのですね。

ですから、日本人であれば知識がなくてもそれに感動する。外国人とは違った感動をもつ。そういうことで日本人の意識の一番奥深い流れを、柳田と折口は我々に具体的な形で伝えてきていると思うのです。で、私は柳田・折口二人の巨人の思想を後半生追究することで、歳をとってしまいましたが、ぜんぜん後悔しておりません。ただ感謝しております。柳田・折口の拓いた道を一度も疑ったことがない。

しかし、各論となりますと、いろいろ疑問も沸いてくるわけです。その疑問も率直に私の多くの著書の中で述べております。伊那谷地名研究会の皆さんの中には金属と民俗の関係について関心がおありの方がいらっしゃると思いますが、柳田の『一つ目小僧その他』を読みますと、どういうことが書いてあるかといいますと、大昔、人間は生贄として神に供えられる風習があった。生贄が特別な人間であることを示すために、目を一つ潰し、一眼にして、祭りのときにその人は神に聖別された人間だということを示した。そういうようなことを柳田は言っている。神社の池に片目のカジカだとか片目の鯉・片目の鮒なんかがいるという伝承が沢山あるんですね。で、そういうときは人間の目を潰すのも残酷なので、こんどは魚の目を潰す、柳田はそう書いている。それが『一つ目小僧その他』だ。一つ目小僧というのは、当初そういう一つ目の神であったのが、だんだん零落して山野を放浪し、お化けの片割れのようになってしまった、ということも書いてある。

しかし、いろいろ調べてみますと、目を突いた神様というのは沢山あるのです。一例をあげますと、越後の一宮、弥彦神社にはタラの芽で目を突いたという伝承がある。ところがですね、弥彦神社のそばの海岸よりに山脈があってスカイラインが通っているのです。そこに自然銅がころがっているという話を聞いたことがあります。そういうわけで、目を突いた神、目一つ神の伝承のある所には、必ず金だとか銀・銅だとかの痕跡が残っているのですね。そうなると、柳田が言うように、大昔に普通の人間と聖別するために目を突いて、特別な人間としてお祭りの日まで温存しておいたという考えはどうも当たりません。金属との関連ということで調べてみますと、例外がない。柳田は栗のイガで突いたとか、タラの芽で突いたとか、麦の穂で突いたとか、いろんな例を沢山あげているけれど、金属と繋がっているというところを書いていない。私はそこを非常に不思議に思いまして、いろいろ調べてみますと、まさしく金属と繋がっている。

日本書紀や古事記にも、天の岩戸のところで天の目一つの神というのが出てくる。「天の」はこれは皇室に繋がってくる。天の目一つの神は銅鏡を作るんですね、天の香具山の銅を使って。そういうように金属精錬に関係がある神様として「天目一箇神」が出てくる。それは日本書紀にも古事記にも出てくる。そうすると、そういう神様は金属と関係があるだろうということで、全国をしらみ潰しに調べてみますと、例外はほとんどありません。例外があるように見えても、それは伝承が切れている場合である。柳田はかなり金属的なことは書いているんです。『一つ目小僧その他』には書いてあるんだけれども、ほかのところではっきり言わないのですね。

そのほか、お化けの話でも、九州ではお化けを「ガゴ」というんですね。それから東北では「モッコ」というんですね。遠野あたりへ行くと「モッコが来るから泣くな」と言うんですね。私は九州の熊本の出身ですが、小さいとき泣きますと「ガゴが来るぞ」と母親が脅すんですね。妖怪が来るぞ、と言うんです。で「ガゴ」は一説によれば奈良の元興寺というお寺の鐘楼に夜な夜な妖怪が出てきて、そこで気丈な小僧がその妖怪を退治した。それで「がんごうじ」が縮まって「ガゴ」になった、それは俗説なんですね。で、柳田の考えはどういうかというと、「ガモウゾ」という言葉が昔あった。これは小児語だ。得体の知れない怖い物が「咬うぞ」と脅かす。その「カ」が東北では抜けた。それで「モッコ」になった。東北ではそれを「蒙古襲来」に結びつけて言う人もいるんですが、そんなはずはない。それが九州の西日本では「ガ」は残って「ガモウ」が「ガゴ」になったと、そういう説なんですね。

ところが調べてみるとそうじゃないんですね。狼は「ウオーウオー」と鳴くように思うでしょう。しかし昔は「モーモー」と鳴いたんですな。昔と今とでは狼の鳴き声に対する聞き方が違うのかもしれません。それは海外の民族によってもいろいろ違いますね。日本では狼は昔は「モーモー」と鳴いていた。松山義雄という信州伊那の民俗学者で、柳田の遠縁にあたる人ですが、あの人も狼は「モーモー」と鳴いたと書いている。そうすると、私は「モッコ」は「モーモー」と鳴く声からきた。「コ」は「ベッコ」の「コ」ですよね。「ちゃぐちゃぐ馬っ子」の子ね。だから「モッコ」というのは狼だと私は思う。

では「ガゴ」は何かというと、狼が骨を嚙み砕く音、ガリガリと嚙み砕く音だとね、そういうふうに考える。これは私の説ではなくて、田淵実夫という方が書いているのですね。柳田の説はどうも合わない。狼は野獣の中で一番恐ろしいですね。遠野でも聞いた話ですが、狼がくるから夕暮れ早く雨戸を閉めて寝たというんですね。江戸時代の橘南谿の『東遊記』を読みますと、山形県から秋田県に抜けるところは昼間、人が通らない、狼がいるから。それで用心棒みたいなのを雇って行ったというのですね。

柳田の『後狩詞記』は九州椎葉の猪狩りの話ですが、「狩り言葉」が集められている。その中に「そし」という言葉が出てくる。「そし」、これは日本書紀に出てくる「背宍（そじし）の空国（むなくに）」の「背宍（そじし）なるべし」と注記があるんです。「そし」は背中から胸へかけての肉で一番まずいともあるんです。しかし、私は椎葉に行って調べるとね、「そし」というのは一番美味いところなんです、ようするにロースなんです。「そし」には二つあってね、「外ぞし」と「内ぞし」がある。「外ぞし」は背中の方、これは美味い。「内ぞし」は胸から腹へかけての筋肉、これはまずいそうです。「外ぞし」は一番美味くて、猪を仕留めた人間はそこをまずもらう。それを「そし」というが、柳田はそれを聞き間違えてまずい、と記している。柳田のような方でも間違いをしています。

しかし、柳田学があってこそ日本の民俗学は成立し、しかも今日のように発展してきたわけです。その恩を忘れて柳田批判をいろいろやる人は沢山います。しかし、その部分的なものだけを見て、大局を見失うようなことがあってはならないと思うし、少なくとも私はそういうことをしたくはありません。

五　神と人間と動物

柳田はこう言っている。人間は動物とまったく同じだ、ただ神を思い、あの世を夢見る動物だ、これは私もそのとおりだと思う。ほかの点では人間は動物とまったく同じだ。ただし、他の動物は神を観念することはできない。神を考えることはできない。また、あの世を考えることはできない。あの世はどうであるとか、蓮の花が咲いているとか、そういうあの世を想像しない。人間だけはする。私も、人間を動物から引き離して特別な存在だと思わない。ヤドカリとかイソギンチャクとか、それからまあネズミだとか、それと人間はまったく同じだと。しかし神を思い、死後を考えることができる動物だ、この一点だけが違うと思う。

一九七〇年代の初め頃に、後藤総一郎さんが遠山の和田のご出身なので、その頃一緒に柳田研究をやっていた縁で、遠山の霜月祭りを何度かご案内をいただいて見たんです。あの祭りの中で「山住様もよく舞うよ」とうたう。山住様って狼ですね。それから、「八幡様もよく舞うよ」とうたう。また動物に扮した人間が出てきて、舞うんですね。それから禰宜さんが、ぐらぐら煮え立ったお湯を湯木で叩きながら「精静かなれ　精静かなれ、深山の精も静かなれ」と呪文を唱える。精というのはスピリット、妖精、魂、小さい神、それが精なんですね。それから、さらに夜明け近くには狐の面を着けた人が舞う。猿の面を着けた人が舞う。

柳田が監修した民俗学辞典には、民俗学は庶民に伝わる日本の残存文化を研究する学問と定義している。だけど私は、神と人間と自然、自然の中でもとくに動物、この三者のコミュニケーション、交渉の学であると考えています。動物があるときは神になり、また人間と動物が結婚する。三者が親和関係をもつ。これが民俗学である。弱肉強食だとか食物連鎖だとかそういう見方からすれば、大は小を食べていくわけですね。そういう排除の関係がある。けれども、そうではなくて、神と人間と動物の三者が親和関係を結んでいく。それを遠山霜月祭りのときに、目の前に展開する情景から私は学んだのです。

柳田の言う、人間とは神を思い、それから死後を想像する動物である。これは私は民俗学の中で柳田の民俗学の言うとおりのことをやってきたつもりです。『神・人間・動物』という本も書きました。平凡社から出て、今、講談社の文庫に入っていますが、これはまったく柳田の考えにのっとったというか、反しない世界を書いたつもりです。神と人間と自然とが親和力をもつ世界がかつてあったのですね。今はもうなくなってしまいましたが、昔はあった。しかも鹿や猪を食いながら交流しているのですね、人間は。だからこの三者は循環する関係がうまくできているのです。

今は、自然保護の立場から鹿は保護しなければならないといいますが、鹿は大変な害を及ぼすんですね。

江戸時代、古川古松軒が東北旅行をしたときに、気仙沼から八里ばかりの宮城県の狼河原(おいぬがわら)、東北では狼のことをお犬と申します。狼河原を歩いていたときに、村人が狼に向かって恭しく挨拶をしながら、「いつも鹿を追い払ってくださってありがとうございます」と言っているのを又聞きしているんです。狼は鹿を追い払うという点で益獣である。狼が害獣として殺されると、鹿が猛烈に増えるのですね。この三者というのは非常にうまく自然の循環関係ができているのです。ですから、自然保護の問題はそういうことも考慮に入れなければいけない。

江戸時代の対馬では、猪と鹿の害に悩みまして、柵を作って鹿を追い詰めるんですね。そして一匹も鹿や猪がいないようにして、朝鮮の絶影島という小さな島に生まれたばかりの鹿の子と猪の子を最後は流したところが、鹿や猪がいなくなったら今度は蛇が増えるんですね。椎葉で聞いた話ですが、猪は蛇が大好きなんです。ですから猪は蛇を見つけると小躍りして喜んで三回くらい峰を回ってきて蛇を食べるというくらいに蛇が大好きなんです。対馬の場合は、猪や鹿を追い詰めて絶滅すると、今度は猛毒をもった蛇が増える。自然の摂理というものはうまくできていて、これはなかなか簡単にいかない。西表島にも猪が多いです。一方、猛烈な毒を持っているハブがいるのですが、猪が食べるとハブの牙が猪の糞の中に混じる。農民が裸足で歩いて猪の糞を踏みつけます、すると糞にまじったハブの牙が刺さる。そこから毒が入って死ぬという例がある。それはハブの毒ではなくて、雑菌のような物が入ってね、破傷風みたいになるとも考えられますから、必ずしもハブの毒かどうかわかりませんけれど、ようするに猪の糞の中にハブの牙が残ることがあるようです。昔は自然の中に人間も一員として入っていく。自然の輪の中で生活していた時代には、協調した関係があったのですが、今はなくなってしまった。

六　過去を知る意義

近年、東京、熊本、福島などで大学の学生に鶏の絵を描かせることがありましたが、鶏を見たこともないので四本足の鶏を描く。鶏冠のない鶏を描く。関節のある馬みたいな鶏を描く。今はもうそういう時代です。だから今日こそ、民俗学は実に大切なんですね。過ぎ去った時代のことは今は実感としてないかも知れない。柳田は過去に起こった事柄は無意味なものはちっともないと書いています。われわれは、過去のことを、これは有害だとか無意味だとかいろいろ思いますが、それなりに理由があったんです。

昔は下人を使う人も、下人として雇われた人もほとんど食事は同じ、生活は紙一重なんですね。保護と服従はコインの裏表なんです。階級史観からすれば、服従とか隷属はいけないことだというでしょ。ところが、食べ物は同じなんです、昔はそれで親といっても今の核家族の親ではなくて、一族のトップが親ですね。で、親方というと長老かというとそうでもない、そこの本家の長男をいう場合がある。労働の総指揮官、一族を率いて労働するときの指揮者、これが親方です。それで従兄弟というのは一族はみんないとこです。ですから単に今のような従兄弟じゃありません。聖書の中に兄弟と出てきますが、それはユダヤの昔は従兄弟のことだという解説を読んだことがあります。そういうことで、呼称は今と同じでも内容は違う。だから、かつて同じように粟の飯を食い、同じようにかす汁をすすって、一家の統率者が指揮していた時代がある。そのときは主従といっても生活はほとんど平等なんです。そうした例は近代まで続いたところがあります。

白川郷、ああいうところではみんな稗飯でした。白川郷は大家族ですから、何十人という者に主婦が稗飯を炊くわけです。三十人分とか四十人分とか大釜でね。その稗の一番美味しい柔らかいところは病人と子供にやる。次は働き盛りの家の中核となって働いている男にやる。そして自分は稗のかすのようなところ、殻のようなところを食べる。そうして、それを家の主婦が杓子で茶碗に盛るのですね。そうすると、もう一杯なんてことは絶対に言えない。主婦の言うとおり従わなくてはいけない。家長だから一皿多いとか、そういうことは絶対ないんです。それが主婦権です。主婦に絶対の権威がある。

同じ白川郷の話ですが、あそこは段々畑で米は取れない、稗ですね。女達がそういう所で畑仕事をする。そのときに子供たちはどうするかといいますと、縁側に「えずめ」とか「えじこ」とかいう藁で作った保温器みたいなのがありますね。あれに入れるわけですね。下には海草を敷く。これはオシメの代わりですね。垂れ流しなんです。子供たちは縁側にずっと並んでね、母親たちを待っているんです。だんだん日暮れ近くなるとひもじくなる。おしっこで汚れてくると気持ちが悪い。アブやハエが飛んでくる。それに刺されて泣きわめくわけですね。夕方になると、母親たちは畑にいても心配になる。そして最初に駆けつけてきた女性が、一番泣いている子供に自分の乳房を与える。自分の子供ではないんですよ。そして少し乳が残ればその次の子にやる。その次に駆けて来た女性は、次に泣いている子にやる、それは、今の核家族の、自分の子供だけが幸せならばいいという考えでなくて、もっと共同生活の中での幸せというものを考えている。

ですから、封建的なものが非人間的だった、そういう考え方は成り立たない。柳田はそれを言っているわけです。たとえば、関が原の戦いで、宇喜多秀家という人は西軍に味方した。それで死刑にさせられようとしたときに、前田利家は自分の娘を嫁がせているので、娘婿をなんとか助けようとして家康に命乞いをするわけですね。それがやっと叶って八丈島に宇喜多秀家とその息子は流されていく。前田家が鳥も通わぬ八丈島へ一年ごとに米四十俵と反物何十反と積んだ船を宇喜多家の流人に送っている。これは江戸時代三百年間ずっと続いている。これは今の常識からいえば考えられない。自分の娘婿のために二回三回はやるけれども、後は終わってしまうかもしれない。明治二年に流罪という刑罰がなくなり、赦免になった。そうすると、その宇喜多流人の一族を、前田公は東京の板橋にある広大な私邸の長屋に住まわせる。そして小遣い銭を与える。こういう考え方というのは、いわゆる封建的といわれる観念からすればまるで違うんですね。しかし、それが封建的だといってもいいわけですね、封建的とはそんなもんなんだと。だから今のように、実に冷酷な事件などを見ますとね、今とは違う社会だけれど、封建時代は非情な社会であったかというとそうじゃない。それなりに非情さも勿論あったと思いますけれども、それだけではないのです。

だから柳田は、ヨーロッパや中国のメジャー、尺度で、日本を測ってはいけない。中国とか、欧米とか先進国の尺度で日本を測れば、日本はちっぽけな国です。しかしそうじゃなくて、日本を測る物差しは日本に独特なものがあるんだ。その物差しは何かということを柳田は探ってきた。それと同時に、その時代を測る物差しはまた違うのだということを説いた。近代の尺度をもって過去を測ってはいけない。それが柳田の民俗学の中に込められている思想だと私は思いますね。

近代の尺度をもってすれば、過去は非人間的だということになりますね。現実にはそうじゃないんだ。ところがそれが近代の進歩思想に毒されると、だんだんそうなってしまう。欧米の先進国の思想こそ尖端的という考えで知識人たちは日本の過去をありのまま見つめない。それで明治以降は、過去の衣装を脱ぎ捨てれば脱ぎ捨てるほど近代的になると考えたんですね。ところが柳田はそうじゃない、過去を全部受け継ぐ。これまで生起したものには意味のないものはないんだ。過去の衣装をみんな身に着けることによって、真の近代は成り立つと考えたのだと私は思うのですね。

過去の衣装を一枚ずつ脱いでいけば、近代的だという考え方が多分にあった、戦後はとくにあったんです。今でもあるかもしれない。しかしそうじゃない。自分自身を終着点とする歴史の中に過去のあらゆるものが含まれている。だからその過去を全部背負って、日本の国の近代化をめざす。これはすごいことですよ。そういう決意をした人間はあまりいない。

価値の転換というものを、柳田は近代思想家の中でやってのけたわけです。このことはあんまり民俗学者なんかは注意しないんですね。民俗学者も注意しないし、一般の人もなおさら注意しない。しかし柳田という人はそうではなかったんです。

（「伊那民俗研究」一一号、二〇〇二年三月）

日本民俗学の泰斗　柳田国男

柳田国男の出発点

柳田国男の学問は一口でいうと、「日本人の学」といえます。日本人の中の上層の人々、学問をもつ人々を扱うのではなく、文字など、ろくに知らない庶民（柳田は平民と呼んでいますが）を対象とした学問です。戦前までは、日本人の約八割がそうした庶民でした。

しかし、こうした庶民の記録は明治以前にはほとんどなく、そうした記録自体も粗末に扱われてきました。柳田はその著書『郷土誌論』の中で、「（江戸時代の）両国の川開きとか、祇園天満の祭礼の図などを見ると、小さな円の中に目と口とだけを書いて、之を見物と名づけ、その後には無数の丸薬のようなものを並べて、之を群衆などと謂うのであります。殆ど人格をも人情をも無視した態度ではありませんか」と憤りをあらわにしています。

また関東大震災の折に、「大震災は、日本人が近頃、軽佻浮薄に流れていることへの神罰だ」と発言した政治家に激怒し、「（本所深川あたりの狭苦しい町うらに住んで被災した）大部分の人は、むしろ平生から放縦（勝手気まま）な生活をし得なかった人ではないか。彼らが他のろくでもない市民に代わって、この残酷な制裁を受けなければならない理由はどこにあるのか？」と詰問しました。このことからわかるように、柳田は庶民にあつい同情の涙をそそぐ人物だったのです。

柳田は少年期に、生家の近く、兵庫県の北条町で、飢饉で苦しむ人々に、役人が「お救い米」を配る光景を見て衝撃を受けたといいます。「日本人はどうしてこんなに餓えるのか？」「なぜ、農民は貧しいのか？」といった疑問が柳田の人生を大きく左右しました。柳田は東大法学部で卒論テーマに「備蓄米の研究」を選びます。卒業後は農商務省へ入省し、種子の分配管理、農具の管理など、後に農協に発展するシステムの構築に従事していました。おそらく、彼が少年期に見たお救い米を配る光景が柳田の原点なのでしょう。

支配者の歴史・庶民の歴史

柳田が民俗学に目を向けたのは、庶民層が日本人の大部分であるにもかかわらず、その歴史が埋もれたままで分かっていないからでした。従来の歴史は、貴族、僧侶、武士などの上層階級の歴史で、大部分をしめる庶民がないがしろにされているわけですから、真の国民の歴史となり得ないのは明らかです。従来の歴史では、支配者の交替とともに時代も移ると考えられていましたが、庶民の生活は政治世界の変転とはあまり関わりなく、旧態依然として持続していることが多いのです。それは庶民の日常生活が小さな出来事の積み重ねだからです。庶民には庶民の伝承があり、それは慣習として引き継がれてゆきます。

柳田が庶民世界の慣習や伝承に最初に手をつけたのは、明治四〇年代初頭のことと考えられます。九州椎葉を旅行して『後狩詞記』を、また、遠野の人・佐々木喜善の話を聞き『遠野物語』を書いています。歴史学が日本人の歩んだ主要な道筋をたどる学問なのに対して、民俗学は枝道や毛細管のように張り巡らされた小路を知る学問です。したがって、歴史学では取るに足りないと思われているものこそ、限りなく重要です。この小路を知ることがなければ、日本の歴史はいつまでたっても粗枝大葉のままでしょう。

私流にいいますと、民俗学は「小さきものの学問」です。小さきものの世界に接する時の「目まい」は、顕微鏡で初めて微生物の世界をのぞいた時の感動に似ています。肉眼では空白にしか見えないミクロコスモスに、ゆたかな常民たちの生活と生命が充ち溢れています。この小さきものへの目まいは、伝統や文化の価値概念を転換してくれます。

「進歩」ではなく「幸福の増進」

柳田は進歩的思想家・桑原武夫との対談で、「『進歩』という言葉を『幸福の増進』という言葉に置き換えられないか?」といっています。

この提言は、楽観できない未来を自覚している二一世紀初頭を生きる私たちに、痛切に響きます。現代は物質的繁栄のただ中にありますが、国民の幸福という観点からすれば、心もとないものがあります。社会の進歩が国民の幸福の増進にそのままつながらないことは、今や明白です。近代主義は過去からの脱皮を自由と呼び進歩と呼びます。この論法で行くと、一九世紀より二〇世紀、二〇世紀より二一世紀が進歩した社会のはずですが、現実はむしろ逆です。

近代主義はまた、西洋諸国が日本よりも進歩しているという「外来文化への屈服」の危険もはらんでいました。柳田は舶来の進歩史観の影響を受けた知識人が、近代の尺度で過去を計ることに反対しました。過去に生起したものは、どのようなものでも、それなりに意味があるとし、省略や捨象（抜粋、切り捨て）をせず、過去の総力をあげて近代の意味を問いなおそうとしました。これは過去の衣装を脱ぎ捨てた果てに近代があるという説への真っ向からの挑戦でした。

柳田は、閉じ込められた庶民の過去を解放するには、生活の中のおびただしい事実を収集、点検し、普遍的な意味を引き出す以外ないと知っていました。柳田の学問は、惨めで哀しい存在だったゆえに卑しめられてきた庶民に光を当て、庶民を解放し、庶民の中にも輝ける自由を見出そうとするものでした。

保護と庇護は紙一重

柳田は「保護と庇護」「支配と被支配」は紙一重であって、「主人も使用人も、（米を食えず）同じ粟の飯を食べていた時代がある」と主張しました。事実、地主と小作人の間に大きな差が生まれて対立するのは明治以降です。

オヤというのは、最初、一族の長や親方を意味し、親＝敬うべき存在でした。パワーを結集して協同でひとつの仕事にあたるにはトップ（リーダー）が必要で、一族、あるいは集団においてその役職にあたる指導係がオヤでした。当然、オヤは同じ粟の飯を食い、苦労を共にする存在でした。

その関係が明治以降変化します。江戸よりも明治以降の方が、親子心中や村八分が増え、それは大正、昭和の初期まで増加傾向にありました。これは近代に入り、本音と建前が違ってきたからです。江戸時代は年貢が決まっていたため、協同作業の人手を考えると、おいそれと人員を切り捨てることができませんでした。ところが、明治以降、有力者は「村のため」と建前をいいながら、本音は自分のために行動するようになる。統率すべき人（オヤ）がいなくなり、集団や一族から見放される家族が生まれ、意にそわぬからと村八分にされる人間が増えたわけです。柳田は近代的解釈を前近代社会に軽薄に適用することに警鐘を鳴らしました。近代社会に残る前近代的風景が誤謬を招く可能性が高いからです。一見、封建制の名残りと見えるものが、実は、明治以降に創出された例が多いのです。

ずっと自信を失ってきた日本人

日本の歴史をふりかえると、常に日本人は海外文化に憧れ続けてきました。二千年の間、中国文化、それに続く欧米文化に圧倒的に影響され続けてきました。しかし、中国文化や欧米文化は総じてマクロな尺度で計った文化であったのに対して、日本文化はきめの細かなミクロな尺度を必要とするものでした。その結果、海外の物差しで日本を計ろうとする知識人たちによって、日本文化は小文化と貶（おとし）められ、日本人は常に自信を失い、自国の伝統を省みることをおろそかにしてきました。

柳田はこの物差しの違いに気づいていました。江戸時代に本居宣長を中心に国学が起こり、からごころ（海外文化）を排撃したのは、日本人の自立心を恢復(かいふく)しようとする熱烈な願望からです。それは、明治になって柳田に引き継がれます。

柳田は『故郷七十年』の中で「単に外国の文献をほんやくして、それをそのまま日本にあてはめ、日本もこうでなくてはならないという風な割り切り方をする学者のあり方に私は激しい怒りを覚えずにはいられない」といっています。

柳田の「日本人の学」は国学と言い換えてもよいものですが、江戸期の本居宣長、平田篤胤らの国学が古典の解釈に終始した書斎の学であったのに対し、柳田や折口信夫は、生涯旅をして庶民と親しく接し、庶民の世界に日本人のあり方を探る道をえらびました。この違いから、柳田らの学は新国学と呼ぶのがふさわしいでしょう。

ただ、柳田と弟子の折口にはスタンスの違いがありました。折口や宮本常一が同じ視線の高さで庶民と接したのに対し、エリートで農政官だった柳田は、「国を治めるにはどうしたらよいか?」という治者（政治家）の目で庶民に接していました。柳田は人情の機微も分かる人物でしたが精神はとても貴族的でした。対して折口はアウトローの心の持ち主でした。傾(かぶ)き者、悪くいえばゴロツキなどの歴史的役割を研究し、独特な民俗学をうち立てました。

沖縄は異父同母の地

柳田と折口にとって沖縄の存在は極めて重要なものでした。江戸期の学者たちがほとんど顧みなかった沖縄（琉球）は、日本古来の習俗を知る上で重要な地でした。というのは、琉球と日本は、元々、母親ともいえる言葉（日本の古語に近い）や風俗が同じであり、また父親というべき歴史が違うからです。琉球に鉄器が入ったのは一三世紀で日本と千年以上の差があります。仏教が入ったのも一三世紀頃です。それも、王族の周辺だけにとどまり、庶民まで広まることはありませんでした。暦も一五世紀になって中国から入っています。「歴史にもしはない」といいますが、「もし、日本が一三～四世紀まで海外文化の影響をあまり受けなかったら」という仮定にもとづいた結果が沖縄の姿で、沖縄には日本の古代の習俗が多く残っているのです。だから、本土の人間が原風景のように感じる明日香や奈良の景色を見て、沖縄の人たちは違和感を感じるのだそうです。あれは仏教文化の影響が色濃く表れた風景だからです。

柳田と折口は沖縄の研究を通じて、他界観、つまり死後の世界観に大きな関心を持ちます。江戸の国学では、「黄泉（よみ）の国は死後に行く汚いところ」（本居宣長）というだけで、それ以上の探索はされませんでした。しかし、古代にさかのぼるほど、死後の世界は重要であったに違いなく、柳田や折口の民俗学にとっても、根の国、他界の研究がもっとも重要な成果となるのです。

柳田は『民間伝承論』の中で「人は神を懐（おも）い、死後を信じ得る動物である。そうしてそれ以外のなにものでもない」といっています。柳田は人間を自然的人間として捉えました。ならば、民俗誌も博物誌も同じとなります。柳田は熱い心をもちながら、どこか昆虫でも観察するように、冷たい目で庶民を観察していたといえます。

ともあれ、柳田は、神と霊魂に対する関心を第一義とし、生涯をかけた追求をはじめます。その追求は最後の大作『海上の道』まで続きました。

日本人の誇りの学問

柳田の偉業を一言でいうなら「日本人の誇りの学問」を樹立したということでしょう。柳田以前に、庶民の世界に知識人に匹敵する独特な思想や真理が存在すると思ったものはありませんでした。柳田がはじめて庶民の世界に深く入り込み、転向不能の地点まで下降したのです。庶民の深層に触れることで、その深層が日本の中世や古代に通じる普遍的な通路であることを発見しました。つまり特殊から普遍への道を開いたのです。柳田の郷土研究は、郷土を研究するのではなく、郷土で研究することでした。ここが凡百の郷土史家との大きな違いです。

柳田は小さき言葉のはしばしにいたるまで大切にし、小さきものと大きなものを結びつけました。彼は幼少の頃、母親がかまどで燃やしていたクロモジの匂いを覚えていて、榊は匂いがないのに、古歌には「榊葉の香をかぐ」とあることに疑問をもち、昔、神に捧げた木はこの南方起源のクロモジで、榊はその代用品ではないかと推測しました。京都には狩りの獲物にクロモジを縛って神に捧げる風習もあります。クロモジの放つ匂いの中に南方から日本列島へ渡来してきた祖先の記憶がこめられているのではないかと考え、クロモジの皮をつけた爪楊枝が珍重されるのもその一例と考えました。

柳田は、『海上の道』の中で、それまで取るに足りないと思われた、クロモジ、ヤシの実（三河の伊良湖岬に漂着）、宝貝（沖縄八重山）などを、あえて日本人の渡来という大問題と結びつける冒険を恐れませんでした。

彼は日本人の感覚を大切にし、視覚、聴覚、触覚のすべてを動員する生きた民俗学を目指したのです。日常的な事柄への問いから発し、それをできるだけ遠く、深く発展させようとしたのです。

柳田説の再評価

しかし、柳田国男といえども決して万能ではありません。柳田の民俗学には多くの欠落や偏重がありました。柳田は稲作を重視するあまり、中部地方の種籾(たねもみ)をあらわす方言であるスジという言葉の延長上に天皇家を想起し、天皇家と米と関連づけて考えました。しかし、天皇家の重要な祭祀である大嘗祭(だいじょうさい)には、米とともに粟も捧げられますし、戦後でさえ、朝鮮戦争の頃までは、日本には稗(ひえ)しか食べない地域(青森の二戸など)が存在し、この考えには明らかに無理がありました。また、スジに固執するあまり、祖霊(祖先霊)を重視し過ぎ、田の神を、山から子孫を見守り、盆と正月に田を訪れる祖霊と位置づけました。この考えはすぐに、折口から「常世の国には、誰それの祖霊という考えはなく、たんに霊魂が存在するだけで、もともと、来訪神(マレビト)は祖霊ではない」との反論を受けました。

柳田は、地域の守り神といわれてきた産土神(うぶすながみ)についても、生前、「実体が判らない」ともらしていましたが、これは、私が福井県の敦賀を訪れた際、一九六〇年代までこの地方には産小屋(産気づいた女性のための緊急の産所)というものが点在し、その小屋に敷き詰める砂(その上に藁などを敷く)のことをウブスナと呼ぶことを知りました。ウブスナは地域神ではなく、同じ産小屋で生まれた者たちの守り神であって、産小屋が違えば兄弟であろうと、産土神は別であることが解明されました。

このように柳田の民俗学には多くの偏重や欠落がありましたが、実は、それは大した問題ではないのです。民俗学は他の学問と違い、間違いを指摘されたことですべてを否定される学問ではありません。民俗学は積み石のように重ねてゆく学問で、結論というものは存在せず、大きな意味の仮説をたえず修正してゆく学問なのです。

これからも柳田の学説にはいろいろな発見が積み重ねられ、たくさんの修正が加えられてゆくことでしょう。しかし、そのことで柳田国男の偉大な業績が損なわれることは少しもないのです。

（「朝日生命経営情報マガジンＡＢＣ」一三一号、二〇〇七年三月）

庶民の暮らしの深層に流れているもの

祭りとは何か

「祭り」とは、「まつらう」に由来するというのが柳田国男の考えです。つまり、神様のそばにおつかえするということ。供物を差し上げたり、祈りを捧げたりして神様におつかえすることが、祭りの原初的な形であったということです。そして、神様に召し上がってもらった供物を、今度は人間が神様と一緒に食べること、いわゆる直会（なおらい）が、祭りの中心的な行事になります。

そのときに「籠る（こも）」ということが非常に重要なんですね。身を清めて、日常的な世界からはずれて、たいていは夜に、神様とともに小さな空間に籠って過ごす。そこでエネルギーを得て、新しい生命となって外に出る。それはちょうど昆虫の幼虫が繭をつくり、繭籠りして蛹から成虫になって出て行くのと同じです。

たとえば、島根県松江市美保関町の青柴垣の神事は、古い祭りの形態を伝えていて、とても興味深いです。美保神社の氏子からなる「頭屋（当屋）」という組織があって、年間の祭祀をつかさどる「頭人（一年神主）」は、選ばれた日から祭りが終わるまでの四年間一日も欠かさず深夜に海で禊ぎをするなどの精進潔斎をします。祭りの当日は、選ばれた二人の頭屋（この二人も一年間欠かさず禊ぎをして祭りの日を迎えます）が断食をして化粧をし、美保神社の祭神コトシロヌシとミホツヒメ（オオクニヌシの后神）の依り代となって神がかりします。そして青柴垣を組んだ船に乗り、コトシロヌシの水葬儀礼をおこないます。ここで神はいったん死んでまた新しく生まれ変わります。この祭りは記紀に出てくる国譲り神話、つまりオオクニヌシに国譲りを進言した息子のコトシロヌシが、その責任をとって海中に青柴垣を囲って身を沈めたことに基づいて室町時代頃にはじまったと言われていますが、おそらく起源はもっと古くて、海の彼方にある常世の国に死者を送り出す儀礼と、常世から神を迎えて大漁豊作を祈願する祭礼がもともとあったのでしょう。

神とは何かというと、江戸時代の国学者、本居宣長は「可畏きもの」と定義しています。畏怖すべきものという意味ですね。日本列島では太古の昔から、万物に霊魂が宿っていると信じられていました。いわゆるアニミズムですが、漢字で書く「神」という概念が入ってくる前からあった素朴な概念が「たま」で、神の原初的な形です。人間に海の幸や山の幸、豊かな恵みを与えてくれる存在も神であれば、災いをもたらすものも神であり、人間の力が及ばないものはすべて神として畏れて祀ってきたのです。

女たちの祭り

本土の祭り、とくに都市部の祭りは、見物人を意識して芸能的に演出したり、おおぜいの観客がいるほうが賑やかでいいというようになっていますが、本来は、祭りは見せるためのものではありません。参加するもので、見るものではない。ですから古い祭りの形が残っているところほど、観客に見せることを想定していません。各地の祭りや伝承を調査しようと地方へ行っても、かつての風習がどんどん失われてしまっていますから、私が民俗学をはじめた六〇年代には残っていたような風習も、現在では民俗学の本でしか知る方法がなくなっているようなことがよくあります。人から人への継承が途絶えてしまっていて、民俗学者が記録した資料を読んで、その知識を頼りに祭りを再興するようなことも少なくありません。

さらに言えば、平安時代から続いているような古い祭りもあることはあるんだけれども、本土のほとんどの祭りというのは、じつはそれほど古いものではなくて、せいぜい江戸時代くらいにはじまったものが多いんです。私が南方、つまり沖縄や奄美に通い続けてきたのは、祭りにしても信仰の形にしても、古代の素朴な姿がそのまま残っているように感じられるからなんですね。

沖縄や奄美で祭りをとりしきるのは女性で、神がかりする女性の神職はノロと呼ばれます。本土では神事は男性だけでおこなうところが多く、女人禁制ということもありますが、沖縄や奄美では仏教の影響をあまり受けていないので、女性を穢(けが)れたものとする発想はなく、むしろ女性こそ神様に近いと考えられています。ですから祭りの場では女性が中心となって、男性たちはその手伝いをします。その点で、本土と沖縄や奄美の祭りの雰囲気はぜんぜん違います。しかし、仏教が入ってくる前は本土でもそうだったと思います。

祭りのとき、ノロは神様になります。神様が降りてきてノロに憑依して、村人たちはノロを神様として祀ります。たとえば宮古島の島尻では、冬に祖神祭をおこないますが、五十代から七十代ぐらいのノロたちが断食して数日間ずつ山に籠ることを四、五回繰り返します。祭りの最後の日、山から下りてきたノロたちは、海に面した岬に立って、杖をつきながら円を描いて四、五時間歌い続けます。そのとき男性は近づけません。男たちは少し離れたところで座って見ていて、自分の妻だったり母親だったり姉妹であるノロを神様として拝むんです。本土の祭りではちょっと考えられないですが、それは面白い光景です。ノロたちは疲労困憊しきっていて、祭りが終わると身内の女たちが後ろから抱きかかえるようにしてノロの腰や足を揉むんです。それもまた感動的な光景です。祭りというのはこうして次の世代へと伝わっていくものなんだなと思いました。

祭りの原型は南方に残る

奄美大島龍郷町の秋名では、旧暦八月に「新節」という新年の祝いをします。「節小屋（ショチョガマ）」といって新しい稲藁で片屋根をふいた小屋をつくり、新節の日の朝になると、大人から子どもまで男たちが屋根に乗って、稲霊が集まってくるように祈りの歌を歌い、その後、屋根を揺すぶって小屋をつぶします。小屋が地面に倒れると、その上で輪になって八月踊りを踊ります。節小屋の中にいったん稲霊を籠らせて、その小屋をつぶすことで、再生を促しているんです。

夕方になると人々は平瀬という浜辺に集まってきます。岩の上に五人の女性のノロが乗り、それを補佐する男女が別の岩に乗り、向かい合って唱和するようにして歌います。これは「平瀬マンカイ」と言われ、

「マンカイ」というのは「招く」という意味です。海の彼方にあるネリヤという楽園から神様を招くための儀式です。そのあとは、浜辺で歌ったり踊ったり、お酒を飲んだりして過ごします。

もともと神様を祀るときには、神社はなくたってよかったわけです。神様が降りてくればいい。古くは祭りをおこなう場所を「ニワ」と言いました。祭りのときだけ神様をお招きして、祭りが終われば、神様はまた海の彼方や山の奥へ帰っていくと考えられていました。神社の建物ができたのは仏教の影響ですね。仏教は大きな寺院をつくりますから、神道のほうでもそれに匹敵するように建物をつくるようになって神社ができました。そして神様がずっと神社にいると考えられるようになり、そこに男性の神職が常時つかえるようになって、祭りも男性中心におこなわれるようになっていったのだと思うんですね。

本土でも弥生時代、古墳時代ぐらいまでは女性が祭りをとりしきっていたと思います。伊勢神宮の祭神である太陽神アマテラスも、もともとは太陽神につかえる巫女「日女（ひるめ）」だったのが、いつしか太陽神と同一と考えられるようになったのでしょう。南方の祭りでは、祭りが終わればノロは普通の人間に戻りますが、巫女がつねに神様的な存在になっていくというプロセスがあったんだろうと思います。

民俗学の道へ

私は最初から民俗学を志していたわけではなく、若い頃は西洋文化に憧れていました。戦時中は大学生でしたが、結核の療養のために長く休学し、ヨーロッパやロシアの文学や宗教、哲学の本を夢中で読んでいました。一九五二年に平凡社に入社して最初に配属されたのが『児童百科事典』（全二十四巻、一九五一〜五六年）の編集部で、最初のうちは世界各国の事項を調べるのが面白かったんですが、だんだん日本のことに興味が移っていき、とくに年中行事や祭りなど民俗的な項目が出てくるとすごく楽しかったんです。キリスト教の文化は、どうも日本の風土には合わないように感じられて、日本の土壌になじんだ宗教や思想を見直したいという気持ちがしだいに強くなりました。そこにはやはり戦後の「日本人とは何か」「日本とは何か」という問いが、たえず自分の中にあったからだと思います。それをなんとかして自分なりに納得したいという気持ちで、だんだんと民俗学のほうへ行ったわけです。

『児童百科事典』が完成した後は、民俗学への関心を仕事にも生かしたいと思い、『風土記日本』（全七巻、一九五七～六〇年）、『日本残酷物語』（全五巻、一九五九～六一年）というシリーズを企画しました。これらの本で編集委員をやってもらった宮本常一さんと一緒に仕事をしているうちに、ますます民俗学にのめりこんでいったんです。『風土記日本』も『日本残酷物語』もベストセラーになりました。『日本残酷物語』の第一巻のサブタイトルは『貧しき人々のむれ』です。刊行されたのはちょうど一九六〇年安保の頃ですが、庶民の過酷な実像を追ったこれらの本を多くの人が痛切に感じたから売れたわけで、つまりはそれだけ貧しい時代だったんですね。一九六三年には、人類学や民俗学の内容も盛り込んだ日本で初めての本格的なグラフィック雑誌「太陽」を創刊して初代編集長をつとめました。しかしやはり自分の本を書いて世に問いたいという気持ちが強くなり、物書きになったわけです。テーマは一貫して民俗学的なものですが、飽きることがなかったですね、面白くて。柳田国男でしょう、折口信夫でしょう、それから南方熊楠に、宮本常一。すごい人たちが先を歩いているわけですから、彼らの本を読んでいるだけでも興味が尽きないわけです。

民俗学の面白さ

歴史学は文献がないと成立しないし、考古学は遺物や遺跡がないと成立しないでしょう。だけれども民俗学は、文献に頼らなくても、遺物や遺跡に頼らなくても、祭りであったり年中行事であったり習俗であったり、庶民の生活に流れている伝承に触れることで、大きな歴史の流れを実感することができます。表層の歴史、つまり戦争の歴史や政治の歴史ではなくて、百年一日のごとく流れている緩慢な庶民の歴史があって、しかしそれこそが歴史であるという実感をもつことができるわけですね。

そういう庶民の暮らしの中に生きているもの、伝承されているものというのは、華々しく評価されることはないんだけれども、日本人の精神の奥底にある深層意識のようなものであって、私の心を一番強く揺り動かす力をもっているんです。古代から今に至るまで変わらないものが、日本人の深層に流れている。それで民俗学にのめり込んでいったということです。

民俗学が対象としているのは循環的な世界です。春に種をまいて、秋に収穫をして、冬を越して、また春に種をまいてと、この繰り返しで、民俗学の時間は循環的です。歴史学では、何年何月何日にこの事件が起こったと、特別な時間を切り取って考証するわけですが、民俗学では時間の尺度が長いんですね。人間も循環している自然の営みの一つの存在だと思うと、人間がいかに小さな存在であるかを感じるんだけれども、それと同時に、大きなものの一部であるがゆえの安心感があります。日本人がもっているアニミズムの世界は、動物も植物も鉱物も人間もみんな同列です。秋に木の葉が落ちて地面に積もって、動物の死体もそこで腐って、菌がそれを分解して、また次の植物や動物の栄養になって、というふうに循環していく。そして人間もまたその連鎖の一つにつながっていて、大自然に戻っていくと思えば、死ぬのだって、まあ怖いことは怖いんだけれども、そんなに怖くなくなるでしょう。

民俗学の面白さは、答えの面白さというより、問いの面白さですね。たとえば柳田国男は「松浦佐用姫（まつらさよひめ）」について、こう解釈します。伝承では九州の唐津にいた女性で、大伴狭手彦（おおとものさでひこ）と相思相愛の仲になるんだけれども、大伴狭手彦が新羅征討に出陣することになり、松浦佐用姫は唐津の鏡山という山の上から領巾（ひれ）を振って見送る。しかし船を追いかけてその先の小島まで行き、泣き明かして石になってしまったという伝承があるんです。それを柳田は、松浦佐用姫の「まつら」は「まつらう」で、「さよ」は「さえ」で関所や境界を意味する、つまり、松浦佐用姫は神につかえる巫女だったというふうに説明していくわけです。さらに佐用姫の伝承が東北にもあることを指摘して、九州と東北をつないで伝承の深層にあるものを読み解いていくんですから、面白くないわけがない。ですから民俗学というのは、数学のように一つの正解を見つけるよりも、既存のものに疑問をもって問いを発することで、いろんな可能性を導き出すことが大事になってきます。点と点がつながっていって、見えていなかった世界が浮かび上がってくる。それによって精神が解放されるというか、世界がパッと開けていきますよね。それが楽しくて、やめられないんです。

（「熱風（GHIBLI）」第九巻第三号　スタジオジブリ、二〇一一年三月）

Ⅱ　古代の風景

南島と出雲の古代

編集部の注文は「南島にいまも残る習俗から日本の古代をうかがい知ることのできる話題」をということである。これはかぞえ切れないくらい多いが、その一、二を紹介することにする。私の手許には今『琉球人の見た古事記と万葉』と題する奥里将建の著書がある。大正末年に発行されたものだ。

それによると沖縄の田舎では、会葬者は男でも女でも帰途の泉か川の畔にいって身を清め、三本ずつ薄（すすき）のさきをむすびあわせたものを両方からささげさせて、その間をくぐって帰る風習がある、と述べている。

この風習は、私も宮古島で聞いたことがあるから沖縄本島にかぎったことではないが、それはただちに『魏志倭人伝』の中の「すでに葬れば、挙家水中に詣（いた）りて澡浴し、以て練沐の如くす」とあるのを思い出させる。『倭人伝』はつづけて「其の行来、渡海、中国を詣るには、つねに一人をして頭を梳（くしけず）らず、蟣蝨（きしつ）を去らず、衣服垢汚、肉を食わず、婦人を近づけず、喪人の如くせしむ。これを名づけて持衰（じさい）となす。もし行く者吉善なれば、共にその生口、財物を顧し、もし疾病有り、暴害に遭えば、すなわちこれを殺さんと欲す。其の持衰つつしまずと云えばなり」とある。

これについて私が思い出すのは、宮古島の狩俣という部落で起きた出来事である。そこでおこなわれる祖神祭に必要な甕がぬすまれたことがあった。犯人は分らなかったが、神聖な壺が紛失したということで大騒ぎとなり、その非難はアブンマと呼ばれる神女（ツカサ）の頭（かしら）に集中した。つまり、祭事にたいするつつしみが足りなかったからであるという理由によってである。そこでアブンマはじめツカサたちは祭事の執行について反省し、これまで簡略化した手続を旧に復し、元通りの厳格さで祭をおこなうことにした。そのために一日中雨に濡れることもいとわなかった、ということである。このばあいの責任の問い方は持衰にたいするのとおなじである。

古代人は何事によらず神意のままに動いたのであって、『隋書倭国伝』に「蛇を瓮中に置きてこれを取らしめ、云う曲なる者は即ち手を螫さる」とあるのもその一つである。すなわち南島では神女は自分の潔白の証明をするのに、ハブを手のヒラにのせてそれが嚙まないかどうかをためした。これはかつて、八重山の川平にある群星御嶽の神女が中心になってやった行事で、現地で私はその子孫の人から直接聞いた話である。南島では御嶽と呼ばれる神聖な拝所に香炉をおく習慣がある。この香炉の灰を水にとかしてのませると、たいていの人間はたまらずにドロを吐くということで、南島の村では犯人の発見にこうした古代さながらの神判制度を用いていた例がある。

『古事記』によるとカムムスビの神は自分の子のスクナビコナのことを「わが手俣より漏きし子なり」と云ったとある。『日本書紀』には、オオナムチが手のヒラにのせてスクナヒコナをもてあそんでいると、とびあがってその頰に嚙みついた。そこで天神にうかがいを立てると、天神は「自分の生んだ子どもは千五百人ばかりいるが、その中の一人はたいへんないたずらもので、しつけにしたがわない。指間より漏きおちたというならば、かならずや彼にちがいない」と述べたと記されている。

これとまったくおなじ表現が、南島にあったと奥里将建は記している。すなわち、琉球では「漏きし」のククというのは洩れるとか潜るという意味で、フキユンという動詞があるが、それはこのククの転訛であろうか、と奥里は云う。そうして、非常に腕白ですばしこく、もてあまし気味の子どもを「手の俣からふきゆるわらび」と云っているると報告している。わらびはわらべ、すなわち童子である。

これほどまでに酷似した用語法を、偶然の一致とみなすことはできない。ではそれをどう考えたらよいのだろうか。記紀によれば、これは出雲を舞台とした物語である。そこで記紀が作られる以前に琉球と出雲との間に交流があったと考えるほかはない。

というのも私の知恵では、こうした用語例は日本の他の地方では見付からないからである。「目から鼻へ抜ける」とは云うが、「手の俣からくぐり落ちる」などとは云わない。もし琉球と出雲とに交流があったとすれば、それはとうぜん黒潮の流れにしたがって北上した南島の人たちが、出雲の海岸にのこしていったものであろう。

出雲の海岸ではそうした用語法は消えて記紀に跡をとどめるほかなくなったが、琉球の方には大正の末年まで日常の会話の中に残っていたのである。

（「月刊　歴史と旅」一九七五年五月号）

海人集団と浦島伝説の移動——水野祐『古代社会と浦島伝説』上下

著者は日本古代の王朝交替説をもって、戦後の史学会に衝撃をもたらしたことで知られている。その大胆にして精巧な仮説は、どんな推理小説も及ばぬ知的昂奮（こうふん）を読者に与えずにはすまない。著者は史実と論理をたくみに整合させ、推断を徹底させてかくされた史実を具体的に描いてみせる。

　こうした著者の態度は本書においても充分に発揮されている。著者はハンチントンの影響を受けた西岡秀雄の気候の七百年周期変化説に着目し、検討した結果、雄略期において寒期の極点に達したと推定する。それは日本海沿岸に分布する海女を中心とした海人集団の移動を引きおこさずにはすまないだろう。丹後の漁撈（ぎょろう）集団は、寒冷化した日本海沿岸から、あたたかい海域を求めて、瀬戸内海に出、さらに大阪湾沿岸から紀伊半島の南端をこえて移動し、志摩、伊勢に定住地を求めた。丹波に鎮座して、日本海の海女集団の奉斎していた豊受大神は、このようにして伊勢にもちこまれた。丹後半島の筒川に根拠地をもつ海人の長の日下部首の氏祖伝承であった浦島伝説が、日本書紀の伝えるところでは雄略帝の二十二年に登場したのも、こうした海女集団の移動という背景をもつものであるという。

　著者はこれを証明するために、内外の浦島伝説を博捜し、また日本古代の漁撈民の生活や日本の海女の生態についても詳細な記述をほどこしている。海女がアワビを起こすとき使用する道具の種類によって、海女集団を分類するというキメのこまかい作業もおこなっている。著者は青年時代に海洋人類学の先駆者である西村真次の教えを受けているが、その影響は本書において結実したとみてよさそうである。

（「読売新聞」一九七五年六月二日）

耳族の渡来

「記紀」や「風土記」に登場する人名の中には、ミミという語尾をもつ者が若干いる。このミミは、彦や君のように人名に添える敬語としてあつかわれている。太田亮などの見解はそうである。しかし、かんたんにそう言ってしまえないものがある。なぜかというと、ミミのつく人名は、ある種の系譜の上にあるからである。そのもっとも顕著な例は、神武帝の子どもたちである。

『古事記』によると、神武帝は日向にいたとき、阿多のアヒラヒメをめとって、タギシミミとキスミミを生んでいる。またのちに、イスケヨリヒメとのあいだに、ヒコヤイ、カムヤイミミ、カムヌナカワミミの三子をもうけている。じつに、神武帝の五人の子どものうち、四人までがミミという語尾をもっている。これは、何かの理由がなくてはならない。まず考えつくことは、第一代の帝王の子どもだから、とくべつの尊称をたてまつられたのであろうということである。それにはまちがいない。『魏志』東夷伝の倭国の条にも、投馬国の長官をミミ、副長官をミミナリというと述べてある。では、なぜミミが敬称として使用されたかということになる。

こうした疑問を抱いているときに、私は雑誌「文学」（一九七三年十月号）に掲載された、溝口睦子氏の「記紀神話解釈の一つのこころみ（上）」という論文に接することがあった。それはミおよびミミの問題をとりあつかっていて、私の興味をひいた。溝口氏によると、ミおよびミミのつく系譜は、皇室の系譜と『古事記』の出雲系神統譜の二つである。しかし出雲系の神統譜の神名は、ほかに収載例がないために直接実証できないものがある。それに、その神統譜が作成されたのはかなり後代のことと考えられる。つまり、出雲土着の神々を一つの神系譜にまとめあげた形跡が濃厚である。したがって、出雲系神統譜をはぶくと、のこるは皇室の系譜ということになる。

皇室の系譜には、はじめからミおよびミミがつく神名が登場する。まず、アマテラスの子にアメノオシホミミがある。その孫がヒコホホデミである。さらに、その孫がカムヤマトイワレヒコホホデミ（神武帝）である。こうしてみると一代おきに、ミおよびミミのつく名前がみとめられる。神武帝の子どもたちの一人、カムヌナカワミミは綏靖（すいぜい）帝である。カムヌナカワミミの子のシキツヒコタマデミは、安寧（あんねい）帝である。シキツヒコタマデミの子にオキシミミがある。またオホヤマトヒコスキトモ（ミミ）がいて、これが第四代の懿徳（いとく）帝である。このように、神武帝を中心にしてその四代前にさかのぼり、四代後までにおよぶ系譜に、ミおよびミミのつく人名が見いだされる。これはいったいどうしたことか。

本居宣長は『古事記伝』の中で、ミとミミとはおなじ語であり、ミと書いてミミを意味すると述べている。またアメノオシホミミのオシは大を意味する。ホもまた大であるから、アメノオシホミミは天大大耳にほかならぬとも言っている。溝口睦子氏は、ミは神霊に関与する巫をあらわす語であると解している。私はもっと素朴に受けとって、ミおよびミミは耳をあらわす人体語から出発すると考えている。そうすると興味ある事実が見つかる。『肥前国風土記』の松浦郡（まつらのこおり）の条に、大耳（おおみみ）と垂耳（たりみみ）という人名がでてくる。おそらく五島列島に住んでいた海人（あま）の酋長であろう。この大耳、垂耳は、ミミという敬称を強調したにすぎないのか。そうではあるまい。また、巫でもないことは文中から判断できる。では何を意味するか。

『肥前国風土記』には、五島の海人の容貌や言葉が、隼人（はやと）に似ていると記されている。また、『魏志』倭人伝には、倭の習俗が儋耳・朱崖、つまり今の海南島の習俗に似ているという記事がある。金関丈夫氏の『発掘から推理する』(朝日選書)をみると、儋耳の儋は擔ぐことだという。海南島の少数民族の中には、ひじょうに大きな耳輪をさげている者があって、寝るときや労働するときに邪魔になる。そこで大きな耳輪を頭にのせる。これが儋耳の意味だと金関氏は言っている。この習俗はすでに『前漢書』地理志にも注目され、儋耳の者は大耳をもち、王者の耳はみな肩下三寸まで下がると記されている。これは金関氏の言うように、耳輪の長さを示したものである。十五世紀末に済州島の漂流漁民が、与那国島の風俗を伝えている。その記事をみると「与那国島では耳朶に穴をあけ、小さな青珠を貫いたものを、二、三寸ばかり垂れており、また珠を貫いたものを頭のてっぺんで三、四回めぐらして、一尺ばかり垂れている」とある。

これらを重ねあわせてみると、五島や薩摩半島と、南中国から海南島にいたる東シナ海民俗文化圏が浮かびあがってくる。彼らは自分たちの信仰や習俗や伝承をたずさえて、南中国や海南島から北上し、わが九州島の西南部である薩摩半島や、五島列島にたどりついた。彼らの習俗には、耳輪をつける慣習もまじっていた。とくに、その酋長としてあがめられるものは、大きな耳輪をつけて、自分の特権的な地位を誇示する標式にした。それが大耳の由来であると私は考える。

私の推論をうらづける考古学上の遺物が、大隅半島の南端に近い鹿児島県肝属郡大根占町で発見された。それは岩偶と呼ばれる軽石でつくった偶人である。考古学者の河口貞徳氏によると、岩偶は三〇センチメートル余の大きさのものである。頭部には両耳の部分が外側へつき出し、この部分に前面から後部へ小孔をうがっている。おそらく、耳飾りをはめた状態を表現したものであろうといわれ、弥生時代のものと考えられている。

南九州の、それも薩摩半島の阿多地方が、神武帝の東征以前の根拠地であった。神武帝が阿多の海人族の娘をめとって、ミミのつく二人の子どもをもうけたことを軽々しく考えることはできない。そのまえも、ヒコホホデミとか、カムヤマトイワレヒコホホデミなど、ミのつく男子は、海神族の娘と結婚するたびに生まれている。海神族の大山津見とか綿津見にも、ミが語尾についている。これは、いったい何を意味するのであろうか。

私の考えによれば、朝鮮半島を経由して、日本列島にやってきた支配氏族が、海人族との婚姻をとおして、一代ごとに、南方的な文化をもつ海人集団の方にひきよせられていく過程を物語るものにほかならない。つまり、母方のもつ信仰や伝承や習俗を、北方系の支配民族が受け入れたことを告げているのである。

母方でそだてられ、やしなわれた子どもは、南方渡来の海人族のシンボルである耳輪の慣習をもち、それにしたがって耳という名をつけられた。それが後代になると、耳の意味はわからなくなり、耳をたんなる貴人の敬称とみなしたり、また、神に仕える者の特徴としたりするようになってしまったのである。

（『図説日本の古典　第1巻　古事記』月報　集英社、一九七八年一二月）

求められる古代

私は昨年六月に『青銅の神の足跡』という著書を刊行した。それは民俗学と古代史や考古学の成果とをつなげたもので、いわば古代学と称すべき分野に属するが、その反響のもっとも大きく早かったのは、文学の世界からであった。もともと文学を意識して書いたものでなく、内容は考証に満ちたものだったので、私は意外な気がした。だが文学とはもともとそうかも知れない、と私は今思っている。たとえば私は最近キリシタンの関係書に眼を通すことがあったが、それは日本語の文章としてすばらしいもので、これほどの大文章を近代の作家の幾人がつづり得るであろうかと考えるとおぼつかない気がした。

とくに『御パションの観念』という書物の文章はみごとである。そのどこを開いても、朗誦するに足り、また筆写したい欲望をかきたてられずにはすまない。

「かのゼルサレンの者ども歓喜踊躍(くわんぎゆやく)の音曲(おんぎよく)をなし、囲繞渇仰(ゐねうかつがう)して尊み奉る中にも、彼らを不便(ふびん)に思(おぼ)し召し、御涙を止(とど)め給はざりし如く、たばかり多き世界の追従(つゐしよう)、諸人の欽(あが)め讃(ほ)むることをも御身の御大切を以て厭(いと)ひすさむ心を付け給へ」。

これは気ままに抜き書きした一節であるが、漢語と仏教用語の知識を駆使していることはこの一文でも分かろう。「御身」はキリストをさし「御大切」は愛を意味するキリシタン用語である。当時の日本人の使用した愛という語は、上から下への憐憫を意味するものか、そうでなければ男女間の世俗的な関係をあらわすものであったので、キリシタンはわざわざ「愛」という語をさけて「御大切」という語を用いた。御大切には平等の間柄であることが力説されている。

右にあげたのはその一例にすぎないが、文学を目指さない宗教的な文章でも、文学的である場合は充分にあり得る。

私が『青銅の神の足跡』でとりあげた主題は、古代天皇制が確立される以前の日本列島の社会であった。弥生中期以降、古墳時代前期がそれに相当する。この時代に日本列島で原始的な権力をもっていたのは、南中国から渡来して稲作と共に青銅器の文化をもたらした人達であった。彼らは鵜飼の習俗と共に、ヒョウタンを宇宙と見立てる世界観や、また犬と人間の女が交わって子孫をふやしたという、いわゆる犬祖伝説を信じていた。その身体的な装飾として特徴的であったのは、大きな耳輪をぶら下げていることであった。こうした巨大な耳輪をつける慣習は海南島から南中国の沿岸部に見られる。

そうしたところへ、朝鮮半島の金属器文化が入ってきた。それは古墳と鉄と馬とをともなう文化であった。彼らはその組織的な武力に物を言わせて日本列島を征服し、原始的な権力をもつ在地の酋長を自分の配下に置いた。彼らはタカミムスビの神を祖神とあおいでいたが、その神は金属をもって天地をつくりかためたとされていた。北方系の進入民族は少人数であったために、もとからいた南中国系の文化をもつ豪族の娘たちと婚姻をむすび子どもを儲けた。その子どもたちは母方の家で育てられたので、ミミという名を付与された。それは南方系の特色である大きな耳輪をもった者の意である。北方からの進入者は彼らの奉斎していたタカミムスビの神のかわりに、母方の神である南方系のアマテラス女神を国家神としてあがめたてまつるようになった。

タカミムスビは天目一箇神（あめのまひとつのかみ）をして金属を製作する者ときめたと記紀にあるが、天目一箇神について、柳田国男は大昔に、神祭の日のいけにえとして他人と区別するために片目をつぶす風習があり、それが目一つの神の信仰となったと述べている。私はそれを否定して、目一つの神は、銅や鉄を精錬する人たちが、片目をつぶって長い年月、炉の炎を見つめて作業をしてきた結果、一眼を失ったことに由来すると考える。つまり私は金属精錬者に多い職業病から目一つの神の信仰が生まれたと見るのである。

柳田民俗学は稲作文化に固執して、金属文化に注意を払わなかった。また柳田は職業が異なるにつれて、それぞれ信奉する神もちがうということを深く配慮することなく、信仰一般をあまりに強調しすぎた。『青銅の神の足跡』はその偏重を指摘したものであった。

これが大体の筋書であるが、これに対して、秋山駿氏は、「読売新聞」の文芸時評で、

「私の眼を強く搏つのは、正しく原形的と呼んでもよいような、みずみずしい、作家的な想像力の存在である。むしろ、現在の小説家の方が、このような想像力に不足しているのではあるまいか」

と述べている。また川村二郎氏は「新潮」誌上で「神話象徴の転位」と題して『青銅の神の足跡』をとりあげ、縦横に論じた。その中で「象徴の森の中から、谷川氏は、フレイザーが思い入れをこめて語った、ネミの森から一本の金枝を折り取る祭司王のように、金属の神という一つの概念を決然とつかみ取る。金枝を折るのは古い祭司王を仆す行為にひとしい。柳田という過去の権威に対する簒奪（さんだつ）の野望はまぎれもないとして、なぜ、その技を折ったのか。あれもこれもの錯落の中から、どうしてこの選択をあえてしたのか。それをさせたのは、今の比喩をさらに敷衍（ふえん）すれば、地下へ降ろうとする志向だと思う。金枝を折り取るのは、本来ウェルギリウスによれば、地獄めぐりのための儀礼である。柳田の踏破した地上に対して、地下の復権を要求しようとする志向が、その行為を支えている」。

長い引用になって恐縮だが、川村氏のこの一文は、私の本の批評から独立した力をもっているので、あえて紹介することにした。このほか、私の本を評価した文芸評論家に高橋英夫氏がいる。氏は「読書人」の今年の収穫のアンケートで拙著をとりあげ「巻を措く能わずのでいで一気に読んだが、これは日本古代学への画期的な寄与と思った。農耕文化以前の原日本に新しい光を著者は投げている」と評している。このほか大岡昇平、中上健次、栗田勇、竹内泰宏、高良留美子、本村敏雄の諸氏が文学の立場から拙著を評価している。

これは一体どういうことだろうか。文学と民俗学の垣根がくずれつつあることを意味するのではあるまいか。それは民俗社会が崩壊すると共に、逆にその意識の面が注目されてきたことによるかも知れない。ユングの心理学の盛行などもそれと無縁ではないだろう。一個人のせまい生活や心理の枠をはずさなければ、新しい文学の領域が開拓されにくい段階までに社会はきている。社会の烈しい動きと拮抗するものは、昔から今日まで動かないものであり、その意味で民俗学が注目され、現代にたいする古代が求められようとしているのだろう。

（「別冊文藝春秋」一五一号、一九八〇年三月）

前古代の日本――金属神と農耕神

古代の原像を探る――地名・伝承・氏族名・神社名からの考察

きょうお話しするテーマについては、私の本『青銅の神の足跡』（集英社）にも書いておりますので、ご存じの方もあると思いますが、最近の調査なども含めて、いくつかの問題をとりあげてみたいと思います。

まず私の方法論から話を始めますが、これは一言でいうと、地名、神社名、氏族名、古伝承の組み合わせによって、古代の深層を探る手がかりにするということです。たとえば「耳」とか「目」とかの人体語ひとつをとりあげてみても、いろんな含みがある。私の考えでは、古代人、あるいはそれに先だつ世界の人たちは、物があると、その物と、もう一つは別に観念というものがあって、その観念と物とがつながっていく世界にいるように思えるのです。ですから、かりに「耳」という言葉をとりあげると、たとえば太田亮などの本には、耳というのは貴人につける尊称であるというふうになっている。しかし単にそういうことだけですませていいものかどうか、もっと具体的なものではなかったか、それがしだいに貴人の尊称として貴い人の名前の下につけるようになっていったのではないか、そういうふうに物のほうから一つの抽象性が導きだされるということがある。

もうひとつ、たとえば岩なら岩があった場合に、海中の岩のなかの一つだけがひじょうに神聖な岩だと思われる。「タチガミ」という言葉があります。これは私の知るかぎりでは、たとえば淡路島の南にある沼島に立神というところがある。これは竜宮の門といわれています。それから対馬にはタテガミソー、これはカメになっておりますけれども、もとは立神だったと思われる。そのほか志摩半島、長崎県の野母半島、奄美大島の名瀬などにも立神というところがある。このように点々と立神の岩があります。たしかにその立神というのを見ると、神聖な感じがしますが、その周辺にもまた岩がたくさんある。その場合に、その周辺の岩でなくて、なぜその岩だけが神聖なものとして選ばれたかということを考えてみると、やはりある時代にその岩に特別の神聖な観念を付与するということがあって、いわゆるありふれた岩のなかから一つが選びだされて、それが立神ということになったのではないかと思います。

竹富島の西表(いりおもて)島の見える海岸にニーランジーという岩があって、お祭りのときにニライの船がそこにともづなを結びつけるという話があります。そこの浜辺に竹富の神女(つかさ)が一列に並んで、ニライカナイの船を迎えるのですが、そのニライの船というのは、貨物船でもよければ漁船でもかまわない。しかし現実的な船でなければならない。美々しく飾った竜頭鷁首(りょうとうげきしゅ)の船ではないのです。その船が神女の視野のなかに入ってきてはじめて神聖な船に変わる。そういうふうに現実的なものが、ある段階で、ある空間のなかで神聖なものに変わるという変容が古代に行われたのじゃないかというふうに私は考えるのです。ですからそういう意味でやはり耳あるいは目というものも、なにか象徴性をあとで帯びていくものがあるのじゃないかと思っているわけです。

さきほど地名、神社名、古代氏族名およびそれにまつわる伝承の四つを組み合わせることを方法論とすると申しました。その一例として伊福部(いふくべ)という古代氏族をとりあげてみます。伊福部氏については、古くから笛を吹くことを職業とした部民という説があります。また景行天皇の皇子、五百木之入日子(いほきのいりひこ)の名代部(なしろべ)とする説もあります。さらには、天皇や皇族の食物を煮たきし、湯を用意する職にあった氏族という説もあります。しかし、もともと伊福部は銅や鉄の精錬にかかわりあっていた技術集団であったというのが私の考えです。つまり伊福部の伊は発語であり、福は銅や鉄を吹くの「吹く」または「フイゴ」を意味していたと私は考えるのです。

　それは日本各地に散らばっている伊福という地名を手がかりとすることで、ある程度たしかめることができるのです。『和名抄』には六カ所の伊福部が記されていますが、そのうち四カ所が銅鐸の出土地と関連があるようです。『和名抄』以外にも伊福またはそれから派生したと思われる地名があります。そうしてやはりそこからも銅鐸が出ているのです。その例として伊勢国一志郡白山町家城や尾張国愛知郡の伊福村があります。現在の兵庫県城崎郡日高町にも伊福という地名があります。この日高町からも銅鐸が出土しました。また伊福部氏が祀る美濃不破の伊富岐（いぶき）神社の近くからも銅鐸が出ています。伊福部氏が製銅や製鉄に関連ある氏族だということは、その伝承からもうかがわれます。『常陸国風土記逸文』に伊福部岳の話がのっています。そこでは伊福部の神は雷神として登場しています。雷神というのは、鍛冶屋と密接な関係があると私はみています。ギリシア神話の一つ目の巨人のキクロペスがゼウスの雷電をきたえる鍛冶屋であることは名高い話ですが、それはギリシアだけにかぎりません。たとえば、新潟県の弥彦神社の周辺では、弥彦神が夕立に出遇って雨宿りしようとしたとき、あやまってウドで目をついたという伝承が広く分布しています。また弥彦の神が塩たきをしていると夕立が降ってきた。神は雷を叱りつけた。それで弥彦付近は夕立がかからず、雷が落ちないという話もあります。弥彦神もまた一つ目の鍛冶神ですから、雷にまつわる伝承が多いと私は思うのです。

このようにして伊福部が鍛冶氏族であることはまぎれもなく、さらに彼らは銅鐸の製造にも関与していたと思うのですが、それが大和朝廷の支配下に組み入れられたのちに、皇子の名代部となったり、また宮中で奉仕することになったと私は考えるのです。なぜ湯を用意したかといえば、これは湯人とか湯坐という言葉と考えあわせてみる必要があります。雄略紀に湯人の盧城部連武彦がでてきます。その住んでいた場所は現在の三重県一志郡白山町家城の付近と考えられています。家城は盧城、または伊福である。この伊福（盧城）部のいた白山町から銅鐸が出土しています。ではどうして盧城部武彦は湯人でしょうか。湯人は皇子や皇女が幼いときに湯に入れる役目から起こって、彼らを養育する職業部と考えられています。銅鉄や鉛の熔けたものを湯という呼称は古くからあり、今日にいたるまで鋳物師の仲間で使用されているのです。伊福部や額田部のように鍛冶を職業としている氏族に湯人や湯坐の役が与えられたのは、貴人の子どもが銅や鉄のようにつよく育つことの願いをこめたのではないかと私には考えられます。生まれてまもない新生児の健康を祈って、金のように丈夫に育ってほしいという祝詞を発する儀礼は、奄美大島の習俗にみることができます。

こうしたことから私は伊福部と銅鐸とのつながりを考え、それをもって弥生時代の金属器文化を解く鍵としたのです。

祖先伝説に痕跡を残す南方系民族の影——南中国から九州へ足跡を追う

いまから八年くらい前にはじめて韓国に行きましたときに、韓国の民俗学者と話す機会がありました。そのとき韓国の学者がいうには、朝鮮語で「天」をハナルとかハヌルとかいうのだそうですが、ハナルとかハヌルを分解するとハン・アルになるという。ハン・アルはどういうことかというと、ハンは大きい、アルは卵である、ですから「天」は「大きな卵」というのがもともとの意味であると私に教えてくれまして、私はひじょうに貴重な示唆を与えられたのですが、また彼は、天が大きな卵形をしているという観念は、韓国の古墳などにも見られるというのです。まだ慶州の一五五号墳が試掘されない前だったのですけれども、その後一五五号の円墳の石室のなかから鶏の卵あるいは雉の卵とも称するものが二十数個でてきました。それ以外にも、近くの古墳からやはり卵がでてきている。これを民俗学的に解釈すると、円墳というのは天空をかたどり、そのなかに入っている卵は、葬られた王侯貴族がもう一度再生する願望をもっている一つのしるしである、というふうにも受けとられないことはない。

その後、あらためて『三国遺事』という十三世紀にできた朝鮮の古い資料を読んでみると、新羅の始祖の赫居世（かつきよせい）が卵から生まれる話がありました。そこには、卵の形がヒョウタンに似ているということが記されている。これは見過ごすことのできない点だと私は思ったのです。けれども、そのときにはどうしてもその意味がよくわからなかった。そこで再度韓国に行ったときに、むこうのヒョウタンを見せてもらったのです。そのヒョウタンは日本のようにまんなかがくびれてなくて、まん丸いヒョウタンなのです。フットボールみたいな感じがします。そうすると、卵とヒョウタンが似ているということはおかしくない。なるほどこうだったのかという気がしたわけです。済州島の北村（ホクソン）という村の海女なんかも、ヒョウタンを浮きの代わりにしてもぐっています。そういうことでヒョウタンと卵の同一性をそこで確認したしだいなのです。

このヒョウタンは日本の古語では「ひさ」とよばれる。「ご」というのは、おそらくタマゴのゴとかそういうような器を意味するだろうと思いますが、要するに「ひさ」はヒョウタンを表す。そこでその「ひさ」

というヒョウタンと天空とがつながるんじゃないか。たとえば「ひさかたの」というのは、ひさごの形をしたという意味じゃないかと考えたことがあったのですが、その韓国の民俗学者のいった天空が大きな卵を意味するということは、また一方においては卵の形と同じようなヒョウタン形をした天空という宇宙観が古代にあったのではないかと考えられる。

そういうことをいろいろと調べてみますと、たしかに東南アジアあるいは南中国、台湾、さらにアフリカあたりまでヒョウタンが大きな位置を占めている。とくに中国のいちばん古い神話といわれております伏羲神話とか槃瓠神話には、みなヒョウタンがそこに登場している。「伏羲」というのは、中国の神話学者の袁珂によりますと、庖羲といってヒョウタンのことを意味すると書いております。二人の兄妹が大洪水のときにヒョウタンのなかに隠れて助かり、そこで兄と妹が結婚して、新しい人類が生まれてきたというのが伏羲神話なんです。また槃瓠の瓠もまたヒサゴである。そのヒョウタンのなかに虫が入っているうちにだんだん竜犬になってくるというのが槃瓠神話ですけれども、そこにもやはりヒサゴが登場する。そういうことで中国古代人の宇宙観のなかには、卵やヒサゴが空であるという一般認識があったと思います。

そのうちに沖縄などにも行く機会がたびたびあって、いろいろむこうの話を聞かされたのですが、与那国にはサンアイソバという女の酋長がいて、それは犬と人間の女の間に生まれたという伝承がいまでも残っています。この伝承は小浜島にもありますし、宮古の人たちも自分は犬の子孫だと公然といっている。そういう犬祖伝説が奄美群島の加計呂麻島にもあります。また皆さんご存じだと思いますが、中国の海南島あたりにも人間の女と犬との結婚という話は伝わっている。この話は一説によると、中国の高辛帝という皇帝が、敵将の首を捕ってくれば自分の娘をやると犬にいったところ、その犬は勇躍して敵陣にのり込んでいって、首を嚙み切って持ってきた。それでやむをえず娘を犬に嫁がせた。犬は人間の姿になりたくて、一週間くらい金の器のなかに入れられる。ところが高辛帝の娘は、待ちきれなくなって蓋をちょっとあけてみた。そこで首から下は人間だったけれども、首から上はまだ犬のままで、完全に人間になりきれなかったという話で、結局そういうことから犬と人間の女との結婚という形の話が伝わってきているわけです。その犬というのは、いわゆる槃瓠神話にありますヒサゴのなかの虫が一匹の竜犬に変わったという、竜犬です。そうしますと、伏羲神話のヒサゴと、それから竜犬が入った器としてのヒサゴ、それからまたさらに犬祖伝説という形で、それらが切れないひとつづきの話として伝わってきたのじゃないかと考えられる。

このような南島における犬祖伝説の話を調べながら、隼人（はやと）の「犬吠え」のことなども考えてみると、いままでの注釈書では、隼人の言葉がひじょうに難解で、この難解な言葉は邪霊を遠ざける効力があって、隼人は儀式のとき、宮門で吠声（はいせい）をさせられたり、山川の隅々を通るときに吠声をさせられるのだ、ということになっておりますが、しかしそれだけにとどまらず、もう少し深い意味がありそうに思える。おそらく隼人は、自分たちの先祖は犬から生まれたのじゃないかという観念をもっていたのではないかと思いたってみたのです。

これにひじょうに関心をもったのは、伴信友（ばんのぶとも）の本に、「隼人の狗吠（こうはい）」という小文がありますが、伴信友はこういうことを書いているのです。大和国の元明帝の御陵のある添上郡の奈保山には、犬石という三基の石があって、犬頭の人形（ひとがた）を陰刻している、その犬の頭は、朝廷の儀式のときに隼人が犬の仮面をかぶった姿であろう、とそういうことをいっている。そこがひじょうにおもしろかったのです。それで吠声をする隼人も、あるいは犬の仮面をかぶっていたのかもしれないと思えてきたわけです。

ただ、そのあと少し奈保山の犬石を調べてみますと、その陰刻の絵がどうも鼠のような形なのです。韓国でも御陵の基壇のところに十二支の動物の格好をした神像の浮き彫りが置いてある。子・丑・寅……と順に並んでいるのですが、なかに鼠の格好をした神像があるので、あるいはこの犬石ももともとは鼠ではなかったかとも思いますが、ただそれによって刺激をうけたのは、さきほど申しあげましたように、隼人が儀式のとき犬の頭をした仮面をかぶるのは、以前にそういう犬頭人がいたのではないかということを考えるきっかけにもなったのです。

羽原又吉という人が『日本古代漁業経済史』という名著を書いていますが、そのなかに、南中国の福建の畲(しゃ)という少数民族の伝説にふれています。それはさきほども申しましたが、高辛帝が約束を守って、自分の娘を大功をたてた犬頭人の妻にした。頭が犬なので、布をもって頭を隠した。今日畲族が頭の前方に重たげな布の房を下げるのはそのためである、というようなことを書いているのです。それからこの畲については、大分市の鶴崎、あるいはまた臼杵に家船(えぶね)、一種の水上生活民がいて、それを「シャア」と現地ではいっています。シャアが来るぞというと、泣く子も黙るような感じなのです。彼らが祇園祭をやるときに、ヒョウタン形のうちわをもって、それからヒョウタン形の着物を着る。これは江戸時代の絵にも残っていますが、彼らをどうして「シャア」というかというと、もともと自分たちは平家の人間で、平家の貴人の車を引いた。車を引いたから「シャア」というのですが、羽原又吉氏はそれはやはり南中国の福建の畲族とつながりがあるのじゃないかという疑いを述べています。とにかくそこにもヒョウタンがでてくる。

このように畲族が頭にベールみたいなものを垂らすということで、それから思い出すのは、『魏志』「倭人伝」のなかの倭人の風俗で、男は髪をみずらのように結い、木綿を頭にかけているといっていることです。

それから『万葉集』にも、おそらく隼人とも関連があると思われる肥人が染木綿で額髪を結んだという記述がある。また『日本書紀』の「履中紀」に刺領巾という隼人が登場するんですが、『延喜式』の隼人司の条には、宮門で犬吠えをする隼人は、赤い帛の肩布をつけていると記されているわけです。そういうことでひじょうに似ているところがあります。そこに隼人が、南中国あたりの少数民族とつながるのじゃないかと思われるふしがあるのです。隼人というと、薩摩隼人、大隅隼人、日向隼人と分かれますけれども、いちばんつながりがあるとすれば、それはやはり薩摩半島に居住する薩摩隼人、あるいは大隅半島あたりの大隅隼人じゃないかと思います。

以上のようなことから、天空がヒサゴ―ヒョウタン形であるという宇宙観をもち、しかも自分たちは犬から生まれたんだという犬祖伝説をもっている連中が、南中国から朝鮮半島を経由したか、あるいは沖縄列島を北上したか、あるいはいきなり東シナ海を横断してきたか、ルートは明確ではないけれども、いずれにしてもそういう伝承をもつ連中が薩摩半島あたりに来たのじゃないかと思ったわけです。

「耳」族の出自とその系譜

こうして南中国と九州との関連性を調べているうちに「耳」という言葉のもつ重大な意味に関心をもつようになりました。『魏志』「倭人伝」に、投馬国の長官を弥弥、副を弥弥那利とあります。それから『肥前国風土記』にも、五島の値嘉の島というところでは大耳、垂耳の酋長がいて、アワビなどを採っているという記事がでてくる。しかも五島の言葉は薩摩にひじょうに近いということも『肥前国風土記』にでてくる。五島と薩摩の言葉のうえで通じ合う面もあり、五島にも大耳、垂耳というのがいて、しかもまたミミという名の長官、あるいはミミナリという副長官がいたということになると、「倭人伝」に書かれた「ミミ」という言葉がすでに倭国にあった裏づけになる。

それからもう一つ、これは有名な話ですが、倭国の風俗は儋耳（たんじ）、朱崖（しゅがい）の俗に似ているという「倭人伝」の言葉があります。これは観念的な場所で、必ずしも海南島といえないという人もおりますけれども、いちおう海南島だといわれている。朱崖というのは、赤土のある崖といわれ、儋耳は「耳を擔（担）ぐこと」といいます。この「儋」は人偏ですけれども、手偏でかまわないと、金関丈夫さんは『発掘から推理する』という本のなかに書いておられる。なぜ耳を担ぐかというと、海南島のいろんな少数民族は大きな耳輪をしている。それでは労働ないし睡眠のときに困るので、要するに頭の上に耳輪を重ねてのせるんだと。そうすると、肥前の大耳、垂耳というのもあるいは耳輪のことを示すのじゃないかとも思える。大きな耳輪をしているから大耳、耳輪が垂れているから垂耳、いわゆるイヤリングをしているのじゃないかと考えられる。

それで耳輪のことをいろいろ調べてみますと、河口貞徳さんという考古学者が、大隅半島の大根占というところから出土した岩偶に耳輪のあとがあるということを述べられているので、必ずしも私の空想ばかりではないだろうと思いだしたわけです。そういうことで「耳」というものに関心をもつようになりました。『漢書』「地理志」などにも、儋耳の者は大耳をもち、王者の耳は肩下三寸まで下がるという言葉もあります。十五世紀末、済州島の船が与那国の沖で漂流しているうちに与那国の島民に助けられた記録がいまも残っていますけれども、その与那国では島民が耳に小さい青玉を貫いており、耳は二、三寸ばかり垂れているということが書いてある。また玉を貫いたものを頭のてっぺんで三、四回めぐらして、さらに一尺ばかり垂らしているという記事もあるわけです。それから最近、岩崎卓爾の本で知ったのですが、江戸時代の末期のころ、八重山の漁民が台湾に漂着、そこで西のほうに大耳の国があることを聞いたという記録があるのです。十九世紀ころまで大耳ということが現地ではいわれていた。要するに大耳ということからして、大きな耳輪を下げた連中がいたと考えられる。しかも彼らは、ヒョウタン、あるいは卵から生まれるという始祖説話をもっていたかもしれない。また直接的には自分たちは犬から生まれたという考え方をもっている。そういう宇宙観をもった人々が、この日本列島の南九州の一角に住みついたのではなかろうかと思ってみたわけです。

そこで「耳」というものの痕跡がないだろうかということから始めたのが地名の渉猟なのです。地名については、たとえば神武帝は日向の美々津（みみつ）というところから東征に出ていて、そこの川は耳川というように、ミミという名前の地名がある。あるいは五島のいちばん西端、遣唐使が行ったというミミラクなども、あるいはそれに関係があるかもわかりません。そしてまた『日本書紀』や『古事記』を見ても、神武帝が吾田（あた）隼人、つまりいまの薩摩半島の隼人の娘のアヒラツヒメと結婚しまして、生んだのがタギシミミとキスミミというように、やはり「ミミ」という名がついています。それからさらに東征して摂津の三島でミゾクイミミの孫娘のヒメタタライスズヒメと結婚して、生んだのがカムヤイミミあるいはカムヌナカワミミとよばれ、やはり「ミミ」がつく。そういう点でひじょうに奇妙な暗合というか、一致が見られる。

そういう目で神武の系譜をたどると、神武だけじゃなくて、神武の四代くらい前から、またさらに神武の四代くらい後まで、ミミという名前がずっとついていく。まず最初にアマテラスの子供に天忍穂耳（アメノオシホミミ）というのがでている。本居宣長の『古事記伝』をひもとくと、穂というのは「大」という意味で、忍というのも「大」である。だから天の大大耳であると書いている。このアメノオシホミミとコノハナサクヤヒメが結婚してニニギノミコトが生まれ、その子供がヒコホホデミである。本居宣長によれば、ミとミミというのは同じことであるという。それからまた神武の子供の末弟がカムヌナカワミミ――これは綏靖天皇になる――その次にシキツヒコタマデミ、それからオキシミミというように、神武の子孫の四代くらいまではミミがつく。というように皇室の系譜には頻繁にミミという名前がでてきます。もう一つは、出雲のスサノオノミコトあるいはオオクニヌシノミコトにも、ミミという名前のついている系譜、たとえばトリミミとかいろいろありますが、出雲の系譜はどうも後代の作為的な匂いが強すぎるので、私はいちおう抜きにして考えてみました。

そのほか人名にミミがつくのは、たとえば神武天皇が美々津を出発して、国東半島を経て宇佐のほうにいったとき、ウサツヒコ、ウサツヒメの二人に迎えられますが、その子供がツネツミミとミミがつく。人名とミミとがまるで蝶のたわむれるようにたえずでてくる。さらに宇佐と関係の深い香春というところには一の岳、二の岳、三の岳があり、新羅の神が来て宿ったと『豊前国風土記』にでているところですが、そこに三つの神がいる。そのなかの一つがオシホネミミ、いわゆるオシホミミです。アメノオシホミミが山頂の一つに鎮座しているという伝承がある。そういうことでミミというものが見逃しがたい一つのシンボル・マークみたいな形であちこちにあるのです。

天目一箇神の象徴する金属の民

「耳」に関しては、後でもう少しお話ししますが、次に「目」の暗示する事柄について述べてみたいと思います。

私は出雲が好きで、何度も出雲に行ったり、あるいは菅谷踏鞴をのぞいたりしていたのですが、その菅谷踏鞴が戦後復元されて、そこで火入れが行われた。そのときに、堀江要四郎さんというおじいさんがいて、その聞き書きを石塚尊俊さんがとって『鑪と鍛冶』という本のなかで書いていますが、それによると、鍛冶をする人は目をやられることがひじょうに多いという。六十ぐらいまでに一眼があがってしまう人たちが多いといいます。そのほか私も千種鋼で有名な兵庫県の岩野辺というところで話を聞いたことがありますが、そこでもそういう話をする。鉄工場なんかでもひじょうに乱視が多い。乱視がだんだん弱視になって、そして見えなくなる。それで一眼あがるということが、いわゆる目一箇神信仰の最初の起因ではなかっただろうかと考えたのです。

そこで、柳田国男の『一目小僧その他』で展開されている説とは、ずいぶん考え方がちがうことになるので、それを仔細に検討してみようということで、一つ目の神を祀る神社、あるいはまた神が目を突いて一眼になったというような話を調べてみたのです。そうすると、それはどうも単に信仰の問題じゃなくて、やはり製銅とか製鉄とか、金属の製錬に関係のあることが確証されてきました。柳田さんの説は、ある程度まで鍛冶の問題を考えながら中途で追究をやめたのじゃないかと思います。「鍛冶」という言葉も、もともとカネウチあるいはカナウチからきている。カナウチがカヌチということになって、それからカジということになった。いまは「カジ」という言葉に「鍛冶」という字を当てていますけれども、「鍛」と書いてももちろん当て字なのですね。鍛冶の「冶」は政治の「治」ではなくて、冶金の「冶」で「ジ」とは読めない。なぜそれを当て字にしたかというと、やはりカネウチ、カヌチ、カジという音韻の変化がもともと日本にあって、それが「鍛冶」というふうに当てられたからです。それでいわゆるカヌチ、カネウチが「メッカチ」という言葉ともつながっていく。あるいは「メッコ」という言葉にもつながっていくように思われる。そうすると金を打つということ、つまり金属を鍛錬するということが要するに一つ目とつながっていくことは、言葉のうえでもはっきりしてくる。

話がとびますけれども、平将門を祀る神社が武蔵国にあって、史実だと将門は矢でこめかみを射たれるわけですが、そうじゃなくて目を射られて一つ目になったという伝承があるのです。それで瞎(かつ)明神というい方をしている。ですから、カツあるいはカチという言葉がメッカチの「カチ」とつながっていくことはそれでもわかるのじゃないかと思いますが、要するに大鍛冶、小鍛冶に従事している人たちは、目をやられる公算がきわめて大であるということから、目一箇神の伝承がでてきたのじゃないかと思ったのです。

そこで目一箇神の伝承を考える場合に、系図からいうと、天目一箇神(あめのまひとつのかみ)というのは忌部(いんべ)の先祖になる。とくに伊勢と筑紫の忌部の先祖になるのですけれども、伊勢のほうにはいわゆる多度の一目連というのがいまでも残っています。そういうことで忌部の先祖が天目一箇神になるということがいえる。さらにさかのぼるとタカミムスビまでいく。タカミムスビが「天目一箇神をして、雑(くさぐさ)の刀(たち)・斧(をの)、及び鉄鐸(さなぎ)をつくらしむ」となっている。その前は「天香山の銅(かね)を取りて」云々とあります。それからまたタカミムスビは「天の金山の鉄(まがね)を取りて、鍛人天津麻羅(かぬちあまつまら)を求(ま)ぎて、伊斯許理度売命(いしこりどめのみこと)に科(おほ)せて鏡を作らしめ」るというふうにもなっているのです。そうすると、タカミムスビは天目一箇神をしていろんな金属器をつくらせた。もう一つは、アマツマラをつれてきてイシコリドメに命じてつくらせたということになっているわけです。いずれにしても金属をつくらせる命令者になっている。ここでアマツマラというのは、物部の先祖のニギハヤヒが天磐船(あめのいわふね)に乗って来たときに、そこに同乗していた部下の名前なのです。おそらく物部のほうはアマツマラにつながっていくし、また忌部は天目一箇神につながっていくのじゃないか。しかし物部のほうにも物部目連(めのむらじ)などというのもいますので、必ずしも杓子定規にいきませんけれども、だいたい大別すればそうなるのじゃないかと思います。

ですから、製銅あるいは製鉄に従事していた人が目をやられる、それがひじょうに特徴的なことであるし、また製銅や製鉄の仕事自体が常人にはできないしわざであるということから、それが尊崇されて天目一箇神になったという考え方と、もう一つは、金属の製錬は人間の生殖を想起させるということがあっただろうと思います。いまでもホド穴からのぞいて、なかの炎のぐあいを見ますが、ホド穴というのはホトの穴ですね。それからまた熔けた金属、つまり湯が流れだすところもホド穴といわれている。エリアーデなども、踏鞴は子宮を意味しているといいますが、ホド穴は、もちろん人間の生産と関係がある。イザナミノミコトが火の神のカグツチを生むときに、陰(ほと)を焼かれて神避(さ)りましきというようなことも『古事記』にあって、いわゆる産道がただれて死んだということにもなっている。

そういうことで金属の神には二つの概念があっただろうと思う。一つは、それに従事する人の目がひじょうに特徴的であった。もう一つは、生産過程自体が人間の生殖にやはり関連がある。これはもちろん金属器だけじゃなくて、たとえば稲なんかでも、父稲、母稲があってそのなかに子稲がいるという穀霊の誕生なんかでもいえますけれども、金属器でもやはり同じようなことがある。

このイシコリドメというのは「石を凝る」、すなわち堅いものを切る女ということで、これはある人の説によると、産婆を意味していたのじゃないかというのです。いわゆる鍛冶屋の母あるいは妻の役割をしていたのじゃないか。鍛冶屋の技術には実際には携わらないにしても、いちおう鍛冶屋自体がマジカルなものをもっているということから、その妻および母はやはり信仰のうえで人間の安産を助ける能力をもっているという時代が想起されたのじゃないか。タカミムスビ自体もこれは祖(みおや)ということになっている。祖というのはだいたい母方のほうにつける言葉ですから、これは男でなくてやはりおばあさんという感じだと思います。ですから、イシコリドメなんかとも同じような、つまり金属のように熔かしてつくりあげるという、その「天地鎔造の功」でタカミムスビが大和に祀られるということは、やはりそこに金属器を生産するときの助産婦的な意味をもっていたのじゃないかと私は思うのですが、いずれにしても、日本にはそういう鍛冶にたいする二通りの信仰があっただろうと考えます。

アマツマラについては、加藤玄智という人が男根じゃないかという説をたてています。形態的に考えて、たとえば男の尿道が目になってくるという、ひじょうに俗流な考え方なのですが、それにたいして柳田さんは、そういう考えはとらない。私もおそらく加藤玄智はアマツマラと天目一箇神をやはり混同しているとは思います。しかし一方、アマツマラとか古閇（こまら）――平野神社に祀っているのは古閇という神さまです――など物部系にはそういうものがあったということは否定できないだろうと思います。

そこでこんどは目に関する神社をずっとあたってみると、点々とあって、それがだいたい金属神につながっている。その事例は私の本にたくさんだしておきましたので、ご参照いただきたいと思いますが、要するに天目一箇神を祀る神社というものは、その背後に銅や鉄あるいは水銀、そういう古代の金属を精錬する技術を背負っているということがいえるだろうと思います。

「耳」と「目」の交叉するイメージ――稲と金属をもたらした人々

そこで、金属器をもった天目一箇神とか、またアマツマラなどをつれて来たニギハヤヒとかいうのは、いったいどこから来たかと考えると、対馬には豆酘（つつ）にタカミムスビを祀る高御魂（たかみむすび）神社があるし、また壱岐のほうにもタカミムスビを祀る高御祖神社があります。そういうことで、おそらく金属器をもって来たのは、朝鮮海峡、玄海灘を渡ってきた連中じゃないかと思われる。『日本書紀』や『古事記』にも倭鍛人とか韓鍛人というのがでていますが、そういう連中が朝鮮から渡ってきた。

一方、「耳」のほうは、さきほど申しましたように南中国からやって来た。その南中国からのルートは、一つにはやはり山東省あたりまで中国の沿岸部を北上して、それから黄海を横断する、そして朝鮮半島の南西部にしばらく足を留めて、それから玄界灘を通ってやって来たんじゃないかと私は思うのですけれども、南中国の人々がそのときにもって来たのは、やはり第一には稲だと思います。それとやはり金属器ですね。呉越というのは、呉の真刀といわれあるいは干将莫邪の剣というのが『日本書紀』なんかにもでてくるほどに、銅や鉄にたいしてひじょうにすぐれた技術をもっていたことから、おそらく金属器のほうもいっしょに日本にもって来たのじゃないかと思われる。金海の西のほうに固城というところがあって、そこから印文土器が出土して、それと同時に大麦の種とか稲の種とか、鞴のかけらだとか、そういうものがセットになってでている。そういうことから、どうも南中国のほうから朝鮮半島南部に来たんじゃないかと思われるわけです。円仁なんかも舟山列島あたりから山東半島の突端まで行って、それから朝鮮に渡っていますけれども、山東省はそのころ新羅の植民地的な根拠地であった。それはだいぶん後の話ですけれども、朝鮮の人たちと山東半島は、そういう意味でもひじょうに関係が深いのじゃないかと思います。

他方、「目」のほうは、日本に目一箇神の神社として点々とありますが、それが皇室の系譜のなかにもある。すでに岡正雄さんや三品彰英さんがいっているように、最初の天孫降臨の司令者はタカミムスビであり、それがだんだんアマテラスになってきている。そういうことで、日本にやってきた権力の消長というか、交代というものが、何らかの形で皇室の系譜のなかに表されているんじゃないか、そういうふうに考えてみることができると私は思うのです。タカミムスビは、さきほど申しあげましたように忌部の祖である天目一箇神を使役して金属器をつくらせたというのだから、仮にこれを「目」と考える。それからアマテラスというのは、天岩戸神話その他に見られるように稲作とひじょうに関係が深い。すなわち東南アジアと関係が深い。これを「耳」と考える。そうすると、最初に司令者としてタカミムスビがいて、そのあとでアマテラスに代わってきているのじゃないかと思えるのです。しかも男性はみな海人族の女と結婚する。オオヤマツミの娘のコノハナサクヤヒメとか、ワタツミの娘のトヨタマヒメとかタマヨリヒメとか、みんな海人の娘と結婚するというのが特徴なのです。その結婚のたびに「ミミ」という名前がつけられていることからして、やはり母方のほうの信仰、あるいは母方のほうの命名に従っているのじゃないか。つまり征服民が被征服民に同化されていく過程がひじょうによくわかるわけです。

その例として、先ほどもあげた福岡県の香春が、はっきりしています。『続日本後紀』には、香春の三つの峯に三柱の神がいて、第一の峯には辛国息長大姫大目命（からくにおきながおおひめおおめのみこと）を祀るとある。新羅の神がそこに移り住んでいると書いてありますから、辛国というのは新羅だと思っていい。息長というのはいろんな説があって、海にもぐる息が長いとか、海人族的な意味もありますけれども、ふいごの風がよく通ると考えていい。大姫というのは、要するに神と人間との間をとりもつ巫女（みこ）である。大目というのは、目が大きいというのじゃなくて、一つ目のことをいうのですね。ですから、これはやはり一つ目の神、しかも女の神、しかも新羅からやってきた神が第一の峯に祀られている。第二の峯には忍骨命（おしほねのみこと）、これは天忍穂耳命（あめのおしほみみのみこと）のことなのです。そして第三の峯には豊比売命（とよひめのみこと）、これは豊の国の女ですから、要するに地つきの先祖の神さまといっていい。そういうわけで、香春の三つの峯に三柱の神がいて、一つは目の神であり、一つは耳の神が宿っているということで、香春で最初の耳と目の結婚がなされたと考えてみることができるように思います。それはさらには皇室の系譜に見えるように、タカミムスビとアマテラスの系譜が結婚しながら次第に融合していくという形で表されているというふうに思います。

私のいいたいことは、以上のようなことですが、耳とか目の問題を追究する場合に、さきほどからいっておりますように、神社とか古代の氏族の名前、あるいはまた伝承と地名、この四つを組み合わせていきながら検討していく過程で、しだいに自分のなかで一つの方法論として意識されてきたのです。日本の民俗学というものは、いままでは稲作中心で考えられすぎていたのじゃないかということは、前々から感じていたのですが、こういうことをやっていると、ひじょうにそれがはっきりしてくる。たとえば風の問題一つとっても、柳田さんの民俗学というのは、風をプラスに考える視点が全く欠落してしまっている。風は農民にとってひじょうに強敵である、大敵であるということから、風の神というのは風を鎮める神というふうに思いこみすぎている。そうじゃなくて風を吹かせる神、風を歓迎する人たちのための神という視点も必要なわけです。そういうことに限らず柳田さんの考え方は、現代を基点とした農耕社会中心になっているということがいえるだろうと私は思います。

（「創造の世界」三四号、一九八〇年五月）

蛇・雷・鍛冶

雷と蛇とが同一のものであるということは本巻に収められている『常陸国風土記』の中の晡時臥の山の話にうかがうことができる。そこでは大空に昇ろうとした大蛇が自分の母の兄を震り殺したと記されている。したがって蛇は雷神でもあることが明瞭である。説話の末尾には、蛇の母とその兄の子孫が今も祭をおこなっていると述べられているが、そこは現在水戸市飯富町にある藤内神社であるとされている。この社は竜蛇の霊を祀ったので立野社とも呼んだという。立野のタツは竜の意味である。

飯富はむかし大部と呼ばれていた地であり、その名前からして多氏の居住したところと推定できる。飯富と書いて「おう」と読ませる地名は千葉県の木更津にある。そこは多氏の根拠地とみなされている。そこで晡時臥の山の伝承も多氏が伝えたものと推定できる。『多氏古事記』には三輪山型の説話が伝えられているが、それは晡時臥の山の話とも似通っている。

多氏は九州が本貫で、のち大和朝廷の尖兵として東国の経営をおこなった氏族であるが、今日の潮来町の大生原も多氏の常陸における根拠地の一つと見なされる。また常陸の那賀の国造の祖の建借間命も、神武帝の長子の神八井耳命の子孫で、多氏と同族である。

『古事記』によると、神八井耳命の子孫で多氏の同族にあたるものに小子部連がある。『日本霊異記』に出てくる小子部栖軽が雷を捕える話も、小子部連が多氏の同族であることを前提として考えてみると、容易に理解できるのである。小子部栖軽は赤い幡のついた桙をささげて雷を追いかけたのであるが、おなじように

『日本霊異記』にある尾張国愛知郡（阿育知）片蕝（かたわ）里の農夫もまた金の杖をかかげて雷をとらえたことになっている。

雷は農夫の前に落ちて、小子（ちいさこ）となってひれ伏した。晡時臥山の話でも蛇＝雷は大空に昇ろうとするとき、従者として小童をつけてくれるように母に頼んでいる。

近藤喜博氏の『日本の鬼』によると、奈良県北葛城郡河合村佐味田の宝塚古墳から出土した家屋文鏡には、鏡背の図形に四個の家が鋳出されているが、その上空に電光形の模様があり、その電光形の内に小童がうずくまっているのが認められるとし、近藤氏はこれを雷神の小童と解している。

また「日本高僧伝」の「泰澄伝」には次の挿話が記されている。越後の国上寺で、ある信者が塔をつくったが、落雷のために三度もこわされてしまった。そこで四度目に塔が落成したとき、泰澄上人が塔のかたわらで法華経を読んだ。すると一天にわかにかきくもり雷鳴と稲妻がしきりにしていたが、一人の童男が雲の中から落ちてきた。童男をしばりあげると、許しを乞い、これから国上寺の四十里四方では落雷がないようにする、と誓った。この話とそっくりの話が『今昔物語』巻十二に載っている。

こうした例から古代には雷神は小子（小童）のかたちで表現されていたことが分かる。小子部の名もおそらくそこに由来するにちがいない。「雄略紀」には、天皇が少子部連蜾蠃（ちいさこべのむらじすがる）にむかって、三諸岳の大蛇をとってこさせた。天皇がその大蛇を見たとき、大蛇の目がかがやき、いなずまがひらめいたので、天皇は少子部連蜾蠃に少子部連雷の名を賜うたとある。

多氏と小子部（少子部）とが同族であることは、大和の多神社の注進状が、少子部連の逸話にながながと触れ、また多神社の若宮として子部神社をまつっていることでも分かる。子部神社から半町ばかりはなれたところに雷神をまつる小子部神社（あるいは蜾蠃神社とも称する）がある。チイサコベと雷神との関係はここにもうかがわれる。

では何故、雷神は小童の形であらわされたのであろうか。おそらく小人は鍛冶技術の専門家であるという言い伝えが古くから流布されていて、小子部連はその名を負ったと私は推測する。鍛冶屋の仕事は小人がもっとも得意とするという伝承は世界に分布している。小人は非常に器用な鋳金者であり、刀鍛冶としてみごとな腕前をもっていたという。北欧神話の神々のもつ大切な宝は、ほとんどすべて小人の作ったものであるという。小人は地下や岩の中に住んでおり、北欧の伝説では優秀な坑夫は小人であった。「神武紀」には神武帝が大和地方を平定したとき、葛城の高尾張の邑にいた赤銅の八十梟帥が頑強に抵抗したが、彼らは小人のような身体をしていたと記されている。赤銅と名がつくからにはこの小人たちは銅を鋳造することに関与していたことが想像される。彼らはじっさいに侏儒であったわけでなく、伝承の上での小人であったのである。

さきの晡時臥の山の伝説から思い起すものに『常陸国風土記逸文』に見られる伊福部岳の話がある。昔兄と妹とがいて田を作っていた。今日田植えの早植え競争にまけたものには伊福部の神のわざわいがあると言い合っていたが、妹の田植えはおそかった。そのとき雷が鳴って妹を蹴殺した。兄は雉の尾に麻糸をつけて、それをたよりにしながら、伊福部岳の上にのぼり雷神が寝ている所をつきとめて、斬ろうとすると、雷神は助命を乞い、百年の後、子々孫々にいたるまで雷に打たれる恐れのないようにすると誓った。そこで雷神を許してやった、という話である。

この伊福部岳はどこにあるのか。その所在地は明らかではない。「古典文学大系」の頭注では茨城県多賀郡豊浦町川尻の雉子明神社の北方の夷吹山であるとしている。そこは今日の日立市に属する。一方、吉田東伍の『大日本地名辞書』では、石岡市の西方にある上曽をそれにあてている。上曽の東南方に葺山があり、イフキとやや音が近いと述べている。『和名抄』には常陸国茨城郡に夷針郷が記載されている。『新編常陸国誌』は、上曽や鯨岡のあたりはもと井白郷ととなえ、上曽を伊字名郷と呼んでいるところから、井白、伊字名は伊志美の訛伝だろうと言っている。すなわち『和名抄』の夷針ももとは伊志美と読んだのだろうというのである。夷針をイジミと読むのは『姓氏家系大辞典』も『大日本地名辞書』も同然である。しかし私はこれに疑問を抱いている。夷針はイバリと読ませたのではないか。イバリはイブリに由来し、イブリとイフリとはおなじ語であると私は考える。とすれば夷針郷の上曽のあたりに伊福部岳が存在する理由も不自然でなくなる。愛知県の木曽川町大字門間には、伊福部宿禰の祖の火明命をまつる伊富利部神社がある。

こうしてみると、夷針郷にある伊福部岳の伝承は伊福部氏のもちつたえたものである。その説話で伊福部神がはっきり雷神として登場していることが注目される。

インドシナのレンガオ族は雷神を鍛冶屋のパトロンと見ている。また金物技術の師匠となる者はすべて雷神について夢をみるという。中国の西北部にあたる青海省に住む土族も鍛冶神とつながりがある。ギリシア神話の一つ目の巨人のキクロペスが、ゼウスの雷電をきたえる鍛冶屋であることは名高い話である。

越後の弥彦神社の周辺には、十二月八日、つまりふいご祭の日に、天からふいごが降ってきたという伝承があり、『大和志料』には大和国高市郡は日本の鍛冶の発祥の地であり、大昔、石槌・鉄錐が天から降ってきたので、鉄錐庄と言うとある。空から鍛冶の道具が降ってくるという話は、アフリカのエヴェ族などにもある。

こうしてみれば、蛇＝雷＝鍛冶の集団三者の等式は明白である。
蛇がなぜ雷と同一のものと見られてきたかと言えば、稲妻が竜のかたちを想像させるからである。竜巻もまた天に昇ろうとする竜の姿として古代人の眼に映ったのであろう。空にかかる虹も蛇と同類に思われていた。こうして地上の蛇と天上の雷はつながった。更に鍛冶屋の間断ない轟音と炎の光と色とは、さながら雷鳴と電光にふさわしいものと受けとられてきたのである。

伊福部氏が銅鐸鋳造に関わりがあると見られるのは、全国各地の伊福という地名をもった場所から銅鐸が出土するという事実によっても明らかである。その伊福部氏の神が雷神であり、多氏は蛇神にまつわる三輪山型説話をもち、多氏の同族の小子部連は、雷神制圧の技術をもっていたということからして、これら三つの氏族は雷神とふかくかかわりあっていることは疑うべくもない。それは金属器製造に関与し、武器をも製造する氏族であったことを物語る。

壬申の乱のとき、大海人皇子の決起に最初に呼応したのは美濃国安八磨郡の湯沐令（ゆのうながし）である多臣品治（おうのおみほむじ）であった。彼は多氏の一族で太安麻呂の父とみられる人物である。またそのとき、尾張の国司守（くにのみこともちのかみ）小子部鉏鉤（さひち）が大海人皇子のいる美濃国不破郡の郡家にはせ参じている。そこは今の垂井町付近である。鉏鉤の鉏は鋤を意味する。金属の道具を自分の名につけたのは、小子部氏の性格の一端を示している。さて垂井町の伊吹という集落には、伊富岐神社がある。伊富岐神社が記録にあらわれるのは仁寿二年（八五二）のことであるが、しかし壬申の乱の折に、伊富岐神を氏神とする伊福部氏がそこに居住し、鉄の武器の製造に従事していたことは充分に想像し得ることである。こうして、蛇、雷、鍛冶の等式は、壬申の乱のときに、不破の関の近くにいて、伊福部氏、多氏、小子部氏の三者の協力をとおして、歴史の上に実現したと見ることができる。

倭と日本

根強く残る皇国史観

邪馬台国の大和説と九州説

「倭と日本」というテーマは、「日本は同じことばを話す、同じ民族によって形成された国家社会であるという通念を古代にさかのぼらせてみると、必ずしもそうではない」ということをいいたいために掲げたものであります。

皇国史観は戦後に崩壊いたしました。しかしながら、その皇国史観で受けた体質、考え方は、私たちの中にいまもって深くしみこんでいる、ということがいえます。戦前・戦中に、皇国史観の教育を受けて育ち、またこの皇国史観を家庭教育の中で幼時から教えられたために、それが今日に至るまで、私たちの考えを呪縛（じゅばく）していると思うのです。小さいときであればあるほど、教育というものは効果を奏することになります。

（『鑑賞日本の古典1　古事記・風土記・日本霊異記』月報14　尚学図書、一九八一年九月）

つまり、皇国史観は崩壊したのですが、近畿中心主義あるいは大和中心主義とでも申しますところの、国の中央に中心地域があって、その中心地域が国のすみずみまでを支配しているという考え方は、戦後も根強く残っています。

戦前からも、この考え方は牢固としてありました。その例として、邪馬台国(やまたいこく)の所在地を決めようとする場合に、京都大学を中心とした歴史学者は、だいたいにおいて、いまの奈良県に邪馬台国を置くという考え方であります。内藤湖南をはじめとして現存の歴史学者に至るまで、京都・大阪あたりで教えている古代史家は大和説をとっているように思います。もちろん例外もありまして、考古学者の森浩一さんの場合は九州説であります。一方、九州説をとっている学者は、東京大学を中心とした東京に多いということがいえると思います。坂本太郎さんとか井上光貞さんとかは九州説をとっています。東京には和歌森太郎さん、あるいはその先生の肥後和男さんのように、大和説もなきにしもあらずですが、だいたい東大を中心として文化人類学の大林太良さんに至るまで、九州説を考えているようであります。

しかしながら、一時、九州説も力を持ちましたけれど、だいたいにおいて畿内に中心があったという考え方から、邪馬台国は畿内になければならないという、論理的な考え以前の超論理といいますか前論理といいますか、そういう考え方が学者の中にも無意識に働いて、邪馬台国は大和にあるとした。したがって、邪馬台国の後進である大和朝廷も、大和の一角から全国に号令を下すという考え方が戦前にあって、なお現在も依然としてそれが引き継がれているようです。

九州説の場合は、邪馬台国を大和朝廷の前身とするときに、いくらか国体論の上からはばかられるということから、むしろそれと別個な形にしたほうが無難である、という意識も働いて、九州説を論じた学者もあると思います。

アイヌと蝦夷に対する考え方

このように、学問というのが単に理屈だけではなくて、その前段階の考え方が無意識に作用していることは非常に大きいことだと私は思います。これは邪馬台国の問題だけではなくて、アイヌに関してもいえるわけでして、いまから三十年ぐらい前までは、東北大学はだいたいアイヌと蝦夷は違うという考え方であり、それに対して北海道大学の学者はアイヌ即蝦夷であるという考え方をとっていたように見受けられます。

その心理的な要因が奈辺に存在するかと考えますと、北海道はだいたい明治以降に移住した人たちが多いのです。もちろん幕末にも松前藩がありましたし、移住者がないわけではありませんでしたが、圧倒的に明治以降に、いわゆるシャモと呼ばれる和人たちが移住しております。

そこで、アイヌと蝦夷がいっしょであったにしても、一向、差し支えないわけです。なぜなら、自分たちはアイヌではないという考え方が前提にあるからです。また、蝦夷が東北を中心として居住していたとすれば、北海道に移住した人は必ずしも東北からだけではありませんので、アイヌと蝦夷を連続したものとする考え方は、一向に自分の身に振りかかってこない。

しかし、東北地方の人はそうではありません。東北出身の人たちが東北を対象とした学問の研究を行うときに、一段低く見られていたアイヌと、蝦夷の後進である自分たちとの間につながりがあるという考え方は肯定できにくい、というような心情が働いていたのではないかと私は思います。

このように、学問といえども、心理的要因に左右されることがあると思われます。そういうことを考えてみますと、私たちが戦前・戦中に受けた皇国史観なり近畿中心主義の考え方が、いかにわれわれの考え方を呪縛して、われわれの目を見えなくさせているか。見ようと思ってもどうしても見えない、考えようと思っても考えられない。そして結局は、皇国史観の規制はなくなってしまったにしても、私たちの考えそのものが、おのずからそういう皇国史観的なところへ、近畿中心主義のほうへ、単一民族のほうへと動く。そういう傾向を持っていることを、まずもって警戒せねばならないということが、この話の最初に申し上げたいことなのです。

たとえば、蝦夷とか隼人(はやと)とかいうと、大和朝廷に対して反乱を繰り返してきたとされている。しかし、果たしてそれが反乱と呼べるかどうか、もう一度ここで考えてみる必要があります。つまり大和朝廷のほうからいえば、辺境で反乱を起こしている。しかしながら蝦夷の立場から考えますと、いまの岩手県の盛岡から一ノ関の北あたりまでの、いわゆる奥六郡と称する地域に蟠踞(ばんきょ)していた安倍氏、あるいはその前身の蝦夷たちにとっては、何千年と過ごしていた自分たちの天地に、南の方から侵略を繰り返してきた、としか考えられないわけです。自分たちは昔からそこで自足していたのに対して、大和朝廷のほうでは奈良時代以来、しきりに侵略を試みてくる。その侵略の正当性を証拠だてるものは何一つないわけです。ただあるのは、私たちが戦前・戦中から習っておりますところの皇国史観であります。そしてまた、それの準拠となる『日本書紀』とかその他の史書でありまして、それ以外に隼人とか蝦夷とかを侵略することを正当化する理由はまったくない。さらに、ある程度、その侵略が成功した場合でも、蝦夷の豪族である安倍氏が奥六郡に拠(よ)って、税金を取り立て、軍事的な徴兵権を持っている。この二つの権利を手中にして、さながら独立国のような観を呈している。それを大和朝廷のほうでは、けしからん、税金を大和朝廷に納めない、兵馬の徴集権を乱用していうというふうにいっても、それは侵略軍の勝手な言い方であって、自分たちの土地を治める者が、その領民から税金を取り立てても一向おかしくないわけです。

　こういうことをいま申し上げると、どこか抵抗感を持つ人がおられるだろうと思います。私自身も、こういいながら、心の一部に、なおかつ幼児教育がいまの自分の発言に対して抵抗をしております。

　私は、津軽までまいりまして青森空港から昨夜、東京に帰ってきたのですが、現地に行きますと、津軽・下北、そして北上川の上流から中流あたりは蝦夷の王国であったことがまぎれもない事実として実感できます。それを証拠だてる地名がたくさん残っております。蝦夷の地名が残り、そしてアイヌ語の地名がたくさん残っているのです。

「十三の砂山」という民謡でもご承知の十三湖のほとりまでまいりました。これは金田一京助によりますと、「十三」ということばは昔は「トサ」で、「ト」は湖、「サ」はほとりを意味するアイヌ語の「サム」から来たのであると。「トサム」が「トサ」と短くなったのであるというふうに『北奥地名考』の中で解説しております。

　それからあの近所に入間神社というのがあって、これはアイヌ語の「エンルム」という岬を表すことばに由来している。「エンルム」は「エリモ」、あるいは「エトモ」というふうになって、北海道では岬を表すことばになっております。

　そして十三の南に車力という村があります。この「シャリキ」は、アイヌ語で葦のことを意味する。「シャリキ」の「キ」は禾本科（イネ科）植物を表すもので、「シャル」あるいは「サル」は泥炭地を表すものです。ですから、そこは湿地帯であったわけです。その車力村一帯は有名な葦（アシガヤと現地ではいう）の産地なのです。これをもって屋根を葺いたりするのですが、そういう土地柄にふさわしく、車力という名前が付いております。

東北地方では、昔はサルケというのがありました。「猿毛」と書きます。これは何かというと、泥炭を掘って煉瓦のように四角に切り、日に干したものです。それを燃料として用いたのですが、これもアイヌ語です。それを東北の人は、アイヌ語とも知らずに猿毛といったのです。北海道にも猿川という地名がありますが、それもまったく同じです。遠野には猿ヶ石川というのがあります。この「サル」も同じであります。

私が話を聞いた、あるお年寄りは、「自分たちは猿毛くさいといわれていた」といっておりました。泥炭（猿毛）を使う家では、これをかまどにくべると、においが部屋に充満して、簞笥（たんす）の隙間からはいって中の衣類にまでしみ通ってしまう。だから、それを使うところは、「猿毛くさい」といわれたということを、笑って話してくれました。

一色ではない日本の国土

岩手県の北には二戸（にのへ）市というところがありますが、以前は福岡と呼んでおりました。九戸（くのへ）城という城のあるところです。その二戸市でタクシーを拾ってあちこち回ったのですが、そのときの運転手がちょうど昭和元年生まれだということでしたが、自分たちの小さいころは、みんな稗飯（ひえめし）だったと話していました。米は食べたことがないと。これは貧富の差があって貧しい家だけが稗を食べたのではなく、ことごとくの家が稗飯だったわけです。その稗飯にイワシの焼いたのがご馳走だったということです。また、次の日に違ったタクシーをやとったのですが、その運転手は、「朝鮮動乱の前までは、わたしたちは稗飯を食べておりました」

といっていました。ですから、盛岡から一時間ばかり北へ行った好摩、さらに福岡（いまの二戸市）あたりとそれから北は、完全な稗地帯なのです。津軽の方は、岩木川のほとりが沃野になっていまして、米の飯を食べていたわけですが、下北半島の方に通じる七戸とか野辺地のあたりは、みんな稗地帯だった。岩手山地もそうです。

そこで私はつくづく考えたのですが、私と同じくらいの年輩の人たちの中に、米の飯ばかり食べて稗など見たこともないという人がいるかと思うと、一方に稗ばかり食べていた人がいたということです。しかも、そういう人たちがかなり広範囲に住んでいたということは、ほんとは歴史が教えなくてはいけないことです。それなのに、歴史はそんなことは何も語らないで「豊葦原瑞穂国は」と神勅を朗々と諳んじさせられました。おそらく岩手県北部・青森県下北半島一帯の人たちも同じような神勅を暗唱させられたと思うのです。しかし、われわれとはまったく違った生活をしていた。彼らにとっては、軍隊に入って米の飯を食べるということが、ほんとうにうれしいことだったのです。ですから、軍隊で二年の勤めが満期になると、もう一度軍隊に志願して米の飯を食べたいという欲望が極めて熾烈になる。

ところが、そういうような歴史を私たちは習っていない。私は九州の人間ですが、九州の一角に住んでいて、私たちと同じような年輩の人たちが日本のどこかで稗飯ばかり食べていたということを一度も習ったことがない。「豊葦原瑞穂国」ということは、米の飯を食べている者には実感できても、稗を食べていた人たちには実感としてわからないのです。

また北海道に住む人たちは、私たちが国定教科書で習った蝦夷征伐の歴史を、学校で習わされる。自分たちが征伐されるという歴史を書いた教科書を読まされるわけです。こうした矛盾があるということに、われわれは気づかないでいる。とくに西の方は、それに対して無関心である、鈍感である、ということがいえるだろうと思います。

「倭と日本」というテーマを持ち出したのは、そうした日本の国土があるにもかかわらず、われわれはどうしてもただ一つの基調音で日本の歴史が奏されていると思いやすい、またそのことがいかに固定観念であり偏見であるかということを最初に申し上げたかったからです。

いまでもそういう状況でありますから、かつての日本の歴史は、決して一つの色で塗りつぶされていたわけではない。さまざまな色があって、その色合いは単に陰影の違いというだけではなくて、異質のものが合成され複合されながら、一つのものとしてまとまってきた。その例として「倭と日本」の例を持ち出してきたいと思ったわけです。ただし、ここでいう日本は現在の日本ではありません。そのことをあらかじめご承知願いたいと思います。

文献にみる日本

中国の史書からみた日本

三世紀に中国で書かれた史書『三国志』の「東夷伝」の中に、日本について書いた「倭人の条」、通称「魏志倭人伝」があります。

> 倭人は帯方の東南大海の中に在り。山島に依りて国邑を為す。旧百余国、漢の時に朝見する者有り、い

ま使訳通ずる所、三十国。

というような文章から始まっていますが、そのあと、五世紀に『宋書』の「倭国伝」というのが出てまいります。その次に七世紀になりますと、『隋書』が出てまいります。『隋書』の中にも「倭国の条」があります。さらに、唐に至って非常に変わった記事が出現するわけです。『旧唐書』といって、九世紀の後半から十世紀の前半に作られた歴史書でありまして、そこにはどう書いてあるかといいますと、それまでは「倭国伝」となっていたのが「倭国日本伝」となっている。なぜ「倭国伝」ではなくて「倭国日本伝」なのか。ところが、この『旧唐書』ができてのち数十年たってまた『新唐書』というのができています。それには単に「日本伝」となっています。

そこで、いままでの「倭国伝」の流れと、次の『新唐書』に始まる「日本伝」の間に、「倭国日本伝」という極めて異例な表現が『旧唐書』に使われている。これは一見、倭国と日本とを同義語として扱っているようにも思われますが、内容を読んでみると、そうではないわけです。どういうふうなことが書いてあるかといいますと、

日本国は倭国の別種なり。その国、日辺にあるをもって、ゆえに日本をもって名となす。あるいは言う、倭国みずからその名の雅ならざるをにくみ、改めて日本となすと。あるいは言う、日本はもと小国、倭国の地を合わせたりと。

となっています。日本国というのは倭国の別種である。同じような倭人が構成している国であるけれども、別の国であると。しかしながら、まったく違う国ではない。それを構成しているのはやはり倭国と共通しているものがある。

これはまことに聞き捨てならぬ、見過ごすことのできない記事でありまして、倭人のつくった国に倭国と別の国の日本と二つあったということであります。それからまた、日本はもともと小さかったのだけれど、倭国の地を併合してしまったということもいってるわけであります。

『新唐書』の「日本伝」には、こうなっています。

倭の名を憎みあらためて日本と号す。使者みずから言う。国、日の出(いず)る所に近し。ゆえに名となすと。あるいは言う。日本はすなわち小国、倭の併するところとなる。ゆえにその号を冒(おか)せりと。

これは逆になっています。つまり、日本は小国であったから倭国から併合されてしまったと。したがって、倭国は併合したところの日本の国号をとって「日本」と名付けたのだ、といっているわけです。「使者みずから言う」というのは、日本から中国に派遣された遣唐使のことばとしていっているわけです。「あるいは言う」というのは遣唐使のことばか風説か、あるいは遣唐使以外の日本人が話をしたのかわかりませんが、「日本はすなわち小国、倭の併するところとなる。ゆえにその号を冒せり」とある。『旧唐書』の話と『新唐書』の話とは、倭と日本が並列して存在していて、そして『旧唐書』の場合は日本国が倭国を併合した、『新唐書』では倭国が日本国を併合した、と逆になっておりますが、私は『新唐書』のほうがほんとうではないかと思っております。なぜそう思うか、ということも含めながら、これからご説明していきたいと思っています。

日本列島の地理を考えますと、「日本国は日の出る方にある」というのですから、倭国よりも日本国のほうが東方にある。「倭国は倭奴国(わのなのくに)の後裔である」とも書いてありますので、これは九州をまず念頭に置く必要があるのではないかと思います。そしてまた、その九州を中心とした倭国の別種としての日本が「日の出る所に近い」ということですから、私の考えでは近畿地方を中心としたのではないかと思うわけです。日本をもう少し東の方に考える説もありまして、それはあとでご披露したいと思います。私は倭国を九州を中心とした国、日本国を近畿を中心とした国というふうに考えるわけであります。

それでは、いまの関東とか東北とかは、日本国にはいるのかはいらないのか。『旧唐書』ではこうなっています。

> また言う、その国の境、東西南北各々数千里あり。西界、南界はみな大海に至り、東界、北界は大山ありて限りをなし、山外はすなわち毛人の国なりと。

西と南の境界は海に連なっているが、東と北には大きな山があって、そこで境界をなし、その大きな山の外側、つまり東側あるいは北側は毛人の国である、といっています。

そこで日本国というのは、その大きな山の西および南であって、その東および北は日本国でないと、ここにはっきり出ています。『宋書』「倭国伝」に、倭の王の武が「東は毛人を征すること五十五国」という報告を出しているのが載っておりますが、そこにある毛人の五十五国と、この『旧唐書』の毛人の国とは、だいたい重なり合う地域であることは推定できます。これは日本ではなく、もちろん倭でもない。その毛人の国というのが蝦夷の国であることはいうまでもないことであります。かつては日本列島に、倭国と、日本国と、毛人の支配する国と、この三つがあったことがここでわかるのです。

この『新唐書』あるいは『旧唐書』を信じていいかどうかという問題になりますが、日本の史家はほとんど関心の外に置いておりました。戦前の日本の史観からいえば、まことにバカバカしいことだ、というふうに考えていただろうと思いますし、またそれを信じるようなことをいったら当局の忌諱（きき）に触れるおそれがあった。しかし、遣唐使を派遣した日本の情報がかなり正確に中国に伝わっていた時代に、倭国と日本とが二つあるという記事を中国側が書いたということについては、これを一笑に付すことはとうていできないのであります。

『日本書紀』や『古事記』にみる日本

「日本」という国号が対外的に使用されたのは、大化の年代と大ざっぱにいわれております。あるいは『日本書紀』の編纂のときあたりだろうともいわれ、かなりあとになってから、この「日本」という国号が日本国を代表することばとして使用されているのです。

では、その前は何と呼んだかというと、「倭」とか「倭国」とかいう形です。日本の国内ではどう使用されていたか。それは「ヤマト」ということばだったと思います。「日本」を「ヤマト」と読ませる例はたくさんあります。そもそも「倭国」というのは、中国・朝鮮で用いられた日本の古称で、蔑称のことばだと思います。「倭」というのは背が低いとか、矮小(わいしょう)であるとか、猥雑(わいざつ)であるとか、決していいことばでないことはたしかです。ずる賢いとか、ごまかすとか、嘘つきとか、そういう意味もたぶん入っていると思いますが、そういうことばで呼ばれることは屈辱的なことですけれど、それを我慢してきている。しかし、日本の中では、自分の国を「ヤマト」という言い方で呼んでいたと思います。

その「ヤマト」ということば自体が日本列島全体を指す前には、大和一国を指していたということはいえるのですが、さらにその前は、この「ヤマト」というのは普通名詞だった。邪馬台国に比定される福岡県の南と熊本県の北に山門(やまと)郡というのがありますけれど、これは山の出入口を意味する。水の出入口を「ミナト」と申しますように、山の出入口を「ヤマト」といったのです。いまでも「大和」「山門」「山都」という地名はたくさんある。しかし、それがだんだん固有名詞化してきます。

最初に「大和」ということばが固有名詞として使われたのは、私の考えでは、おそらく三輪山の近くだっただろうと思います。いまの天理市に「大和神社」と書いて「オオヤマト神社」と呼ぶ神社があります。あの付近まで延びていた地域、要するに大和国中の東側、三輪山を中心としたその地域を「オオヤマト」、あるいは「ヤマト」と呼んでいた。それが大和一国に広がり、やがては日本列島に広がっていったという形でしょう。たとえば『万葉集』の巻三にもそのヤマトの国が出ています。「日の本の倭の国の鎮とも」、あるいは「日の本の倭の国は」と出ています。「日の本」というのが倭の枕詞に使われているのです。つまり、日の本と倭は同格である、ということはいえるわけです。

それでは「日の本」と呼ぶのはいったい何か。倭には「日の本の」という枕詞と同時に、「そらみつ」という枕詞があります。『日本書紀』の神武天皇の条に、こういうふうに書かれております。

饒速日命 天磐船に乗りて大空をめぐりゆきて、この国を睨りて天降りたまふに至りて、故、因りて名付けて虚空見つ日本の国という。

物部氏の先祖の饒速日命が、天磐船に乗って大空を駆け巡ってこの大和国に天降りするにおよんで「虚空見つ日本の国」と呼ばれたのだと。これには「空から見た」という解釈もありますが、それはかなりこじつけだと私は思うのです。「虚空見つ」の意味は、いまもってなかなかむずかしいのですけれど、「空から見た」という意味のことばではおそらくないだろうと思います。

この天磐船の話は、『日本書紀』神武天皇の条に、もう一つ書かれておりまして、神武帝が東征するときに塩土老翁という翁に聞いた話として、「ひむがしの方によき国あり。青山四方に囲れり。その中にまた天磐船に乗りて飛び降るものあり」とあります。神武が東征する前に、東の方のよい国に天磐船に乗って飛び降った連中がいたと聞いているが、それは饒速日に違いない、といったということがここに出ているわけです。

　これは、『日本書紀』が、神武東征の前に、すでに東の方に自分たちの先行者、先発した者がいて、そこに居住していることを認めている記事なのであります。この天磐船に乗って降りた所が大和であるとなっておりますが、場所はどこかと考えますと、いまの生駒山脈（大和と河内の間）の峯で、饒速日山と称する峯があります。またその近くの河内の方に、天磐船が降りてきたといって饒速日命を祀っている岩船神社があります。そこには巨岩がありまして、これが天磐船のかけらだったといわれておりますが、もちろんあとでこじつけたのだろうと思います。しかしながら、生駒山脈の付近に、この饒速日命の居住地があったらしい。これは神話ですから、推定の域を出ない話ですが、天磐船が生駒山脈の西北の方にある、ということになりますと、その辺が饒速日命の居住地であっただろうという推定ができるわけです。

　こんどは話を少し変えまして、『古事記』の序文にある、次の文章について考えてみたいと思います。

　　亦、姓に於きて日下を玖沙訶と謂い、名におきて帯の字を多羅斯と謂う、此くの如き類は、本の随に改めず。

「姓」というのは氏姓であります。「日下を玖沙訶と謂い」つまり「日下」と書いて「玖沙訶」と読ませる。このような読み方はそのままにして、別に改めない、といっているわけです。そこでなぜ、「日下」を玖沙訶と読ませたかということが問題であります。

生駒山脈の西側に東大阪市がありますが、そこに日下(くさか)町という所があります。その日下という地名は、『日本書紀』の「神武紀」、あるいは『古事記』の中にも出てまいりますが、神武東征のときに大変な苦戦を味わわされた所です。『古事記』によりますと、神武の一行は、浪速(なみはや)の渡(わたり)を経て、青雲の白肩津(しらかたのつ)にとどまった。そこにナガスネヒコが軍隊をかまえていて、神武の一行をはばんだ。そのときナガスネヒコの矢で神武の兄の五瀬命(いつせのみこと)がひどい痛手をこうむった。五瀬命は、自分は日神(ひのかみ)の御子(みこ)として戦ったのだ。けれども、西から東へ向かって戦うということは太陽に向かって戦うことで、それがよくなかったのだ。だからいやしい奴らが放った矢で自分が痛手を受けてしまった。これからは迂回して日神を背負って戦おう、と誓った。しかし、紀国の男之水門(おのみなと)に行ったときにとうとう死んでしまう。

これが日下坂の戦いですが、これを見ますと、東大阪市の日下町は、もと海岸のすぐ近くにあった。大阪平野は縄文時代は海で、河内の海と称していた。古代にはいり、次第に干潟になりまして、四世紀ごろには河内潟と称していた。ですから、九州から瀬戸内海を経由して大阪湾にはいりますと、生駒山脈のすぐそばまで船が着けるようになっていた。現に日下貝塚というのがあり、縄文とか弥生とかの時代のシジミがたくさん出ます。その日下のことは、『万葉集』や『日本書紀』では「草香江」「草香津」となっており、それがいまの日下町になっているわけです。これはかつての入江なのです。

いまの『古事記』の話にありますように、太陽に向かって自分たちが戦争をしかけたから、自分たちは敗戦の痛手を受けねばならなかった、と五瀬命がいう。この「日下」という字は、私の推測ではもともとは「日(ひ)の下(もと)」と読んだのだろうと思うのです。この「下」という字を「モト」と読ませる例は「神武紀」にも出てまいります。では、「ヒノモト」と読ませたのがなぜ「クサカ」になったかといいますと、これは「飛ぶ鳥の飛鳥」「春の日の春日」もそうでありますように、枕詞を書いて地名を読ませてしまう。それと同じように「日の下の草香」といったのが、「クサカ」と読ませるようになったと推測しているのです。

これは私の考えでありますが、すでに国文学者の西宮一民氏がこれをいっております。ですから私の新説ではありません。ただ西宮氏は「ヒノシタ」と読ませています。私はこれを「ヒノモトノクサカ」と読んだのであります。そしてそれを「日本」という国号とつなげて考えているわけです。そこが西宮さんと違います。

では、なぜ「日下」を「ヒノモト」と読んだのか、ということですが、『旧唐書』『新唐書』に書いてあるように、「日辺にあるをもって、ゆえに日本をもって名となす」というのと照応するだろうと私は思います。そこは日の出る所、東の果て、太陽の出る所であると、当時、考えられていたに違いない。

中国の最古の字引きに『爾雅（じが）』というのがあります。この字引きが、日の出る所を「日下（にちげ）」としているわけです。「日（ひ）の下（もと）の草香」という草香をやめて「日下（くさか）」と読ませるときには、おそらくこの『爾雅』の「日下」が念頭にあったと思います。日の出る所を「日下」と読ませている、これが中国の考え方です。これを「日下（ひのもと）」に当てたのは何かというと、草香江が日の出る所だったからであります。それしか考えられない。

さらにその証拠を出してみたいと思います。

『万葉集』の巻六に、草香山を過ぎるときに神社忌寸老麻呂（かみこそのいみきおゆまろ）という人が作った次のような歌があります。

　　直越（ただこえ）のこの道にしておし照るや難波の海と名づけけらしも

「直越」というのは「日下（くさか）の直越（ただこえ）」といいまして、大和から河内に行くときの直線コースです。ちょうど日下を通ります。雄略天皇が若日下部王（わかくさかべおう）という日下にいた女性を妻問いに行ったとき、この日下の直越を越えたということが「雄略記」に出ておりますが、そこなのです。

日下の直越の道に立ってみると、「おし照る難波の海」と名づけたという理由がよくわかるのだ、と解すべき歌だと私は思うわけです。では、なぜ「日下の直越」だから「おし照る難波の海」と名づけたのがわかったのか、「難波」ということばは何に由来するか、ということですが、「神武紀」には、浪が速いから「浪速」とつづまったんだとしておりますが、それはこじつけでありましょう。もう一つは「魚庭(なにわ)」、魚がよく集まるからだ、というのもあります。これもこじつけのようであります。

「難波」にはもう一つ枕詞がありまして、「葦が散る」難波というのがある。「草香」の「草」も葦を指していると思います。「おし照る」という枕詞は何を表しているかということですが、魚が集まるというのでは「おし照る」の意味がわからない。なにか太陽に関係がある。「おし」というのは、ひたすらにとか、強くという意味で、「照る」というのが太陽に関係がありそうです。

また、「ナニワ」は「ナルニワ」の「ル」が落ちて「ナニワ」になったのだという説があります。古代史研究家の大和岩雄さんの説ですが、私はそれが正解だと思うわけです。この「ナル」というのは、朝鮮語で太陽を表しています。「ニワ」は、いまは日本語でも庭ですが、朝鮮語でも門を表すと、金思燁という人がいっておりますが、日本語で解いてもいいと思います。「ナル」というのは太陽です。大阪市に西成区(にしなり)という地名がありますが、すでに奈良時代の文献に東成という地名が出ている。これも「ナルニワ」の「ナル」と関係があるだろう。太陽（sun）と日（day）を表すことばとして、朝鮮語で「ナル」ということばがある。この「ナル」ということばは広くモンゴル辺りまで広がっているとみえまして、日本人という意味の「日人(にちじん)」というときは、南モンゴルでは「ナランフン」と呼ぶのだということをある人から聞いたことがあります。この「ナル」は非常に古いことばとみえて、沖縄・奄美にも伝わっております。沖縄にはテルコ、ナルコという神様がおります。テルコというのは「空に照る」太陽です。ナルコの「ナル」も太陽、コは日のなまったものだと思います。

この太陽を表すことばが朝鮮から伝わりまして、「ナニワ」ということばができた。そうしますと、「おし照る」ということばがそのまま「ナニワ」につながっていく。つまり、日下の直越の道に立つとはじめて、「太陽の照る難波」というように、難波に「おし照る」という枕ことばを付けた意味がよくわかるというわけですから、日下という所が太陽に関係していることはこの中に暗示されているわけです。「道にして」というのが、それを強調しているわけです。

朝鮮半島から北九州を経由し、さらに瀬戸内海を通って、瀬戸内海のいちばん東の河内に来ますと、河内の行き詰まりのところ、生駒山脈の峯、そこが東の果てであり、そしてまた日の出る所であった。そこは草香であって入江であった。つまり草香江、その入江こそ日の出る所であったというので、「日下の草香」というふうになった。「日下」と漢字で書く必要もなかったのですが、中国の古い字引きの『爾雅』に「日下」と書いて「日の出る所」とありましたから、これを「ヒノモト」と読ませ、また「クサカ」と読ませた、ということになるのであります。

神武が東征する以前に、饒速日命が天磐船に乗って、降下して、生駒山脈の山麓に蟠踞していたという事実が『日本書紀』に出ております。そういうことを考えますと、神武の軍隊が、先住者であるところの饒速日命の子孫と、それを応援するナガスネヒコの一味を攻めたときに、神武の兄の五瀬命が自分たちは太陽に向かって戦いを挑んだから敗戦せざるをえなかったのだ、といったその謎が解けるわけであります。つまり、そこは太陽の出る所だった。自分たちは日神の子孫である、といっていますけれども、それは大和朝廷が政権を取ってから、自分たちこそ日神の子孫であると考えたことでありまして、もともと日神の子孫であると考えられたのは饒速日命の子孫であった、というふうに思います。

饒速日命を先祖とするのは物部(もののべ)です。またナガスネヒコは「トミノナガスネヒコ」と書いてありますように、いまの奈良県の富雄町の方にいた豪族だと考えられるわけです。

『日本書紀』によりますと、ナガスネヒコは、神武帝がやってきたとき、自分たちの国を奪おうとして攻めてきているのだ、と怒るわけです。これは、天照大神(あまてらすおおみのかみ)が須佐之男命(すさのおのみこと)に立腹したときと同じことばを使っているのです。須佐之男命は自分の国を奪おうとしてやってきたのだ、と天照大神が怒る箇所が『日本書紀』にありますが、まったくわが国を奪おうとしている、というふうに書いてあります。その大和平野には神武東征の以前に、すでに先住者がいた、ということがいえるわけでして、その中心人物がナガスネヒコでありました。

またナガスネヒコの妹を饒速日命が娶ったというふうにもなっています。その間に生まれたのが宇摩志麻遅命(うましまじのみこと)であり、物部氏の先祖です。この大和の豪族と、天磐船に乗ってやってきた物部氏の先祖とがここで婚姻を結び、大きな勢力を持っていた時期が、私の推定ではおそらく弥生の後期以後であろうと思うのです。

私は、邪馬台国は九州にあったと理解しております。そのころ物部氏はすでに九州から生駒山麓に居を構えて勢威を張っていた。それがおそらく四世紀の初めだろうと思います。そして先住者の物部氏とナガスネヒコの連合軍を打ち破って大和の国に侵入してやってきたのが邪馬台国の東遷とされるものと考えます。邪馬台国の東遷についてはいろんな人が書いておりまして、坂本太郎さんは弥生の中期ごろに大和で邪馬台国ができたといっておりますが、井上光貞さんとか榎一雄さんは四世紀の初めごろだろうといっています。その東遷説は結構なのですが、ただ、そうした諸家の説で一つ欠けておりますのは、そのときすでに大和、河内と生駒山地を中心とした一帯に先住者がいたということを完全に抜きにした論説が展開されていることです。スポッと空白地帯にはいったみたいな書き方をされているのが私には不満であります。

久留米を中心とした筑紫平野にいた邪馬台国の一部の連中が巣分かれして、弥生時代の中期に、おそらく高地性集落などができて、倭国の大乱が一つの刺激剤となって東へ移っていったのではないか。それがいまの東大阪市の日下のあたりに居を構えたのではないか、というのが私の考え方なのです。物部氏はその中心だと考えています。

邪馬台国は、先住者が大和地方に移ったという情報を知っていた。再三「神武紀」にはそれが出てくる。それで自分もそういう所へ行こうと考えるわけです。それがいわゆる神武東征説話に反映されているというふうに理解するわけです。それで、二人のハツクニシラススメラミコト、すなわち神武天皇と崇神天皇は同一人物であったといわれておりますが、私もそのように理解しております。いわゆる神武東征という戦いと、それからまた大和一国を治める国内政治との二つに分けて、「神武紀」と「崇神紀」が書かれていると思います。それで「神武紀」は即位四年で終わりますが、「崇神紀」は即位四年から始まるわけです。そこでも一致していると私は思います。

「崇神紀」に始まる数代の王朝を「イリ王朝」と上田正昭さんなどは呼んでおります。上田さんは、邪馬台国は大和にあるという説のようなので、東遷という考え方は持っておられないようでありますが、私は九州の筑紫平野から大和の三輪山の麓に侵入した、そういう意味でのイリ王朝ではなかっただろうかと思うものであります。

それから江上波夫さんは、御間城入彦（みまきいりひこ）つまり崇神天皇は任那（みまな）からやってきたと理解されているようでありますが、私は別にそう考えなくてもいいだろうと思います。久留米の近くを三潴郡、「ミズマ」「ミヌマ」と呼んでいます。おそらく御間城入彦の「ミマ」ということばは、任那の「ミマ」ではなくて、三潴郡の「ミヌマ」が「ミマ」とつづまったのだと思います。あの辺は非常な湿地帯で水沼が多いのですから——いまの柳川あたりもかなりの湿地帯であり、水の神様を祀ってありますが——水沼信仰があった。そういう所からやってきた人だと思っております。

倭と日本

邪馬台国の東遷

話はいろいろと多岐にわたりましたが、私が考えてみたいのは、倭と日本とがあったということです。おそらく、『旧唐書』倭人伝にみられる倭国と日本という表現は、この四世紀の前半の日本列島の政治情勢を伝えたのではないかというふうに私は理解します。九州王朝があったという考え方を持っておられる古田武彦さんなどは、七世紀ごろまでは九州には別の王朝があったという説を立てておられるわけですが、私は九州がそこまで独立的な意味を持っていたとは理解できないのでありまして、四世紀に邪馬台国に代表される倭国が九州にあり、河内の日下（くさか）を日本の中心と考えている物部氏がいたと理解しているわけです。神武東征は、その戦いの表現ではないかと思うわけです。

「ヒノモトノクサカ」からさらに発展して、「ヒノモトノヤマト」というように、ヒノモトが枕詞として大和の上に付けられていくということは、おそらく物部氏の勢力が大和の方までも広がっていったことを表しているのではないだろうか、と思っているのです。

どうして邪馬台国が四世紀の初めに東遷したかといいますと、朝鮮半島の政治状況がそのころにすっかり変わってしまったということがあります。たとえば倭国に絶大な影響を持っておりました楽浪・帯方の二郡が三一三年に消滅してしまいました。そして新羅と百済が独立しはじめます。朝鮮半島がすっかり形勢を異にしてしまうということが、九州にいた邪馬台国にまた決定的な影響を与えます。そこで、東の方のもっと安全なところに自分たちは移りたいと考えて、先住者の物部氏とナガスネヒコという、大和の豪族のいる近畿地方に移動したのではないかと思っているわけです。

先ほどミマの話を申し上げましたが、ミマというのは、「雄略紀」などに出てくる水間君（みぬまのきみ）の水間です。「美馬」とも書きます。徳島県には美馬という地名があります。名古屋市には味鋺（あじま）神社というのがあります。『神名帳考証』や『日本書紀通証』を読みますと、味鋺神社は物部氏の先祖の味間見（うましまみ）神を祀るとなっているのです。これは饒速日命とナガスネヒコの妹との間に生まれた子供ですが、これはもともとミマなのです。それを「ウマシ」と読ませているわけです。『旧事本紀』に、物部阿遅古連（あじこのむらじ）は水間君の祖となり、とあります。これで見ると、筑後の三潴郡は物部氏の九州での拠点だったのです。そこで私は水間（ミヌマ）→水間（ミマ）→味間（ミマ）→味間（アジマ）→味間（ウマシマ）と変わっていったと考えるのです。ですから味間は水間とは相通ずるものがある。物部氏もこの水間君とつながる血脈を持っていた、と理解するわけです。そしてまた御間城入彦もこれとつながっているだろうと思うのです。

東国の大倭日高見国

ところで「日の本」ですが、この日の本がだんだん東へ移っていく、そこで問題が厄介になってきます。そのことをもう少し説明したいと思います。

豊臣秀吉が小田原を攻めたときに、なかなか城が落ちなかった。なんとかして北条氏を屈服させなくてはいけない。そのときの秀吉の手紙に、「この小田原の征伐こそは関東日の本までの置目」となっているとあります。この小田原征伐は関東はおろか日の本までしめしを付けるため、という意味のことが書いてあるわけです。この場合の「日の本」は、「関東はもちろん日の本まで」というのですから、関東の北にある東北を指していると考えられます。また、安倍貞任・宗任の血脈につながる秋田氏というのがありまして、これは三春の殿様になったのですが、その秋田氏の系図の中に奥州日下将軍というのが出てくる。喜田貞吉という歴史家は、この「日下」は「日本」と書いたら畏れ多いので卑下して、つまり天皇と関係があってはいけないというので、日本国王をはばかって「日下の皇帝」とした、というのですが、私はそうではないと思います。

「ヒノモト」ということばが東北地方にその呼称を残しておりますので、これは蝦夷の地名に付けられたことばではないかと類推する人たちがいるわけです。たしかに、「ヒノモト」ということばは蝦夷の地方に付けられた地名であることはまちがいない。たとえば『諏訪大明神絵詞』の中にも、「蝦夷が千島といへるは、我国の東北に当たつて大海の中央にあり。日の本、唐子、渡島、この三類、各々三百三十三の島に群居せり」とあり、この場合の「日の本」「唐子」「渡島」というのは三種類の蝦夷でありまして、その蝦夷の一つに日の本という名前が付けられている、ということです。そういうことから、日下将軍というのも安倍氏の係累に属する人たちを呼んでいるし、また日の本というのも蝦夷の一種類であるということで、これは蝦夷と関連がある。

高橋富雄さんなどは、先ほどの『旧唐書』の場合、倭と日本と二つに分けましたけれど、日本を蝦夷国だと理解しておられる。倭国は九州のみならず近畿までを倭国に含めて、西国と東国という分け方をしている。その東国は蝦夷の国であると理解している。蝦夷の蟠踞する国が倭国のために併合されたというのが高橋さんの説です。私は、別に毛人の国というのが日本のほかに明記してあるわけですから、毛人の国まで含めて最初に日本と称していたのではないと思っています。毛人の国は別にあった。日本のさらに北の方にあった。

それならば、なぜ日下というのがあとで蝦夷の国の方に名を付けられたり、また日下将軍というのが安倍氏の流れを汲む人たちの名前に付けられたり、また蝦夷の種類に日の本、唐子、渡島というような名前が付けられたか、という問題になるわけであります。

これは非常にむずかしい問題でありますが、これに関しましてそれの傍証になるものが一つあります。それが日高見国（ひだかみのくに）です。祝詞（のりと）の中に大倭（おおやまと）日高見国というふうに出てきます。これは非常にむずかしい。この日高見というのはいったい何かというと、土地が平らで日が高く見える所だという説もありますが、これは納得いくようなものではありません。ここで手がかりになるのは、大倭と日高見国とは並記されているということです。ここでは二つしか考えられない。大倭と日高見国とは同じ場所を指すのか、それともこの二つは別のものであるのか。私は、大倭と日高見国とは同じ所にあったと思うわけです。大倭は三輪山の近くの大和神社のある一帯、大和平野の中でも最も早く崇神王朝が開いた所です。

しかし、日高見国はだんだん東の方に移動するのです。最初の移動地は常陸国(ひたちのくに)の信太(しだ)です。霞ヶ浦の西側に当たります信太郡。『常陸国風土記』によりますと、この信太郡は日高見国だと書いてある。ところがそれがさらに北上しますと、いまの北上川の辺りが日高見国で、「北上」は「日高見」からきたのだということになっている。北上川の「北上」が最初に現れるのは『吾妻鏡(あづまかがみ)』で、その前は北上という名前は出てきません。頼朝が奥州征伐に行ったときに、平泉で初めて北上という名前が出てくる。前は日上(ヒノカミ)、日河(ヒノカワ)、日上(ヒナカミ)と読ませたという説があります。それが北上になったのだろうと。この付近を日高見といった。宮城県の北にも日高見水神社というのがあります。いまの岩手県水沢市にも日高見妙見堂というのがあります。大和朝廷の紀古佐美(きのこさみ)が蝦夷の巨魁(きょかい)を攻めるときに、一時期までは追撃が急であったが、あとで待ち伏せされてさんざんな目に遭って、何千人もが北上川で溺れ死ぬというのがある。そのときには「北上川」を使っています。日高見国というのが、あとでは北上川の流域を指すようになりましたけれど、そこは蝦夷の蟠踞していた奥六郡ですから蝦夷国に相違ありません。そこに日高見国という名前が付けられたのも、蝦夷と結び付けて説明することができるわけです。

ここに、大倭になぜ日高見国が付けられたのか、という問題があるわけです。喜田貞吉は、非常に大胆なことをいっているのです。ナガスネヒコは蝦夷ではなかったかと。いまからいえば、蝦夷が近畿地方まで進出していたとはどうも理解に苦しむような、われわれの理性を逆なでするような感じかもわかりませんけれども、蝦夷の勢力がなかなか侮りにくいことは『日本書紀』や『古事記』を見れば至るところに出てくるわけです。たとえば日本武尊(やまとたけるのみこと)が焼津で火攻めの難にあったときにも、あれは国造(くにのみやつこ)であると同時に蝦夷であったものが妨害したと書いてあるので、その辺りにも蝦夷がいたことはたしかです。さらに前の時代までは近畿地方に蝦夷がいたとしてもおかしくないと思うわけでして、蝦夷イコールアイヌとすると非常におかしいけれども、蝦夷をもう少し大きな概念でとらえますと、アイヌももちろん含めますけれども、近畿地方まで蝦夷が進出していた。いわゆる縄文の後裔が進出していたということも決して笑うようなことではないであろう。喜田貞吉がすでにそういうことを書いているわけです。

「日の本」の東遷

しかし一方においては、この信太郡というのは、『常陸国風土記』を見ますと物部氏がつくった郡です。物部氏が、周辺の郡を割き建郡したいという申し出をして、それが朝廷から許された。それで、ここは物部氏の勢力が非常に強いわけです。

またこの大倭地方、これもまたシキノミアガタ神社というのが物部氏を祀る神社といわれ、大倭神社の祭神も饒速日命であると一説にいわれておりますように、大倭の周辺に物部氏の勢力が非常にあるわけです。先ほど申しました味鋺（あじま）にもそれがあります。それからいまの大和平野の中心に物部氏がいたことはたしかです。鏡作部（かがみつくりべ）というのが、物部と関係のある金属器を製作した部族であることはたしかです。さらに東北地方の北上川の流域にも、物部氏はたいへんに進出しているわけです。水沢市のすぐそばにある黒石寺という古いお寺の仏像の胎内銘にも、物部の一族が大工として作ったと書いてあります。また、水沢市の西に胆沢（いさわ）町というところがありますが、そこには岩手県にただ一つの前方後円墳である角塚がある。それも物部氏と関係があるのではないかと考えられるふしがあるわけです。そこには止止井（とどい）神社の跡というのがあります。

「止止井」は「鳥取」からきたと考えられる。この鳥取部と物部は密接な関係があって、生駒山脈の西側にある日下の周辺にも鳥取坂というのがあります。これは住吉神社の「神代記」の中に、南は鳥取坂をもって限りとする、とあります。

なぜ鳥取部と物部が関係あるかといいますと、物部氏はおそらく弥生時代に金属精錬に関係をもっていたと思うのです。物部が銅鉾などを持って呪術的な役割を果したことから、物部はだんだん石上神社のように呪術的な厄払いをするような役割を持つようになる。それは青銅器がマジカルな役目を果たす。たとえば刀を振り回す。青銅器製作に関係しているからこそ物部氏は、物部の呪法のようなものをあとでもっていったのではないか。青銅器の製作と鳥というのは密接な関係がある、とこれは松本信広というすでに亡くなられた慶応大学の文化人類学者がいっているわけです。神武天皇が苦戦したときに金の鵄が来て矢筈にとまってというようなあの鳥も、その金属精錬者と関係があるのではないかということをいっているわけです。

また、奈良の地名学者の池田末則さんは、鳥見というのが、『和名抄』によると「見」が「貝」というふうになるという。で、『和名抄』では鳥貝郷というふうになる。だけれども池田さんは「見」を「貝」と誤写したのではないか、といっている。いわゆる鳥飼がそこにいたのではないか。トミノナガスネヒコのトミというのは、もともと鳥飼ではなかったか。

いま二十世紀もまさに終わらんとしているときの通念で鳥というものを考えるのと、古代人が、それも三世紀、二世紀あるいはもっと前の古代人が鳥というものを考えるのとは、やはり違っているのだ、と考えてもいいのではないか。つまり古代日本の我々の先祖の観念がいったいどうであったか、ということは、いまの観念で測ることはできないでしょう。

饒速日命の饒速は雷神である、イカヅチである。『常陸国風土記』では、立速日男命(たちはやひおのみこと)が天から降って、ほかの者がそこで不潔なことをするのを非常に怒ったとある。この立速日の「速日」というのが雷神に関係があることは、すでに志田諄一氏などが指摘しているわけです。私もそれは承認できるわけであります。金属器製作の部族というのは、雷の神を自分たちの神としているわけで、たとえば鍛冶場におけるひどい轟音と閃光ですが、これが雷鳴と稲妻を思わせるということから、いわゆる金属器の精錬をする人たちはみな雷神信仰があるわけです。

物部氏が日下にいたということは、いろんな意味がある。一つは日下というのは日辺、太陽が出る所だというところで、日神信仰を持っています。だからこそ饒速日命の「日」があったと思いますが、同時にこの饒速日命は雷神でもあった。雷神は物部氏が深くかかわりあっているところの金属器製作集団のいわば象徴的な神であった。ところが、邪馬台国が東遷し、大和朝廷となって発展して畿内に蟠踞しますと、物部氏も蝦夷も東へと移動する時期があったのではないか。

『国造本紀』を読んでいますと、東海地方の国造の八割がたは物部なのです。そして信太郡にも物部氏が居つくし、北上川のところにも物部が蟠踞していまして、実際、胆沢城の辺りからは土器に「鳥取」という地名を墨書したものが出てきているのです。これは鳥取部ひいては物部がそこにいたということを表すわけです。そうすると単に日高見国、あるいは日下というのは蝦夷だけのものではなくて、なにか蝦夷と物部がかつてそうした同族関係というか、少なくとも婚姻関係があって、それが西からの圧迫にだんだんと後退を余儀なくされて東へ、さらには北へと移動していったときに、この日高見も日下も北へと移っていったのではないか、というふうに思われるわけであります。単に蝦夷地だから日下と呼んだのでもないし、また物部だからでもありませんけれども、少なくとも日の本が日下にあった、その日の本のいちばん原初的な形が河内の日下であり、一方ではそれが大化のころ国号として使用され、一方では日の本という古めかしい名前は東へ北へというふうに移されて、秀吉のころまでもなお東北に残っていたというふうに思うわけです。

日本の国が大和を中心として放射線上に支配・被支配の関係を結んだという、例の三角縁神獣鏡（さんかくぶちしんじゅう）の問題でも、小林行雄さんなどそういっておりますが、しかしあれだけをもって大和朝廷と地方豪族との支配・被支配の関係を律してしまうということは、きわめて危険であると思うわけです。私たちは、もう少し自分の頭で日本の歴史を考え直していいのではないか、と。

私もときどきお寺に参りますが、線香のにおいがあらゆるものに染み込んでおりますね。あれはどうもわれわれが幼時に受けた日本史観と似ているのではないか、と思います。われわれは線香のにおいのように、古い固定的な観念が体にしみこんで、どうにも身動きがとれない、考え方を縛ってしまっている。線香のにおいを体から追い出して日本の歴史を眺めますと、いままで見えなかったものが見え、聞こえなかったものが聞こえてくるのではないか、というふうに思っております。

（『東と西――二つの日本』谷川健一ほか著　光村図書出版、一九八四年一一月）

白鳥伝説をたずねて

白鳥信仰と東北地方

魂の象りとしての「白鳥」

白鳥伝説と申しますと、読んで字のごとく白い鳥にまつわる伝説です。「ハクチョウ」というと西洋のスワンを思い浮かべますけれど、必ずしもそうではありません。日本では白い鳥はすべて「白鳥」であります。たとえば、白い鷺も「白鳥」と申します。鶴も「白鳥」でした。またオオハクチョウ・コハクチョウという、北の方から東北地方や新潟の瓢湖（ひょうこ）などに飛んでくるのも「白鳥」です。コウノトリもそうです。なぜ「コウ」というかというと、折口信夫の説では、相手の魂を請うという意味があるというのです。いわゆる男女の恋愛の「恋」ということばは相手の魂を自分に請うところから始まったというのが折口の説です。このコウノトリも、魂の象り（かたど）として古代人が考えていた鳥です。

白鳥にまつわる伝説はいろいろあります。いちばんポピュラーなのは、ヤマトタケルノミコトが能褒野（のぼの）で亡くなったとき、白い千鳥になって飛んでいったというものです。あるいはまた白鳥になって飛んでいったという説もあります。その白鳥が、点々と羽を休めて飛んでいったところに御陵が祀（まつ）られているというのです。大和の琴弾原（ことひきはら）や河内の羽曳野（はびきの）に御陵があるだけではなくて、四国の讃岐にも白鳥神社があります。五島の玉の浦というところにも白鳥神社が祀られておりますが、これは日本列島の最も西に祀られている例です。沖縄でも、白い鳥を魂の象りと考えておりまして、たとえば船の舳先（へさき）に白い鳥がとまっている。それは白い鳥ではなくて、自分を守る守護神であるというような歌があります。これは遠く八重山群島まで共通している考え方です。

以上のようなことから、白い鳥が魂の象りであることは、まちがいないのですが、この鳥にはまた別の意味が含まれていると思われるのです。それを、これからお話ししていきたいと思います。

熱烈な東北地方の白鳥信仰

その前に申し上げたいことは、東北地方における白鳥信仰です。古代人は、白い鳥に対して魂の象りとしての強い信仰を持っておりましたが、その信仰は東北地方にながくつづいてきました。宮城県の白石（しろいし）といえば、和紙の産地としてご存知の方が多いと思いますが、あの付近を刈田（かった）郡といい、刈田郡に刈田嶺神社というのがあります。その刈田郡の北の方に柴田郡があり、柴田郡に大高山神社というのがあります。刈田嶺神社は、刈田郡のたった一座の延喜式内社（延喜式の神名帳に記載されている神社）なのです。大高山神社も、柴田郡のたった一つある延喜式内社です。古くからある由緒深いこの二つの神社が、両方とも白鳥に関係があります。

おそらくこの大高山の「高」は鳥の鷹を表していると思います。鷹を使って白鳥をとらえる習慣があったことから、タカの名前を付けたのだと思います。ということは、白鳥と関係ある神社だったことを裏側から証明しているのであります。この刈田嶺神社と大高山神社は、刈田郡と柴田郡の郡民から尊崇が非常に厚い神社でした。

伊達慶邦が白石の城主の片倉小十郎にむかって、「刈田郡で一揆が起こっても少しもこわくない。そういう場合は白鳥の白い羽を竹の先に付けて突き出すと、一揆勢はタジタジとなって逃げてしまう」ということをいっているわけです。その前からたいへんな信仰があったのです。刈田郡や柴田郡の住民は、白鳥に対して神様という考えを持っている。ですから、白鳥の羽が地面に落ちても、手で拾うことは一切しない。手がミミズ腫(ば)れするということで、箸で大切に取り、懐から紙を出してそれを包み刈田嶺神社に奉納する。

白鳥は秋の彼岸ごろにやってきて、春の彼岸ごろまた北へ帰るのですが、秋の彼岸ごろに三羽、五羽と空の一角から現れますと、田んぼで働いていた人は「あぁ、今年も白鳥さま、和子(わこ)さまがおいでなすった」とよろこび、「たいへんお疲れでございましたでしょう」と、大切なモミを食べさせてもてなすという習慣があります。また春の彼岸になりますと、白鳥を送ってやるのです。もちろん、その辺りの人は白鳥を絶対に食べない。

この刈田郡あるいは柴田郡が白鳥信仰の最も熱烈なところですけれど、そうした信仰がほかにないわけではなく、たとえば陸奥湾の小湊(こみなと)には雷電神社というのがあって、やはり白鳥が寄ってくるところです。そこでは、白鳥の羽で、いまのパフのような化粧道具を作ったりすれば、顔一面が腫れてしまうといわれている。ましてそれを食べれば、たちまちのうちに腹痛を起こして、吐いたり転げまわったりするということもあったそうです。

そういう白鳥信仰が、東北にはきわめて熱烈にあります。そこで、この白鳥をめぐっての悲劇も起こっているわけです。慶応四年の戊辰(ぼしん)の役のときに、西南の軍隊が東北に進駐しました。そのとき阿武隈(あぶくま)川をさかのぼって柴田郡に入った西南の兵士が白鳥を撃って遊ぶ。そうした行為は、白鳥を神と扱っている住民には耐えられないわけです。

あるとき、柴田藩の藩士四人が小川を堰き止めて魚を獲っていたのです。そのとき、白鳥がしじゅう飛んでくる近くの大沼（おおぬま）辺りから銃声が聞こえてきたのです。日ごろ耐えに耐えていた四人の士が顔を見合わせて、声にならずとも「やるか?」ということで二人が一組になって、猟銃を持っていた家から猟銃を借りて阿武隈川のほとりまで行きました。すると、西軍の兵士たちが渡し舟のあるところから舟に乗って漕ぎ出したところに出くわしたわけです。そこで一人が鉄砲を構えて引き金を引いたものですから、弾は轟然と音をたてて阿武隈川の水面に落ちたのです。

それを西軍の兵士が、自分たちを狙って撃ったと参謀に告げる。参謀は、ちょうど何か見せしめをしてやりたいと思っていたところでしたから、弾が外れて阿武隈川に落ちたということではなくて、舟べりを貫いて西軍の兵士にけがさせたということにしたのです。引き金を引いた男は捕らえられましたが、護送の途中で姿をくらましてしまいます。そこで犯人が見つからないということで、柴田藩主が自害する。切腹してもなお、西軍の参謀はそれを許さない。それで犯人の家の婿が、その身代わりになるのです。その婿は事件とかかわりがないのに、何のことかもよくわからないままに打ち首になります。その首を持って西軍の参謀のところに行き、そこで初めて許されるという痛ましい事件が、戊辰の役のあとに残っています。

このように白鳥は、それにかかわりあった人間を何人も死なせたというぐらいに、熱烈な信仰の対象でありました。

明治十年代になってからですが、いまの須賀川の辺りに、やはり二人の漁師が白鳥を撃って荷車で運ぼうとしたのを、群衆が見とがめて怒って追いかけるという事件が起こりました。撃った二人の漁師は人力車に乗り換えて逃げるのですけれども、そのあとを群衆が追いかけて、白石川のほとりで人力車をつかまえます。二人は警察に保護を求めるのですが、サーベルを抜いておどかす警官にはおかまいなく、群衆は二人を川の中に叩き落としてしまう。結局、それが大きな事件に発展して二人は罰せられるのですが、白鳥を撃つということが、人民を激昂させる。このような強烈な信仰が、なぜ東北にだけ残ったかということが、久しい間の私の疑問であったわけです。

白鳥信仰の源は蝦夷か

そこで、東北には何か特殊な風土があるのではないかと思ったわけですが、考えられることは、東北の主人公が長い間蝦夷でしたから、蝦夷がその白鳥信仰を持っていたのではないかということです。調べていくと、安倍頼時父子が源頼義・義家父子と戦った前九年の役のとき、安倍貞任（さだとう）・宗任（むねとう）の弟に、白鳥八郎という名前が出てくるのです。そこで蝦夷の首領に白鳥信仰があって、そういうことから白鳥八郎という名前が付けられたのではないかと考えてみたのです。

ところが、蝦夷に白鳥信仰があるとして、蝦夷とならび考えられるアイヌに白鳥信仰があるのだろうかと調べてみましたが、アイヌにはないのです。蝦夷とアイヌは、ある意味で共通した先祖を有していると考えた場合に、アイヌにも白鳥信仰があってよさそうですが、アイヌはフクロウとかシャチ、クマに対する信仰はあるのですが、白鳥に対する信仰はないのです。しかし、蝦夷には白鳥八郎という名前がある。これはいったいなんだろう、と考えていたのです。

平泉のすぐ北の岩手県の前沢町に、「白鳥の館」というのがあり、その付近を現に白鳥川という川も流れている。そこに白鳥八郎なる者が居をかまえていました。白鳥八郎は則任（のりとう）とも、あるいは行任（ゆきとう）ともいうのですが、安倍氏の一族です。

伝承によりますと、前九年の役のとき、白鳥八郎なる者はつかまえられて護送され、自分が捕虜になったのを恥じて頭を石にぶつけて死んだといいます。その白鳥八郎は宮城県栗原郡瀬峰町の白鳥家の系図に「宮村ニテ死ス」と書いてあるのです。この宮という地名が、いま白石市のとなりの蔵王（ざおう）町に含まれており、刈田嶺神社のあるところです。白鳥大明神を祀ってある宮というところで死んだということに、伝承ではなっている。白鳥が常に付きまとっているような感じです。どうして刈田嶺神社があるところで死んだのか。それは白鳥に関係があるからに違いないのです。

この「白鳥の館」には、私も二度ほどまいりましたが、「白鳥の館」の周りを北上川がU字型に回っているのです。三方は川によって遮られ、一方だけを防げばいいという形になっている。ものすごい湾曲を示しており、そこに出城みたいにして館が築かれているのです。そして一間半もある大きな堀がいまも残っています。たいへんな蝦夷の砦（とりで）だったのです。

だいたい蝦夷の砦というのは、厨川（くりやがわ）もそうですし、黒沢尻の館もそうですが、みんな川の湾曲を利用しております。そうした自然の地形を利用しているのが特徴です。この白鳥の名で呼ばれる城があるのは、ここだけではないのです。岩手県の北の端に二戸市というところがあって、かつては福岡と呼ばれておりましたが、そこに九戸城というのがある。この九戸城には九戸政実（くのへまさざね）という人がいて、秀吉のいうことをきかないというので、大軍をもって攻められます。結局、これは陥落して九戸政実は殺されるのですが、九戸城の地形は前沢町の白鳥の館と酷似しています。三方を川が流れ、その真ん中に九戸城があり、すごい堀があります。この九戸城も、かつて白鳥城と呼ばれたのです。

これも伝承にすぎない、といえばそれまでなのです。しかし、九戸政実には弟がおりまして、その中の一人の弟は、このとき政実に加担しなかった。その人について書いた記録の中に、九戸城についての記述があるのですから、私はある程度、信憑性があるものと思うわけです。根もない噂ではなくて、九戸城が落城したときの総大将の弟に関する記録の中に九戸城が出てくるわけですから、荒唐無稽の巷説ではないだろうと思うわけです。

では、白鳥城はそれだけか。それだけでもない。まだある。どこにあるかというと弘前市のすぐそばに藤崎というところがありますが、そこにも白鳥城があります。

『津軽外三郡誌(そとさんぐんし)』という本の中で、藤崎城を白鳥城と呼んでおります。この「外三郡誌」なるものは、怪しげな本でありまして、どこまでがほんとうかわからないような本で、私はこわくて使えないのですが、しかし、まったくうそかというとそうではない。なにやら真実めいたものもないわけではなかろうと思われるのですが、その書物で藤崎城を「白鳥城」といっています。

この藤崎城はどういう城かといいますと、こういう伝承が伝わっています。

貞任が前九年の役で滅亡したときに、貞任の子どもに高星(たかあき)というのがいましたが、乳母の懐に入れられて津軽街道をひたすら北の方へ逃げて、弘前の近くの藤崎城に拠ったといわれています。その高星の子孫が代々、この藤崎城の領主になったといわれているわけです。安倍氏の直系が藤崎に移って、ここを白鳥城と称したといっているわけです。

一方では、かつての福岡（いまの二戸市）、さては藤崎の方にまで白鳥の名前を冠した城がある。他方では平泉の北にある前沢町にも白鳥の館があって、そこに白鳥八郎がいたという。これは非常に不思議なことです。この謎をどう解いたらいいかということであります。

ところが、この藤崎の城を継いでいた第三代目の藤崎高任が、突如として常陸へ下っていくのです。それが藤崎氏の系図に出ている。先の高星の子どもの堯恒（たかつね）が第二代の藤崎の領主になって安東太郎と呼ばれました。後に藤崎太郎と称しました。堯恒の子どもが高任です。

高星→堯恒→高任というふうにきて、三代目の高任のときに常陸国に大遠征を行うわけです。大移住を行う。時代は近衛天皇の御代、一一三一年から一一五五年ごろといわれております。なぜ津軽の果てから、十二世紀の半ばに、常陸にやってくるかということが、そもそも疑問であります。常陸の中でも選りにすぐって白鳥里（しらとりのさと）を目指してやってくるのはなぜだろうか。

古代史と白鳥処女説話

ここで、白鳥里について説明しなければなりません。

この白鳥里は、『常陸国風土記』に出てくる地名です。『常陸国風土記』は、八世紀初頭に作られたといわれております。

いまは、太洋村という鹿島灘に面したところですが、そこはかつて常陸国鹿島郡白鳥里と呼ばれておりました。『常陸国風土記』には、次のように述べられています。

郡（こほり）の北三十里に、白鳥の里あり。古老の曰（い）ひしく、伊久米（いくめ）の天皇（すめらみこと）の世（みよ）、白鳥有り。天より飛び来り、僮女と化為りて、夕に上り朝に下る。石を摘ひて池を造り、其の堤を築かむとして、徒に日月を積ねて、築きては壊えて、得作成さざりき。僮女等、

白鳥の　羽が　堤を　つつむとも　在らふ間も憂きは　壊え

斯く口口に唱ひて、天に昇り、復、降り来ざりき。此れによりて其の所を、白鳥の郷と号く。

白鳥が天から舞い下って、乙女となって石を拾って池の堤を築こうとしたけれども、いつまでたっても池の堤が完成しない。そういうことで天に上ってしまって降りてこなくなった。そういう伝説があるので、そこを白鳥里というのだという話です。

白鳥が天から下って乙女となるというのは、白鳥処女説話として、広く分布しているものでありますが、石を拾って堤を築こうとしたときには、おそらく、自分の羽に石をつつむようにして運んだという光景ではなかったかと思います。羽も破れてしまって、とうとう堤は完成しなかったという、なにか痛ましい話ですが、内容はともかくとして、そこを「白鳥里」と呼んでいたのが八世紀の初頭です。『常陸国風土記』は七一七年から七二三年（養老年間）に編纂されたといっていますから、これが編纂される前に「白鳥里」という呼び名があったと思われます。

しかし、白鳥城と呼ばれている津軽の藤崎城から、藤崎高任が常陸国白鳥里を目指したのが、十二世紀半ばですから、そこに四世紀半に近い隔りがあるわけです。その四世紀半の隔りを考慮に入れて考えますと、なぜわざわざここを目指したかという疑問が出てきます。かつて、ここは白鳥里と呼ばれた。そしてその呼称、地名が残っていたにしても、白鳥城の城主が津軽の方から幾百里を越えてやってくるというのは、実に不思議なことです。偶然の一致とはとうてい考えられない。単に常陸国を目指したとしても、それはおかし

なことです。何かが伝承の背後に伏在していると考えざるをえない、と私は思っているわけであります。

これはいったい何を意味するのか。「白鳥伝説をたずねて」というテーマをたてたのは、その謎を解くことが、日本の古代史に大きなかかわりがあるのではないか、ということを申し上げたいわけでございます。

そこで、この白鳥処女説話がほかにあるかどうか。これは羽衣伝説ともつながりがあるわけです。天女が羽衣を脱いで水浴をしていたときに、人間に見つかってその羽衣を隠されたので、やむをえず人の世の習わしに従って妻となり子どもを生んだけれども、天上をあきらめることができず、ついに帰ったこと。羽衣伝説は、各地にたくさんあるのです。沖縄や東南アジアにまであります。ですから、羽衣伝説が東北とか常陸だけにあるというのではありません。ただし、羽衣伝説の中では「羽衣を着た天女が舞い下りて」というところを、白鳥とわざわざ断ってあるのは、必ずしも多くはありません。その一つに「近江国風土記逸文」の話があります。

古老がいうには、近江国の伊香(いかご)の郡(こおり)に與胡(よご)の郷(さと)というところがあった。その郷の南に伊香の小江(おうみ)があり、八人の天女が白鳥となって天から降りてきて、水浴をしていた。伊香刀美(いかとみ)が白鳥を認めて近づき、その天の羽衣を犬に盗ませた。そして天女と夫婦の契を結び、男二人、女二人を生んだ。男の名は兄がオミシル、弟がナシトミ、女の名は姉がイゼリヒメ、妹がナゼリヒメ、これは伊香連(いかごのむらじ)の先祖である。後に母は天の羽衣を探して、それを着て天に上った。伊香刀美は一人嘆き悲しんだ。

こういう文章でありまして、その與胡（現在の余呉町）の湖に白鳥がやってきまして、その鳥は天の羽衣を着ておったと。それを盗ませて、とうとう自分の妻にしてしまった。それが伊香連の先祖である、と「近江国風土記逸文」に書かれている。

太田亮という『姓氏家系大辞典』を作った姓氏研究家は、この伊香連とか伊香刀美（「イカガトミ」とも読む）、伊香臣（いかごのおみ）、これは物部氏だといっているのです。近江には、伊香郡がいまもありまして、そこに物部という地名も残っております。ところが、河内の方にも伊香という地名がありまして、物部氏の先祖の饒速日命（にぎはやひのみこと）が天磐船（あめのいわふね）に乗って降りてきたところといわれている。河内の生駒山の日下の北の方に、岩船神社というのがある。その岩船神社のところに、伊香郷というのがある。ですから、近江の伊香と河内の伊香は関係があると『大日本地名辞書』を書いた吉田東伍はいっております。吉田東伍は、伊香連は物部氏であるとはっきりいっております。

白鳥伝説と物部氏

金鵄勲章の由来

こうしますと、この白鳥伝説と物部氏は関係がある。少なくとも近江の與胡の湖にまつわる白鳥伝説は、伊香連の先祖の伊香刀美とつながっておりますから、物部氏とつながりがあることがわかります。そこで、白い鳥と物部氏との関連とはいったい何か、ということになるわけです。

そこで考えてみたいのは、神武天皇が大和に入りましたとき、大和の鳥見（とみ）地方のナガスネヒコが頑強に抵抗した。それで神武の軍隊が苦戦を強いられたとき、弓の筈（はず）に鵄（とび）がやってきて光を放ったので、ナガスネヒコのほうは目をくらまされて戦いは敗戦に終わった。これは戦前の国定教科書に出てまいりまして、いわゆる金鶏勲章の由来です。そして、この鶏が鳥見地方の鳥見ともつながっていくのですが、この鶏とはいったい何か。すでに亡くなりましたが、文化人類学者の松本信広さんは、鳥は金属器を作る連中の信奉する生物である、非常に関係が深いといっているわけです。

たしかにそういわれますと、鳥がかなり出てくるのです。たとえば出雲国に黒田というところがあって、そこには踏鞴炉（ふいごを用いて行う和鉄精錬炉）を造るときの尊崇する神社があって、そこの縁起に、白い鷺が播磨の岩鍋というところからやってきて黒田の桂の木にとまったという伝承がある。その白鷺が金屋子神であるという。この金屋子神は、踏鞴炉をやるときには必ず祀る神様なのです。これが白い鷺になって岩鍋から飛んでくるのですね。播磨の岩鍋は、いまの千草というところです。ここは踏鞴が盛んでありまして、千草鋼というすばらしく切れる刃物や刀・短刀などを造っているところで、明治天皇の皇后の昭憲皇太后の懐刀は、ここの刃物だといわれております。それから、奈良の東大寺が源平の時代に兵火にかかりまして、新たに鐘が鋳造されてお祝いをするとき、白い鳥がその鐘の周りを回ったという伝説があります。

松本信広さんがいうように、金属精錬する集団は、鳥と密接に関係があるだろうと考えられるわけです。白い鳥について私たちが思い出すのは、『日本書紀』や『古事記』の垂仁天皇の条に出てくる品牟都和気命という皇子の話であります。このホムツワケは八束鬚の生えるまでものをいわない、大人になってもものをいわない。ところがあるとき大空を白い鳥が飛んでいくのに目を留めて、「アギ、アギ」と発音する。そこで垂仁天皇は、鳥を見ればホムツワケはものをいうであろうということで、天湯河板挙あるいは山辺大鶙という人たちに白い鳥を獲らせにやるという話です。

このホムツワケが鳥を見てものをいうということ自体が、金属の精錬と関係がある、と私には考えられるのです。ホムツワケの部民（私有民の総称）が、鳥甘部、それから品遅部であると『古事記』には出ております。鳥を見てもホムツワケがものをいわないので神託をうかがってみますと、出雲の大神を拝ませに行けばいいということなので、曙立王という者がホムツワケに付き添って出雲へ連れていくのです。このアケタツノオウは伊勢の品遅部の祖である、と注記してあります。

伊勢の品遅部というのは、伊勢の佐那――いまの丹生で松阪の近くですが、そこは江戸お白粉の水銀を、ほとんど全部独占的に作っていたところです。江戸時代は七割か八割をそこで作った――がホムツワケに従ったアケタツノオウの本拠であると、『古事記』の開化天皇の条には出ています。だからホムツワケは水銀と関係がある。あるいは金属精錬と関係がある。これは私の書いた『青銅の神の足跡』の「最後のヤマトタケル」という一章がありまして、その中で詳しく書いております。

いずれにしても、このホムツワケと鳥とが関係があるということは、ホムツワケが金属精錬に関係があるということであります。そのホムツワケが品遅部とか鳥甘部とかの部民をつくったということです。それで、鳥養というのは、金属精錬集団のシンボルである鳥を飼っていた。それが大和の鳥見に住んでいた。だからこそ、そこに鵄が現れるのです。鵄が現れたから鳥見ではなくて、鳥を象徴とすべき集団がいたから、そこに鵄の伝承が生まれたと考えることが可能なのです。

物部氏・安倍氏と白鳥

物部氏と鳥の関係というのは、じつに密接なのです。東北地方にある例を第一回の「倭と日本」の中でも申しましたように、いま胆沢町というのがありまして、そこに止止井神社というのがありますが、これは鳥取神社のまちがいだといわれております。そのすぐそばに角凝（つのごり）古墳という、前方後円墳があります。ここに豪族が葬られたことはまちがいない。といいますのは、ほかに古墳が多少あったにしても、岩手県下では前方後円墳はこれ一基なのです。そして、この胆沢城のある水沢市には、物部氏が三代にわたって鎮守将軍として行っているわけです。そこにある黒石寺（こくせきじ）（天台宗）の本尊の胎内の銘を見ますと、物部という名前が出ています。

そのことからしましても、物部の東北進出というのは、これは疑いようがないわけです。そういうことから、おそらく物部と関係の深い安倍氏もまた、白鳥という通称を名乗ったのではないか、と考えるわけです。しかし、その場合に問題なのは、蝦夷と物部氏の関係であります。最初に申しましたように、神武の軍隊が河内に進撃したときに、頑強に抵抗したナガスネヒコは、その妹を物部氏の祖先のニギハヤヒにやっているわけです。物部と安倍の連合軍がそこで形成されていることは、少なくとも『日本書紀』や『古事記』を見ればそれを信ぜざるをえない。

そして安倍氏というのは、これを仮に蝦夷としますと、バチェラーの『アイヌ語辞典』を見ればわかりますが、アイヌ語では、「アベ、アピ」は「火」を意味するのです。「火」と「日」は違った発音をしたと考えられておりますけれど、だんだん後になって混乱していったとも考えられるのです。あるいはもっと前は発音が同じだったかもしれない。発音がいっしょだったのが、不便になったので、別に発音するようになったのかもしれない、と考えることもできるのです。アベ、アピというのは火であり、また日とも通じる語とすると、ニギハヤヒのハヤヒともつながっていくわけであります。

物部氏が太陽信仰の中心地にいたということは、第一回目「倭と日本」で申しました。それと手を結んだナガスネヒコの兄が安倍氏の先祖だという説があるわけです。秋田家がやはり奥州安倍氏の流れを汲むのです。安東氏も汲む。その秋田家が後では三春(みはる)の藩主になりますが、明治になって、自分の系図を出せと朝廷からいわれましたときに、自分たちの先祖はナガスネヒコの兄のアピである。このアピなる者がいたということを、系図の中で書いているのです。先ほどの藤崎高任が常陸国に十二世紀の半ばに来たということを記してある藤崎系図にも書いてあります。

しかし、これは正史には絶対出てこない人物です。ところが秋田子爵家の系図には、明治になってもそれを書いてあるわけです。宮内省から「そういうことを書いていいのか」といわれて、「私たちは先祖に誇りを持っております」という答えをしたという話が残っております。神武東征で、ナガスネヒコは殺されるのですが、アピは津軽の外ヶ浜の安東浦(「アントウラ」ともいう)というところに逃げた、その子孫が安倍氏である、という。こういう奇怪な伝承を、明治になっても悪びれずに朝廷に対して差し出しているのです。

ところが非常に面白いことがありまして、先ほど申しました九戸政実の居城の九戸城、かつては白鳥城といわれた城のある二戸市に、白鳥川というのが流れているのです。そして一方では安比川というのが流れている。なにげなく見ればたいしたことのない名前の川かもしれませんが、私のようにそういうことに注意をしている人間には、なにやら意味があるように思われてしかたがないのです。白鳥という集落も安比という集落もあります。

そしてまた、そのそばに馬渕川(まべちがわ)が流れている。「ペチ」はアイヌ語の川を意味します。この二戸を中心とした馬渕川の流域は、爾薩体(にさったい)といって蝦夷の巣でありました。「体(たい)」はアイヌ語で森を表すことばのようです。爾薩体に、遠野や三陸の宮古や山田市を中心とした閉伊(へい)の蝦夷と並び称される蝦夷の本拠地があったのです。仁佐体（にさたい）という名前で、いまもこの地名は残っております。

こういうことから、「白鳥」というのがあぶり出しのように浮き上がってくるのです。なにやらそれは物部氏の信奉した鳥に関係があり、一方では、つねに安倍の末裔が行くところ白鳥の伝承が付きまとっていく。こういうことは、日本の歴史家の中では荒唐無稽なこととして問題にされないかもしれませんけれど、先ほど申しましたように、元秋田子爵家では、「自分たちは先祖に誇りを持っている」という。普通ならば逆賊の兄を先祖にして、しかもそれを変えないで誇りにするということは、考えられないわけであります。

たとえば、いまの津軽家というのは、南部の一武将だったのです。ところが、その武将・津軽為信が南部氏に背いて津軽を独立させてしまう。そこで、津軽と南部は非常に仲が悪くなります。津軽家は、自分が南部の一武将であったことにひどくコンプレックスを持ちまして、系図書きをやるのです。結局、近衛家にいろいろ賄賂を贈って、もともとは京都の近衛家と自分たちは血のつながりがあるのだ、近衛家から自分たちは出ているのだということにした。そういうことをするのは津軽家に限らず普通なのです。どこの系図でもそうだと思います。

しかし、秋田家はその逆をいっているわけです。ナガスネヒコといえば天朝に背いた逆賊の筆頭に位する、その兄を自分の先祖にして一向に恥じることがないというのは、普通では考えられない。もしも考えられるとすれば、そこになにがしかの歴史の真実が隠されているからである。そういうことがない限りは、ありえないことです。

そしてまた、四世紀半も隔てて津軽の奥から常陸の白鳥里までやってきて、そこで藤崎城から来たので藤崎氏を名乗り、それから三代になって白鳥太郎を名乗っている。太洋村の札（ふだ）というところには、いまも藤崎を名乗る家があります。そこには単なる暗合というか偶然の一致ではなくて、何かがあるだろう、というふうに思うわけです。

もう私は答えを出しているような気がしますが、安倍氏と物部氏はたいへん関連が深いということから、おそらくそれは物部氏との関連もあるだろうと思います。物部氏は九州の筑後平野の方から、まず河内の草香江のほとりに落ち着き、次にはさらに東へと進出した。

『旧事本紀』の中に「国造本紀」というのがありまして、各地の国造の名前が列記してあるのですが、美濃から尾張・三河・駿河・相模あたりまで、国造のほとんどは物部氏なのですね。これは新しい物部氏ではなく、かなり古い時代の国造ではなかったかと思われます。それから千葉県の東部、また、いまの茨城県の信太郡のあたりも物部氏が力を持っていたのです。信太郡は、『常陸国風土記』にありますように、普都大神が天から降ってきたという伝承を持っております。普都大神というのは、物部氏の先祖で石上に祀られている布都の神様です。剣の神様です。

秋田に入りました佐竹も、やはり物部の一族です。佐竹物部です。こういうふうに常陸国は非常に物部が多いです。しかも、そこは蝦夷の巣であった。

ですから、八世紀の奈良朝の前までは、常陸というのは異族のきわめて頑強な巣窟であったと思われるわけです。それが大和朝廷の勢力によって駆逐されて東北へ、陸奥の方へ入っていくのです。そして、陸奥は、頼朝の征討までは頑強に官軍に抵抗して、半ば独立国のような状態を、間欠的ではありますけれども、繰り返してきているところであります。

前にも申しましたが、昭和十年代ということをスパッと切っても、日本列島には、いろんな生活があるということをいいたいわけであります。われわれは、とにかく日本全国が米を食べていたというような錯覚に襲われるような史観をもって日本史を眺めると、わからぬことがいっぱいある。つまり、そういうものこそ一つの偏見であって、その偏見を取り除かなければわからないことがいっぱいある、というふうに思うわけであります。

「東日本と西日本」というテーマも、そのことを皆さんに具体的に知っていただきたいために企画したものです。東日本と西日本の地域の違い、そして、そういう地域がさまざまな風土・食生活・言語があって、それが総合的に一つの日本を形成しているという考えに立たない限り、われわれは歴史の真相に迫ることはできない。その一端を披瀝しまして、私の話を終わらせていただきます。

（『東と西――二つの日本』谷川健一ほか著　光村図書出版、一九八四年一一月）

二年半の旅

二年半まえに「白鳥伝説」を書き始めた頃は、東北地方の地図が大岩壁のようにそそり立つのをおぼえた。その大岩壁の裾の縁に取りついて、岩登りを始めることになった自分の姿がいとも小さく感じられた。これは大変な世界と取り組む仕儀に相成ったというのが、いつわりのない実感であった。それは東北の空間の広大さもさることながら、それよりは、蝦夷の歴史の世界の奥深さに対する戦慄に近かった。今もって、その実感は消え去らない。しかし、ともかく自分でのぼれるだけの地点まではのぼったという充足感もある。

私の戦慄はほかでもない。縄文から弥生をへて古代中世にいたる幾千年かの意識を培養した風土への畏敬をともなっている。今日、軽薄短小という言葉が流行しているが、蝦夷の世界に対しては、もっとも重厚に、しかも、もっとも大きなスケールをもって計ることが要求される。蝦夷は縄文時代はいうまでもなく、その後の千年間も東北の主人公であった。ということは、先史時代から歴史時代へと貫流する先住民の意識が蝦夷の血に連綿として流れていることを意味する。官軍が蝦夷の内訌をたくみに利用した前九年の役、後三年の役ののちは、その意識は歴史の表層に姿を見せることはなくなったが、伏流としては確乎として存在しつづけていた。そのことを具体的に証明するのが奥州安倍氏の末裔の系譜であった。その系譜に絡む伝承を荒唐無稽なものとして一笑に付すことは誰も容易であるが、私はそこに歴史の真実がかくされていることを嗅ぎつけた。

ナガスネヒコは蝦夷であったという推断を最初に公けにしたのは喜田貞吉である。もしこの臆説を受け入れるとすれば、古代の日本史は一変する。蝦夷は古代の前期には河内・大和まで進出して、そこの実権をにぎっていたということになる。

そのことはすでに日本書紀にも記されている。蝦夷の存在をほのめかすような歌が神武東征の記事の中にある。しかも物部氏の祖神のニギハヤヒは蝦夷の先祖と見られるナガスネヒコの妹を娶り、両者の同盟軍は、東征してきた神武の軍に立ち向ったと記紀にはある。この説話をなにがしかの歴史の反映とみるならば、その歴史的事実とは何か。またそれを事実の前段とすれば、後段の事実があるにちがいない、と私は考えた。このようにして、日本列島の先住者である蝦夷が物部氏と深く結託して、一時は河内・大和地方に覇をとなえながらも、後から侵入した政権のために駆逐されていく悲劇の構想が生まれた。それは日本歴史における悲劇の誕生にほかならなかった。こうしてみると、蝦夷が東北地方に追いつめられながらも、なお誇りをもってヤマト政権に抵抗したのは、彼らがかつての光栄の日々を忘れないでいたためであることが理解される。

蝦夷の代表である奥州安倍氏にはふしぎに白鳥が絡んでいる。白鳥館をきずき、白鳥の姓を冒すものがあり、また、その居住地のまわりに白鳥とか白鳥川という地名も残っている。

一方、蝦夷と結託した物部氏も白鳥と浅からぬ縁由がある。物部氏は弥生時代に金属精錬集団を管理した氏族と私は考えているが、金属精錬集団は白鳥を尊崇していることを私はつきとめた。物部氏の各地の足跡に鳥取という地名がついてまわるのも、見逃すことのできない事実と思われた。白鳥は安倍氏と物部氏の双方に関わりをもっている。そこでは、一般には霊魂の象徴と見られる白鳥が別の意味を歴史的に負荷されている。そのことに気がついた私は、これまで誰も解読しなかった日本歴史の謎を、白鳥をキイワードとして、解いてみようと思い立った。

垂仁帝の皇子のホムツワケは長じても物を言わなかったが、あるとき空を飛ぶ白鳥を見てはじめて口を動かしたというので、垂仁帝は白鳥を捕えてこいと命じた。その命令を受けたヤマベノオオタカは白鳥を追って諸国をさまよった。日本書紀にはアマノユカワタナという人物となっている。私はまさしく現代のヤマベノオオタカかアマノユカワタナのように、この二年半のあいだ、白鳥を追いつづけた。私の彷徨の旅は西陲（せいすい）

の九州から津軽そして蝦夷松前まで及んだ。前人未踏の道なき旅のおわりに、私はやっとの思いで白鳥を捕捉した。

優雅にして非情な白鳥は、果せるかな、その羽の下に秘密をかくしていた。その秘密とは、これまで私たちが日本史の通説と考えていたものとはおよそかけはなれた歴史の真実であった。そのおそろしい事実のまえに私はたじろいだが、勇気を奮い起し、白鳥の羽をペンとし、白鳥の血をインクとして、自分の発見したことの報告書を書いた。

そうは言うものの「白鳥伝説」は最初から順序よく整理されていたのではない。個々の主題を別個に追求していく過程で、それらが呼応し、連動するにいたったというのが実状である。幾筋もの谷を流れている小さな川が時間をかけて一つの流れに湊合されたもので、水到りて渠成る、の感がふかい。「書こうと目論んで、書ける作品ではない」と本誌の水城編集長がふと洩らした評言に、私も同感したのであった。

「白鳥伝説」を書き終えて起ってくる感想の一つは、東北史がまだまだ未知の領域だということである。それと東北の一角に立って眺めると、はるか南に連なる小さな島々の歩みがよく捉えられる、ということである。蝦夷とおなじように非「日本」であるところの南島の歴史の命運が、これまで以上に明確な形象をもって私に迫ってくる。私はようやく東北と南島の双方を収め得る視座に立ったのである。

（「すばる」一九八五年五月号）

平泉の謎を追って

金色堂内にみなぎる北方の王者の剛毅さ

義経が自刃した高館にのぼって見る平泉の風景は、のびやかななかにもどこか緊迫感が感じられる。北上川は今よりはもっと束稲山に近く流れていたといわれるが、左手には北上川と合流する衣川が見えかくれしている。追いつめられた者が身を隠すすべもなく滅んでいった運命の烈しさは、やはり平泉という土地柄から想起させられるところが大きい。そこには急峻な山もないかわりに、大きな平地もない。強い外圧にはながく耐えることのできない、骨の細い、華奢なところがある。

高館から北西へ、中尊寺をめざして表参道の月見坂にさしかかると、両側は高い杉木立で昼なお暗く、湿った空気が感じられる。前九年の役のとき、源頼義と義家の父子は、この月見坂から白山社を遥拝して戦勝を祈願したという。もとより伝承にすぎないとはいえ、この坂にそうした縁由がつきまとっているのを興味ぶかく思った。

私の目の前を枝移りするムササビのように、一つの想念が掠め飛んだ。〈いったい、平泉という地名は、いつ頃、どうして付けられたのだろうか〉その疑問を解こうとする気持のはやりが月見坂をのぼっていく私の歩調を自然とはやめた。

やがて金色堂の前に出た。杉木立のむこうに鉄筋コンクリートの覆堂が見えた。このあたりはいつもどこか雨に煙っているようなたたずまいを見せている。「五月雨(さみだれ)の降り残してや光堂」の芭蕉の句に見られるような昔も今も変らぬ雰囲気が感じられる。

金色堂の内部に入ると、芭蕉の句の切実さが一層胸に迫った。仏像といわず、垂木といわず、柱といわず、壁といわず、金箔を押し、また南海産の夜光貝を原料とした螺鈿を巻柱や須弥壇に鏤ばめてある。金色の光と螺鈿の光とが交錯して、私たちは妖しい白日夢にひき入れられる。金色堂が三間四方の小堂であることも、このまばゆいばかりの充実感をかもし出すのに効果的である。

私はとくに夜光貝に興味を抱いた。夜光貝は南海からどうした経路をたどって平泉に運ばれてきたのだろうか。南海産のゴホウラという貝が北九州や山口県にまで運ばれて腕輪の材料となったのとおなじような、いやそれ以上にふしぎな貝の運命を感じた。

金色堂の中には蝦夷の首長のもつ剛毅でおだやかな自負がみなぎっている。それは中央の須弥壇に藤原清衡、向って左の壇に基衡、向って右の壇には秀衡の遺骸と泰衡のみ首が納められている、ということにもよる。

金色堂の近くの常設小屋で、昭和二十五年に藤原四代の遺体を調査した際の映画が上映されているので、のぞいて見た。随分傷んだ白黒フィルムであったが大雪の日に藤原三代の棺が金色堂から遷床される儀式の光景は感動的であった。それを見守る村人たちの敬虔な姿がとくに目についた。室内に運ばれ安置された棺が開かれると、ミイラ化した遺骸が現われた。いずれも肩幅はひろく、強い胸腔の持主であることが分かる。四肢には今なお力がみなぎっている。北方の王者たちの剛毅さは八百年あとの私共を圧倒する。こうして遺骸を納めた金色堂が時間の腐蝕をまぬがれて当時の栄華を偲ぶ手がかりを私たちに与えてくれるのはまさに現代の奇蹟といわねばなるまい。

平泉の地名のみなもとは越前にあった！

金色堂を出て北へむかうと、白山社がある。中尊寺を訪れる観光客がほとんど素通りしてしまう目立たない小さな神社であるが、この白山社は慈覚大師（円仁）が加賀の白山から勧請したと伝えられ、古くは中尊寺一山の鎮守として、重要な役割をもっていた。もとより、慈覚大師の創建というのは後世の付会である。吾妻鏡には、清衡が奥六郡を支配したときの最初の仕事として、中尊寺の堂塔を建立したとある。このことから、白山社もまた清衡の創建にかかるとみるのが妥当であろう。もし、そうだとすれば、その理由は一体何であろうか。

その疑問を解くには、白山信仰の拠点である加賀の白山本宮、越前の白山中宮平泉寺、美濃の白山長滝寺などとの関係を見ていく心要がある。これらは白山三馬場と呼ばれている。馬場とは神祭をおこなう場所という意味であろう。

加賀の白山本宮に奥州の秀衡が五尺の金銅仏像を鋳造して奉納したということが「白山之記（しらやま）」に記されている。「白山之記」は白山に関する記録の中でもっとも古いものと見なされ、長寛二年（一一六四）に成立したと考えられている。これは秀衡が熱烈な白山信仰を抱いていたことを示すものであるが、その事実はながく疑問視されてきた。しかし、「白山之記」の記事はおそらく真実を伝えているのだろうという推量を傍証するに足る事実が世間に知られるようになった。

それもごく最近のことで、私は、昨年十二月中旬に岩手県の友人の送ってくれた新聞の切抜によって知ったのである。それには、藤原三代の秀衡の寄進した虚空蔵菩薩が、平泉とは遠くはなれた岐阜県郡上郡白鳥町石徹白（いとしろ）に現存するという記事が載っていた。秀衡は今からちょうど八百年前の元暦元年（一一八四）に仏像を作らせ、美濃の石徹白にある白山中居神社に寄進した。仏像を運んできた秀衡の家臣たちは、そのままとどまって、代々守ってきたという。そのときの家臣たちの子孫と称する人びとによって大師講がいとなまれ、その仏像は国の重要文化財に指定され、白山中居神社から約二キロはなれた大師堂の宝物収蔵庫に保管されている。

この仏像については、平泉では長いこと、まったく知らなかった。ところが四年前に白山信仰の大師講から中尊寺にとつぜん「平泉からきた大仏像を収蔵庫に安置し、かわりに模写像を作った。その画像の開眼法要をおこないたいので、ぜひ出席してほしい」旨の手紙が届いて、はじめてこの仏像の存在を知ったという。

中尊寺からは多田厚隆貫主ら一行が現地を訪れて、この仏像と対面したが、八葉の宝冠、櫛目の入った髪など細部について、中尊寺一山が秘仏としてあがめる一字金輪坐像と酷似していた、ということから間違いなく秀衡の寄進のものであるという判断を下すことになったという。

一説によると、秀衡は二体の仏像を寄進した。一体は石徹白の白山中居神社に納めたが、もう一体は越前勝山の白山中宮平泉寺に納めたとなっている。

いずれにしても「白山之記」に見える秀衡の仏像寄進がけっして作り話でないことをうかがわせるに足りる。

私はこの話にいたく興味をそそられた。ということで、私は今年の六月、梅雨の合間を縫って、岐阜県の白鳥町を訪れた。石徹白にある大師堂は小高い丘の上にあった。苔むした滑りやすい石段をのぼって、収蔵庫の硝子ケースにおさめられている虚空蔵菩薩を拝観した。仏像は息を呑むばかりに見事なものであった。中尊寺の一字金輪仏（大日如来）の坐像は、あまりに美しく匂うばかりなので「人肌の大日」と呼ばれているというが、この秀衡寄進の虚空蔵菩薩はそれに劣るまいと思われた。その足で私は美濃と越前の境をこえて、勝山にある白山神社に参詣した。そこは神仏分離令のまえに白山中宮平泉寺のおかれたところである。原生林とみまがうばかりの大樹に蔽われた境内を歩いていると、御手洗池（みたらしのいけ）と呼ばれる小さな泉が湧いているところに出会った。平泉寺の名はこの林泉にちなんでつけられたといわれている。秀衡は平泉寺にも仏像を寄進したといわれているが、私はそこではじめて奥州平泉の名がこの平泉寺に由来することに思い到ったのだった。

〈なるほど、平泉の地名のみなもとは越前の平泉寺にあやかったのか〉

それは私にとって衝撃的な発見であった。中尊寺一山の守護とされる白山社の存在がにわかに私の中に膨れあがった。

〈秀衡があのようにすばらしい仏像を寄進したというのは、熱烈な白山信仰のせいである。ではその信仰の秘密は何だろうか〉

私は次の疑問にうながされて前にも幾度か訪れたことのある平泉をもう一度たずねてみたい衝動に駆られたのであった。

生まれ清まるための熱烈な白山信仰

吾妻鏡によると、清衡が江刺郡豊田館から磐井郡の平泉へその居館を移したのは、嘉保年間（一〇九四―一〇九六）である、とされている。そのときはまだ平泉という地名はなかった。では何と呼んでいたか。清衡の父の藤原経清は亘理権大夫経清とある。この亘理は宮城県の南部、阿武隈川の河口地帯にふつう比定されているが、東北の郷土史家の司東真雄氏はそれを否定し、亘理とはこの平泉の地を指すとしている。もし司東氏の主張するごとくであれば、清衡がそこに移住したのは、父の経清の出身地を選んだということで、つじつまが合う。

このことはともかく、衣川の南の土地は清衡の拠点となり、そこに清衡の手で長治二年（一一〇五）に中尊寺の堂塔建立が着手された。

「義経記」では平泉を指して北国落ちをした義経主従が越前の平泉寺に立ち寄っている。「義経記」の道筋は修験の徒の拠点と重なりあうことがしばしばである。平泉寺の僧徒も遠く奥州まで進出していったと考えられる。中尊寺建立に先立つ一〇八四年には、越前の平泉寺は天台宗に属することになって、比叡山延暦寺の末となった。やがて加賀の白山も延暦寺の天台教団に加わった。天台宗の寺院の境内に白山社がたいていまつられているのは、こうした理由からである。そこで天台宗の中尊寺に白山社がまつられているのはふしぎではないが、秀衡の熱烈な白山信仰にはもう一つの理由が加わっているのではないかと私は考えている。

白山の主神の妙理権現は女体でキクリヒメと信じられてきた。キクリはククリで、赤ん坊を水にくぐらせてとりあげ、再生の呪術をおこなう役目を果すのがキクリヒメである。白山神は心身を生まれ清ませる効験をもつ神である。

清衡の母は安倍宗任の妹である。また基衡の妻は宗任の娘で、秀衡を生んでいる。藤原三代には安倍氏の血が濃く流れている。だからこそ清衡は「中尊寺供養願文」の中で自分を「東夷の遠酋」とか「俘囚の上頭」とか言ってへり下っている。蝦夷の出自であることを否定できない清衡や秀衡は、都の貴族たちからさげすまれた血の境位からの脱出を計って、熱烈な白山信者となったのではなかろうか。私は藤原氏の中にそうした衝動が流れていると見るのである。

私はここ十年あまり、奥州における白鳥信仰に着目してきた。たとえば安倍宗任の弟の則任は白鳥八郎と称している。そうしたことから、安倍氏の血をひく平泉の藤原氏が白山信仰を抱いたことにも、どこか共通のものを感じずにはいられない。秀衡寄進の仏像が安置されている岐阜県白鳥町には正六位上の位階をもつ白鳥神社がある。社伝では、白山を開いた泰澄上人を道案内した白鳥がいたということから、そこに白鳥神社を建てたといわれる。「白山之記」にも、白鳥といって尼神をまつる奥宮がある、と記されている。これは美濃の白鳥神社のことではないが、白山神をまつる白鳥神社があったことはたしかである。そこで私は安倍氏の白鳥信仰も藤原氏の白山信仰も「白」という色に力点が置かれていたのではないか、その白は生まれ清まるということの表現ではなかったか、と想像を逞しくするのである。

みちのくの隅々にまで及ぶ藤原氏の威令

さて、中尊寺のある丘を降りて、南にむかう。そこに清衡の子の基衡が建てた毛越寺(もうつうじ)の跡がある。そこは南からのびた奥州街道がつきあたる場所で、かつては朱塗りの南大門があざやかに旅人のまえに立っていたはずである。それなのに南大門はその礎石に当時の威容をしのぶほかなくなった。毛越寺の建物は今、何一つとして残っていない。

私は毛越寺の庭園の中心となる大泉池のまわりを歩いてみた。歩道の上方には金堂や嘉祥寺跡の整然とした礎石が見られた。これらの建物はかつてその影を大泉池に映していたにちがいない。だが、復元され、手入れのゆき届いた池は、清らかな水の上にひろびろとした空を映し出している。池の汀に立つと、晴れやかな悲しみが私をおそう。ここに見られるのは剛毅で寛大な蝦夷の首長の心だけだ。

毛越寺にはめずらしい哭き祭の行事が残っていると聞いた。基衡の妻の命日に、僧侶たちが阿弥陀堂の棺を入れた白いかごの前で読経をとなえ、それから白いのぼり幡を先頭にして白衣の仕丁たちがかごをかついだあとを僧侶たちが悲しげに読経しながらついていく。基衡の妻の葬儀を模したこの行事は亡妻を偲ぶ基衡の心情を托したものであるが、なにか大泉池のほかは一切の建物の焼け亡んだ毛越寺の命運を哭している行事のように思えた。

毛越寺に限らず、中尊寺一山も金色堂などわずかな建物以外は焼失した。歴史の苛酷さが私の身に沁みた。さて、基衡は毛越寺の本尊の製作を仏師雲慶に依頼し、その報酬として、金百両、鷲の羽百枚、アザラシの皮六十余枚、馬五十頭その他多量の絹布を贈った。雲慶は有名な仏師の運慶とは別人とされているが、都人士の渇望する奥州の特産をこのように莫大に贈って、仏教文化を手に入れようとした熱意は並々ならぬものがある。さて、その物資はどこの港から船に積みこんだのであろうか。

そのようなことを考えながら、私は旧奥州街道の並木道を歩いた。刈り取る寸前の黄色に熟した稲穂が野づらを埋め尽していた。なだらかな束稲山の山容も実のりの秋を祝福するかのようだった。奥六郡の南半分は穀倉地帯で、谷あいにまで水田がひろがり、黄一色の光景がつづく。私はそうした風景に、奥六郡の支配権をにぎっていた安倍氏や藤原氏の力を見る気がした。当時は水田はまだわずかしか開けていなかったにちがいないが、土地のもつ底力が感じられる。

清衡は白河関から外ヶ浜と呼ばれる津軽半島にいたるまで、一里ごとに、金色の阿弥陀仏を描いた笠卒塔婆をたてた。基衡の代になると、信夫郡（今の福島県内）はすでに基衡の私領となっていたと見られている。津軽の十三湊には秀衡の弟の秀栄が分家して移り住み、十三（とさ）氏を名乗って活躍したという伝承がある。このように藤原氏の威令はみちのくにあまねく、その隅々にまで及んでいた。平泉はまさしくその中心であった。

豪華さのかげにつねにしのびよる哀切さ

毛越寺を出て、南へ下ると、道は太田川ぞいのせまい谷あいをとおる。しばらくすると、道路の傍に大きな岩窟が見えてきた。そこが昔、坂上田村麻呂に討たれた悪路王のこもったという伝説の達谷窟（たっこくのいわや）である。今は岩窟の外に半ばつきだした毘沙門堂が作られている。文治五年、泰衡を亡ぼした頼朝が平泉から鎌倉に帰還するとき、この窟に立ち寄ったことが吾妻鏡に誌されている。それによって当時すでに賊首である悪路王の伝説が生まれていたことが分かる。

悪路王が所持していたという言い伝えのある蕨手刀が中尊寺に所蔵されている。それは清衡の遺骸を納めた棺の上に、守り刀として置かれた舞草刀（もくさとう）ともよく似ている。舞草（まいくさ）は平泉の近くの集落の名であるが、刀剣鍛冶として知られたところで、舞草鍛冶の名がある。ところが、舞草鍛冶の作った舞草刀の銘文には、俘囚を意味するさまざまな宛字が見られる。俘囚は蝦夷の捕虜であるから、舞草鍛冶というのは、俘囚鍛冶、すなわち蝦夷鍛冶であったのである。これらの俘囚鍛冶（蝦夷鍛冶）は平泉の藤原氏に刀工として召し抱えられていたことが考えられる。

これを見れば舞草刀をもっていた清衡も、伝説中の人物である悪路王も、おなじく蝦夷鍛冶の恩恵を受けていたわけである。坂上田村麻呂に逆った蝦夷の英雄アテルイの面影は悪路王に反映している。平泉に華やかな文化をきずいた藤原氏もまた賊首のアテルイも、侵略者の側からすれば、「悪い蝦夷」「よい蝦夷」に分類されるだけの違いでしかない。

「今鏡」には基衡のことを「おくのえびすもとひら」と呼び捨てている。また秀衡が鎮守府将軍に任命されたとき、九条兼実は日記「玉葉」の中で「奥州の夷狄秀平（衡）鎮守府将軍に任ず。乱世の基なり」と歌っている。

平泉文化にみられる豪華さのかげにつねに哀切さがしのびよっている。その哀切さは、「よい蝦夷」が何時「悪い蝦夷」の方に分類されるか分からないという不安を伴っている。清衡の中尊寺供養願文に見られる「無垢の後悔」とも見られる感情の奔流は、そうした背景をもっているのではなかろうか。

（「旅」一九八五年十一月号）

正史に隠れた争闘史

物部氏と鍛冶の工人

柳田国男を創始者とする日本民俗学は稲作文化の研究に偏重しており、金属の主題を追究することを怠っているというのがかねてからの私の不満であった。柳田は日本人の信仰を、一括りにして論じている。しかし特定の職業にたずさわる者が信奉する職業的な神も重視しなければならぬと私は考えた。たとえば一つ目の神あるいは一つ目小僧の起源をどこに置くかということで、柳田の仮説と私の主張は大きく食いちがった。柳田は大昔、祭の日のいけにえとするために、あらかじめ神主の目の片方をつぶしておく風習があったと推断している。一つ目の神はそれを反映しているというのであるが、私はそれに反して、その神は金属精錬の技術労働者が、炉の炎で目を傷つけてついには一眼を失するということに由来すると考えた。つまり鍛冶集団の信奉する一つ目の神は、彼らをしばしば見舞う職業病と無縁でないとした。私は今から七年前の一九七九年に『青銅の神の足跡』を書いて持論を展開したが、そこでは一つ目の神、すなわち記紀に言う天目一箇神が中心となっている。この神は鉄剣や鉄鐸を作る鍛冶神であり、しかも忌部氏と深い関係にあって、筑紫と伊勢の忌部氏の祖とみなされていることが『古語拾遺』に記されている。

私は天目一箇神に触れながら、それとは別に鍛冶に関係をもつ天津麻羅(あまつまら)の存在にも気が付いた。鍛人(かぬち)天津麻羅の名は記紀に登場する。マラという名は男根を連想させるが、それが鍛冶神の名となったことについては多少の説明が必要である。

古代の日本人は銅や鉄を精錬し溶解する作業を、男女の交合とそれに伴う出産の事業になぞらえていた。その場合、坩堝（るつぼ）やたたらの炉は子宮にあたっていた。溶解した銅や鉄が流れ出すのを湯と呼ぶ慣習は今日でもおこなわれているが、羊水を湯と呼んでいるところがある。『古事記』にはイザナミが火の神を生んだとき、女陰（ほと）が灼（や）かれて死んだとある。これは女が出産のとき苦しんで死ぬこととおなじである。またそのとき、吐き出したものから生まれたのが金山彦（かなやまひこ）神であるとされる。金山彦神は鍛冶屋が今日でも信奉している神である。

鍛冶の棟梁は作業のとき、小さなノゾキ穴から砂鉄を入れたたたら炉の炎の色加減をたえず見守っている。それをつづけていくうちに、いつしか視力が弱くなって、一眼を失明するに及ぶのである。そのノゾキ穴をホド穴と呼んでいる。たたら炉を子宮にたとえれば、その呼称はとうぜんであり、その作業をする鍛冶師をマラと呼ぶことも納得がいくのである。

物部氏の系譜を記した『旧事本紀』の「天孫本紀」にもマラの名は登場する。物部氏の遠祖のニギハヤヒが天磐船に乗って河内に降臨した際、その船に同乗した人びとに、マラあるいはマウラと称する者が四人もいる。これによって物部氏は鍛冶の工人をひきつれて河内へ移動したことが暗示されるのである。

『旧事本紀』の内容はけっして独断にみちたものではない。天磐船に乗って国の中央に飛び降りる者がニギハヤヒであるという話は、『日本書紀』の神武天皇の条に語られている。『旧事本紀』はそれをややくわしく述べたにすぎない。「正史」の筆頭にある『日本書紀』が、神武東征以前にニギハヤヒの移住をみとめている。それは何をあらわすものであろうか、と私は考えた。こうして私の関心は物部氏に移っていった。

邪馬台国と物部王国の闘争

戦争中に神武帝が華々しく担がれたことへの反動として、戦後、神武東征はとるに足りない虚妄の話として退けられた。だがしかし、邪馬台国論争の中では神武東征の説話を邪馬台国東遷の反映と見る向きもある。すなわち九州にあった邪馬台国はいつの時期にか東に移動して、大和を中心としたヤマト朝廷を樹立したが、そのときの移動の記憶伝承が神武東征の説話となった、とするのである。

たしかに、「北九州の弥生文化と大和の古墳文化との連続性」、また「大和の弥生文化を代表する銅鐸と古墳文化の非連続性」をどう理解したらよいか、という場合の説明として、三世紀末か四世紀初めの邪馬台国東遷説はきわめて有力である。

しかし、もし東遷の事実が神武東征説話に反映されていることをみとめるならば、おなじ神武紀に述べられているニギハヤヒの東遷をみとめないのは、はなはだしく一方的と言わねばならない。それにもかかわらず、邪馬台国東遷を肯定する論文で、それに先行する物部氏の東遷をみとめるのは、戦前に書かれた太田亮のごく短い論文を例外として皆無である。太田亮にしたところで、その東遷の時期は明らかにしていない。

しかし誰が考えても分かることだが、邪馬台国が東遷したとき、河内・大和が空家同然であって、何の抵抗もなく国の中央部に居すわることができただろうか。かならず、そこには侵入者を迎え撃つ主体があったにちがいないのである。この点、歴史家は往々にして現実離れした議論を平気でする。

邪馬台国の侵入に抵抗する主体は誰であったかを問うとなると、神武紀に記載されているニギハヤヒとナガスネヒコを想定するほかはない。ニギハヤヒというのは、じっさいはニギハヤヒを先祖とする物部氏ということになろう。物部氏は邪馬台国の東遷に先立って移動し、ナガスネヒコと連合して河内・大和を中心とした独立国をつくった。邪馬台国は筑紫平野に所在したと考えるが、物部氏もまたほぼおなじ領域を本拠として、そこから移動したと私は推論する。移動の時期は、二世紀の後半の倭国の大乱の時期がもっとも公算が大きい。そのとき瀬戸内一帯に防御的性格をもつ高地性集落が出現して、倭国が大いに乱れたことを考古学的に傍証している。

日本列島が政治変革または社会変革に見舞われるのはつねに外圧もしくは海外諸国の刺戟による。このことは現代も「魏志倭人伝」の昔も変わりはない。倭国の大乱は朝鮮半島の混乱の影響をつよく受けて起こっている。物部氏はその時期に筑紫から河内・大和へ移ったが、そのあとの邪馬台国の東遷も、四世紀初頭の朝鮮半島における楽浪・帯方両郡の消滅が契機となったと考えるのがもっとも妥当である。中国の支配から解放された高句麗、百済、新羅の三国の台頭は、日本列島に多大の脅威を与えた。筑紫平野にあった邪馬台国はより安全な場所を求めねばならなかった。だが、河内潟に侵入して、その東の奥の草香江(くさかえ)にたどりついた邪馬台国の軍隊は物部氏とナガスネヒコの連合軍の烈しい抵抗に会い、大きく迂回することを余儀なくされた。神武紀に見られる東征説話は、以上の歴史的な事実を物語風に述べたものであると私は推測する。

邪馬台国の軍隊と物部・ナガスネヒコの連合軍が交戦し、ついには後者の敗北に終わったという仮説は、弥生終末期に銅鐸がいっせいに地中に埋められたり、あるいは破砕されたことを説明するのに、はなはだ都合がよい。銅鐸が姿を消したことは、銅鐸を王国のシンボルとした物部氏の支配の終焉を伝えるものと解することができるからである。

銅鐸の分布は畿内を中心として、東は三河・遠江地方、西は四国の東半分、南は紀伊半島に及んでいる。

しかもこれら遠隔地の銅鐸は製作年代が新しい。ということは物部王国が周辺部分に領域を拡大していったことを示すものであろう。だが銅鐸が消滅してから数世紀経つと、銅鐸についての記憶はきれいさっぱりと忘れられてしまった。それはヤマト政権が物部王国の存在したことを、忘却の彼方へ押しやろうとする意図と連動していた。それにもかかわらず、『日本書紀』には、物部氏とヤマト政権との葛藤の跡が、消し忘れられたように残った。それは正史といえども、抹殺しがたい根強い伝承が八世紀初頭にいたるまで依然としてつづいていたからだ、と考えるほかない。ニギハヤヒを『日本書紀』に登場させたのは、物部氏の捏造とする説はまったく当たらない。

「倭国」と「日本国」

邪馬台国と物部王国との闘争の伝承は、遣唐使によって、中国に伝えられたと見られるふしがある。九世紀後半から十世紀にかけて作られたと思われる『旧唐書』の東夷伝の中の「倭国日本伝」には、倭国と日本国の二つの国があったと記されている。倭国はいにしえの倭奴国なりとあるから、九州地方を根拠にした国であったことが分かる。また日本は倭国の別種であって、太陽の昇る東方にあるので、日本という名をつけた、とある。そこで日本は畿内を中心とした国であったと推測できる。ところで、遣唐使節が入唐した頃には倭国は日本と名を変えていたが、倭という名が雅でないからだといわれる。また別の理由として、日本はもと小さな国であったが、倭国の地を併合吸収して、日本という国号にしてしまったという。

ところが『旧唐書』から半世紀経った頃に作られた『新唐書』には日本から派遣された使節の言葉として、日本という名は朝日の出る所に近いからつけたのだと述べている。そして日本は小国であって、倭国のために併合されてしまった。倭国は日本の国号を自分のものにした、と述べている。

『旧唐書』と『新唐書』は日本が小さく、倭が大きい点では一致しているが、併合したのが日本か倭かということになると話は逆になっている。『新唐書』は日本からの使節の言を聞いて記したとあるから『旧唐書』を訂正したものということで、私は倭国が日本国を征服して、その国号を自分のものにしたと見るのである。つまり、『新唐書』は邪馬台国が日本国を名乗る物部王国を併合したことを告げているのである。

ひのもとの〝クサカ〟

では、物部王国が日本の国号を名乗っていた証跡はどこに求むべきであろうか。九州から畿内に進出した物部氏の支配領域が倭国よりも東にあるのは疑い得ない。しかし、それだけでは物部王国が日本を称したということにならない。ここにおいて、私は河内の日下を重視するのである。『古事記』の撰者の大安萬侶は、序文の末尾で、日下という姓をクサカとよませているが、それは慣例にしたがって改めないと断っている。この日下という姓はもと河内の日下という地名から出発していることは、『新撰姓氏録』などで明らかである。河内の日下は『日本書紀』には「草香」と記されている。そこで「とぶとりの」という枕詞をともなう明日香の地名がやがては、「飛鳥」と書いてアスカとよませるのとおなじようにして、「ひのもとの」という枕詞をともなう草香の地名が、「日下」と書いてクサカとよませるようになっていったことが考えられるのである。こうした例は春日(かすが)とか長谷(はせ)の地名にもあてはまる。

ではどうして河内の草香に「ひのもとの」という枕詞がつけられたのであろうか。それにはまず難波という地名の語義から穿鑿してみなければならない。浪の速い国だから浪速(なみはや)がつづまってナニワと呼ばれたのだとか、魚庭、すなわち魚の集まる場所の義とかいくつかの説があるが、いずれも取るに足りない。それでは難波に「押し照る」という枕詞のつく理由が説明できない。押し照るのは太陽であるから、難波もまた太陽をあらわす言葉でなくてはならない。

ところで朝鮮の古語ではナルという言葉は太陽または日をあらわす。ニワというのは門の意味だという。とすれば、ナルニワのつづまったナニワは太陽の昇る門ということになる。そこで枕詞に「押し照る」という言葉がつけられた訳が理解できるのである。

河内の草香は難波のもっとも東の奥にあたっている。当時河内潟は草香までひろがっていて、航行する舟が自由に出入りする入江になっていた。草香江という名称がそれを示している。神武の軍隊も最初は舟で草香江に侵入したが、クサカ坂のたたかいで思わぬ苦戦をなめたのであった。草香江の背後の坂を登れば、大和と河内を分ける生駒山脈の頂上は間近である。その山脈の峯にニギハヤヒは天磐船で降下したという伝承が残るところからして、草香の地は物部氏にもっとも縁由の深い所であることが分かる。物部氏が二世紀の後半、倭国の大乱の頃に東遷したときも、河内潟を楠のクリ舟で漕ぎわたり、草香の地に上陸し、そこにまず拠点を構築したのであったろう。天磐船というのは天磐楠船つまり岩のように堅牢な楠の舟という意味である。

物部氏は青銅器の製作と祭祀に深く関わる氏族である。できたばかりの銅鐸、銅剣、銅矛、銅鏡は燦然とした輝きを放つ。ということからこれら青銅器に日矛や日鏡の名称がつけられるのも無理はない。したがって天照御魂神社に祀られるニギハヤヒを太陽神とすることは差し支えないとしても、その太陽神は青銅器の光りかがやくさまの形容と見なすこともできる。草香を「ひのもと」と呼ぶのは、そこが生駒山脈のふもとで、難波のもっとも東辺にあり、太陽の昇るところという意味のほかに、金属神にして太陽神であるニギハヤヒを祖神とあおぐ物部氏の拠点という意味がこめられていると見なければならない。「ひのもと」はクサカだけでなくヤマトの枕詞にも拡大して使用された。クサカの場合は日下という漢字をあて、ヤマトのばあいは日本とあてた。こうして物部氏の支配する領域を日本国と称するにいたったと私は推論するのである。

物部氏と白鳥伝説

だが前述のように邪馬台国は、東遷して日本国を併合し、西日本を統一した。物部氏の支配下にある人びとは、銅鐸を破砕するか人里離れた場所に隠匿するかして、征服者の目を逃れた。物部氏の主流は屈服して、ヤマト朝廷に重用されたが、その周辺部にいた物部氏は同盟者であったエゾとともに東へ奔(はし)った。ナガスネヒコはその名前からして異族であることが明らかであるが、じつはエゾであったと私は考えている。物部氏とエゾの連合軍の残党はかろうじて陸奥国に逃れて命脈をつないだ。後世にいたって奥州がヒノモトと呼ばれたのは、彼らが、かつての栄光の日の記憶をながく失わなかったことと深く関わりあっていると私は思っている。

物部氏を追求する過程で、私は物部氏が鳥取という地名と縁由をもつという奇妙な事実に気が付いた。それを偶然の一致として黙過するにはあまりにも事例が多い。そこで私は、物部氏が鍛冶氏族であるというからには、鍛冶集団が鳥にたいして特別の信仰を抱いているのではないかと推測してみた。鳥の中では白鳥にたいする信仰の強烈なのが物部氏の特色だということは、白鳥を霊魂のかたどりとしか考えなかった私にとって新しい発見であった。この鳥取という地名や神社名、さては鳥取部のような部民の名は、陸奥国の胆沢郡にも見られるが、それと物部氏の奥州進出とは深く絡まっている。

これまで述べてきたことは、最近刊行した『白鳥伝説』にまとめておいた。その中で私が強調したのは、日本国が単一言語を話す単一民族の形成する国家ではないということである。日本列島には北方に毛人の国があると唐書に記されている。毛人は古くエミシと呼ばれた異族である。この異族が畿内にまで進出していた時代があり、倭人である物部氏と同盟して国家を形成していた。それが日本国であった。この日本国はやがて倭国に併合されるが、その後もエミシは烈しく抵抗をつづけた。

こうしてみれば、日本国家が統一される以前、ヤマト朝廷の前身である邪馬台国と、物部王国との間に葛藤があったということを直視すべきであろう。正史である『日本書紀』は天孫が降臨して日本を治めたのをア・プリオリな事柄のように叙している。神武東征の前に、物部王国が中央に蟠踞していたことをみとめようとしない。しかしどのような小集団の歴史にも葛藤はつきものである。日本に統一政権が樹立する前に、さまざまな葛藤があってもとうぜんなのに、『日本書紀』はそれを叙述することがない。その点「正史」は「社史」に似ている。「社史」は創業以来今日にいたるまでの社内にくりひろげられた葛藤には、触れないことを常套としている。したがって「社史」を読んでも、その社の歴史の真相は何もつかめない。ただなめらかな表面をすべるだけである。だがしかし、正史である『日本書紀』も注意深く読めば、平原を流れる大河の周辺に三日月湖のような部分がところどころ残っていることに気がつく。私はそれを手がかりにして、四世紀初頭の日本列島の争闘史を描いてみようと思い立ったのである。

（『NHK歴史ドキュメント1』日本放送出版協会、一九八六年三月）

伝承のリアリティー

私は最近『白鳥伝説』を上梓した。その中で私の言いたかったことは二つある。一つは正史として認められた記録だけが歴史ではない、民間の伝承もまた歴史の真実を伝えるものである、ということである。もう一つは、事実の因果関係を追求するだけが歴史ではない、意識の連鎖を辿るのも歴史にちがいない、ということである。

この二つをまとめると、民間の伝承を通じて意識の連鎖をたぐっていくと、歴史の核心に肉薄できるという考えになる。私が『白鳥伝説』で試みたのはまさしくこの考えを実地に検証することであった。

たとえば奥州の安倍氏の伝記やその後裔である安東氏や秋田氏の系図を見ると、そこに奇怪な伝承が語られている。その先祖はナガスネヒコの兄の安日（あび）という者であり、この安日は神武帝が東征して大和へ入ったときに放逐されて、津軽に住むようになったという。いうまでもなく安日という人物は正史に一度も登場しない。そこで創作された人物であることは推定できる。では何のために創作されたのか。それは前九年の役で官軍に抵抗し、滅ぼされた奥州安倍氏の残党や後裔が、自分たちの先祖はナガスネヒコであった、と言いたかったからである。しかし記紀によるとナガスネヒコは殺害された。そこでその肩代わりとして兄の安日なるものを案出し、津軽に逃亡したという伝説をつくりあげたのである。ではこの伝説はデッチ上げで、全く荒唐な物語かといえばそうではない。この伝説の底を流れるのは、蝦夷であることを自他共に認める奥州安倍氏が、かつて神武帝の軍隊を散々悩ましたナガスネヒコこそが自分たちの先祖であるという自覚である。

つまり、かつて大和地方を支配したのはナガスネヒコに代表される蝦夷であって、自分たちはその末裔である、という誇りの意識である。

この蝦夷としての光栄ある自覚から生まれた安日伝説はいつまで遡ることができるか。私は『白鳥伝説』の中では室町時代の頃と推定しておいたが、そのあと、立命館大学教授の福田晃氏から、安日の名が「真名本曾我物語」の冒頭の記事に見えることを教えられた。福田氏は「真名本曾我物語」の成立を、元弘の乱の直前と推測している。とすれば、神武帝が安日という鬼王を奥州外ケ浜へ追放したという伝説は、南北朝以前に存在していたのである。

このころ安東氏は津軽の十三湊を根拠地として勢威を振るい、北海道から敦賀や小浜までひろく日本海貿易に従事していた。嘉元四年（一三〇六）津軽船二十艘のうち一艘が北海の鮭を積んで三国湊に入港している。十三湊の福島城もきずかれた。ということを考えると、当時、十三湊の安東氏は蝦夷の誇りに裏付けられた始祖伝承を求めていたに違いなく、それが安日とむすびつけられたのであったろう。このことを考慮に入れると、安日伝説はさらに遡って成立したと見られなくもない。

安日という名はアイヌ語で火を意味する。したがって蝦夷の末裔を自認する安倍氏、安東氏、秋田氏の始祖の名としてふさわしいのである。安倍氏はもともと河内の日下から阿倍野にかけて住んでいたと私は考えている。おそらく蝦夷と倭種の混血の氏族が安倍氏であったのであろう。そのことは奥州の蝦夷の間に伝えられ、安日伝説を誕生させる背景になったと思われる。

『白鳥伝説』には書かなかったが、北畠顕家の娘は安東貞季の妻となったと史書にある。顕家は延元三年（一三三八）五月二十二日、「和泉ノ堺阿倍野ニテ討死シ」たと「太平記」巻十九にある。阿倍野は摂津にあって和泉にはない。そこで、この記事は間違いで、顕家は三月に阿倍野で戦い、五月に和泉の石津で戦死したという説がある。だが、私は阿倍野で死んだという「太平記」の記事を興味ぶかく思うのである。というのも、北畠顕家は奥州を出発するとき、津軽の安東氏の軍隊をひきつれていたからである。顕家が阿倍野で戦死をとげたとき「相従フ兵悉ク腹切疵ヲ被テ、一人モ残ラズ失ニケリ」と「太平記」は述べているから、安東氏の武士たちも全員死んだことはたしかである。その戦死の場所としては、和泉の石津よりも摂津の阿倍野のほうがふさわしかったにちがいない。なぜなら阿倍野は安日と関連のある地名である。安東氏としては、始祖の本貫と見なされる阿倍野で死ぬのが本望であったろう。「太平記」の記事はそれを知ってか、あるいは無意識にか、顕家の軍の戦死の地を阿倍野としたのであろうと私には思えてならない。こうしてみれば「太平記」の誤記?もまた、なにがしか歴史の真実を伝えているというべきである。

（「正論」一九八六年五月号）

北九州勢力は三度東遷した

一

日本列島に権力の萌芽をもつ国々は生まれていても、それが今日の村や郡程度の広さのものでしかなかった時代に、その地理的な条件は絶大なものであったにちがいない。中国文明が朝鮮半島を経由し、あるいは直接に日本列島に伝わるとき、最初の上陸地と考えられるのは、九州島をおいてほかにない。そう見るのがもっとも自然である。なぜなら日本列島のなかで九州島がもっとも大陸に近いという地理的条件をそなえているからである。そこで日本の文化は九州から本州へと移っていったとするのも、ごくあたりまえである。水が高い所から低い所へ流れるように、中国の高い文明が日本列島に流れこむのも自然であれば、その文明が九州から東の方向に流れるのもきわめて自然である。

畿内に邪馬台国の所在を求める論者たちも、この文化の流れの基本的な方向については異論をさしはさむ余地はない。今日でも日本列島の天候はおおむね、西の方から変化して、それが漸次東へ波及していく。それとおなじことが文化についても言える。

このような自明のことの上に立って、私は弥生時代とそれにひきつづくヤマト政権の初期の頃を考えてみたいのである。それにもかかわらず、すでに弥生時代から、畿内を中心として、文化が放射状に地方に波及したとする畿内中心主義の考え方が根強くある。それはどのような思想的背景をもつものであろうか。私に言わせると、それはまず、戦後には見られなくなった皇国史観が、姿を変えながら再登場したものである。つまり、「やまとはくにのまほろば」という日本のなかでの中華思想が科学的なよそおいの下に復活しているのである。

それと同時に、大和地方は、邪馬台国がヤマト政権へと質的に転換するほどの生産力にめぐまれていたという、証明不能の「神話」をよりどころにしているところがあるのである。これは戦後横行したマルクス主義的社会発展段階の解釈を、実証ぬきであてはめたものである。

そうしてもう一つは、内藤湖南に発する畿内大和説の学説が今日でも連綿と受けつがれていっていることである。このことは白鳥庫吉に発する邪馬台国九州説の学説と奇妙な対照をなしている。「奇妙な」というのは、内藤湖南が京大、白鳥庫吉が東大の教官であって、両者の間に邪馬台国論争があったことは、その後の論争の陣営を二つに別けた感があるからである。すなわち京大の関係者に畿内大和説が多く、東大の関係者には九州説が多い。これにはなにがしか、学問以前の心理が働いているのではないか。それも、戦後の学者のなかで蝦夷非アイヌ説をとる論者は東北に多く、また蝦夷アイヌ説をとる学者は北海道に多かったことから類推される。北海道は明治以降の移住者が大部分なので、学者たちが蝦夷アイヌ説をとっても自分たちの血脈と関わりのないことであった。それに反して、東北地方では土着民の先祖の蝦夷がアイヌということになれば、自分たちはアイヌの血を享けたということになり、そうした考えを知らず識らずのうちに忌避したい心理作用が、東北の学者には働いていたのではあるまいか。

いずれにしても、邪馬台国を畿内大和に置く説にはいくつかの思想的、心理的な背景がある。畿内の学者には、邪馬台国を畿内に置きたいという欲望がどこかにあると思う。これに対して、九州出身者が邪馬台国を九州に求めようとする心の動きも否定できない。これはまったく学問以前のことであるが、とるに足りない些事として笑い捨てることはできない無意識の選択がそこに孕まれている。

いうまでもなく弥生時代の開始とともに、日本列島に絶大な影響力を与えたのは、中国と朝鮮であった。日本列島のなかの国々がまだ倭の国々と呼ばれていたころの朝鮮半島には中国が設置した植民地の楽浪郡があり、さらに帯方郡も生まれ、この二郡の支配力の消長が朝鮮半島と倭の歴史の動向を決定づけた。倭国の変動の震源地はまさにこの二郡にあったといっても差支えない。倭の国々はたえず朝鮮半島の情勢を注目していた。楽浪（のちには楽浪・帯方）の力が弱まると、朝鮮半島の諸国には独立と統一の気運が促進されていった。そうした情勢の変化に一衣帯水の倭国もただちに連動した。朝鮮半島の諸国も倭国も楽浪・帯方の二郡に付庸しながら、その求心力から逃がれるチャンスをうかがっていたのである。倭国内の政治的もしくは社会的な変革は、例外なく、朝鮮半島の情勢の変化と呼応している。それは倭国の地理的位置が朝鮮半島に近かったからであり、倭国が幼弱な存在であったからでもあった。朝鮮半島の政治的変動は、九州島にあった倭の国々を直撃した。楽浪・帯方の二郡の朝鮮支配が弱った隙に乗じて、朝鮮の諸国と同様に倭国もまた、まず九州島から変りはじめ、それがやがて東の方にも波及するようになったのである。したがって、ヤマト政権を、畿内にあった邪馬台国からの継承とみて、それを大和地方の生産力の飛躍的発展にともなう政治社会の質的転換と解する論者たちは、日本列島に押しよせる怒濤のような朝鮮半島からの影響力にまったく眼をふさいでいるのである。

二

以上のことを次の二点に要約することができる。

一、紀元前二、三世紀から紀元後四世紀ごろまでの日本列島では、中国社会ひいては朝鮮半島からまず九州島に文化が伝播し、それから東の方へ伝わっていった。

二、日本列島内部の政治社会はすべて朝鮮半島の情勢に左右されながら、大きな変革をとげていった。

おそらくこの二つが当時の倭国を支配したもっとも基本的な法則であった。したがって、畿内の文化が他の地方へも伝播したとか、生産力が向上したとかというのは、その次に論議されるべきものであって、下位に位置づけるべき国内の文化現象を、国際的な関係から切りはなして上位に置くところからの歪みが、さまざまなコジツケの解釈の横行を許すことになったのである。

こうしてみるとき、倭の国々が大乱に見舞われたと『魏志』「倭人伝」に記されている変動の原因を朝鮮半島に求めることは、まことに当然なのである。果せるかな『魏志』「韓伝」には次の記載がある。

「桓霊の末、韓濊は彊(つよ)く盛ん、郡県は制するあたわず、民は多く流(さすら)いて韓国に入る。」

また『後漢書』「倭伝」には、「桓・霊の間、倭国大いに乱れ、更に相攻伐すること歴年にして主無し」とある。

朝鮮半島では、漢の桓帝と霊帝の間(一四六〜一八九)、馬韓や辰韓、それに辰韓の北にある濊(わい)などの勢力が強くなって、楽浪郡は規制できず、楽浪郡の流民が南の馬韓や辰韓になだれこむということがあいついだ。倭国の大乱もまさしく朝鮮半島の動乱に呼応し、連動していることが以上の記事から手にとるように分かるのである。

『魏志』「倭人伝」には、「旧百余国、漢時に朝見する者あり、今、使と訳の通うところは三十国」となっているから、数か国があつまって、一つの国となったことが分かる。この三十国というのは「倭人伝」に記載された国々の数とほぼ一致しているので、倭国の大乱ののち卑弥呼が共立された時代と考えてよいであろう。このように百余国に分かれていたものが三十国にまとまったというのは、国々の統合や合併がすすんだからであって、それは時代の進展を物語るものにほかならない。その延長上にやがて倭国の統一もなされたのであった。

倭国の大乱のあと、後漢末の二〇四年頃に帯方郡が新設されると、倭も韓も帯方郡に属することになったと、『魏志』「韓伝」には記されている。それは中国の支配の強化を意味するものであった。

この楽浪・帯方の二郡は二三八年に、魏によって接収された。その情報はただちに倭国に伝わったと見えて、あくる年に、卑弥呼は使者を帯方郡につかわし、邪馬台国の使者は帯方郡の大守のみちびきで、魏の都の洛陽の土を踏んだ。

邪馬台国をはじめとする倭の国々にとってもっとも重大な事件は、高句麗の南下により三一三年に楽浪・帯方二郡が滅亡したことである。楽浪郡は漢の武帝のとき前一〇八年に、中国が設置した郡で四二一年間もつづいたが、その終りの時がやってきた。楽浪郡が高句麗に併合されると、南方の帯方郡は百済の支配下におかれた。朝鮮半島には、それまでの馬韓・辰韓にかわって、百済・新羅の名があらわれた。こうした新しい情勢が倭国を刺激しなかったはずはない。朝鮮半島における中国の植民地の消滅は、倭国の政治地図を大きく塗りかえ、西日本の政治的な統一の気運は高まった。

こうしてみるとき、倭国の政治社会の大きな変動は倭国の大乱の時期と楽浪・帯方二郡の消滅の時期に求めるほかはないであろう。特に後者は日本歴史社会の画期となったと推定できる。榎一雄氏や井上光貞氏が、九州島にあった邪馬台国はその時期に東遷したという説をたてているのは、もっとも承服できるのである。また倭国の大乱の頃に邪馬台国が東遷したという説は、橋本増吉、植村清二、坂本太郎の諸氏によって唱えられている。

すなわち邪馬台国東遷についての代表的見解は、倭国の大乱の頃か楽浪・帯方両郡の消滅の時期かどちらかに二分されている。このことは私がさきに述べたことを裏付けている。そして邪馬台国東遷の事実は神武天皇の東征説話に反映されていると考える論者が多いことも注目に値する。そのことについては安本美典氏の『邪馬台国の東遷』（新人物往来社刊）にくわしい紹介がなされているので、それを参看していただきたい。

「神武紀」を見ると、神武帝の東征に先立ってニギハヤヒが大和に降臨したという伝承が明記されている。東の方に美い(よ)土地があって、そこは青山がまわりを取りかこんでいる。そのなかに、天磐船(あまのいわふね)に乗って飛び降りる者があったと聞いているが、それはニギハヤヒという者ではないか、と神武帝が述懐するところがある。そのほか「神武紀」は数か所にわたって、ニギハヤヒの東遷に言及している。それにもかかわらず、神武東征説話に邪馬台国東遷の事実の反映を見る多くの史学者が、ニギハヤヒの東遷伝承をとりあげてそれを仔細に吟味しようとしないのは、不審にたえない。神武東征のみを認めてそれに先行するニギハヤヒ東遷伝承がいかなる史実の反映であるかを穿鑿しようとしないのは、あまりにも恣意的であると責められても仕方があるまい。

邪馬台国東遷論者は、東遷した当時の大和平野にどのような政治権力があったかを不問に付している。まさか邪馬台国は空家同然の大和平野に引越したわけではあるまい。先住者があれば、両者の間にはかならず葛藤が生まれたにちがいない。そしてそのことは「神武紀」にも記されている。すなわち神武の軍隊が河内国の草香邑の白肩津に侵入したとき、その近くの孔舎衙坂でナガスネヒコの烈しい抵抗にあった。ナガスネヒコは自分の妹をニギハヤヒに娶せていた。ニギハヤヒを遠祖とするのは物部氏であるということから、ナガスネヒコのひきいる軍隊と物部氏の軍隊の連合軍が、結成されていたことが推定される。というのも、ニギハヤヒの乗った天磐船は河内国の河上の哮峰（いかるがのたけ）に降臨したと『旧事本紀』に記されているからである。哮峰は生駒山脈の峰の一つである草香山であったと見られる。それは現在の東大阪市の日下町の背後にある山である。草香山は一名ニギハヤヒ山とも称されていた。とすれば草香（日下）はニギハヤヒを奉斎する物部氏の本拠であることが推定されよう。こうして孔舎衙坂で神武帝の軍隊をなやましたナガスネヒコは、物部氏の本拠で戦ったことが分かる。日下は、古代の大和から河内へ出るのにもっとも近道であった。それゆえに「日下（くさか）の直越（ただごえ）」と称せられた。神武の軍隊とナガスネヒコ・物部の連合軍とは、日下の地で最初の激戦を展開したのである。

三

この神武東征の軍隊を邪馬台国東遷の軍隊として置きかえてみると、どうであろうか。

それと戦う物部氏とナガスネヒコが大和の国の権力者であったということになる。そして、物部氏の祖のニギハヤヒは天磐船に乗って河内国の哮峰すなわち生駒山脈の頂上に降下したというのであれば、その降臨神話は物部氏が東遷した歴史事実の神話的な反映にほかならない。天磐船の天は美称である。磐船は磐楠船の略語で、磐のように堅い楠船を言う。戸外においては生駒山脈のふもとまで潟湖が開けていた。物部氏の先祖たちは楠船に乗って、潟湖を横断し、その東の奥の草香江にたどりつき、そこを最初の拠点とした。

では、天磐船に乗った物部氏の先祖はどこからやってきたか。それは九州からと考えてみるのがもっとも自然である。その時期はいつか。それは倭国の大乱の時期と考えてみるのがもっとも妥当である。倭国の大乱のときに物部氏の東遷があり、四世紀の初頭に邪馬台国の東遷がおこなわれた。物部氏は、先住民族の首長であるナガスネヒコの一族と婚を通じ、両者の連帯は強固であった。そのあと東遷した邪馬台国の軍隊は散々な目にあって、大きく迂回作戦をとらされた。

では物部氏が倭国の大乱の頃に九州島から東遷したという推論は何によって裏付けることができるか、という問いに対して、私は次のように答える。

一、物部氏は銅鐸を祭祀する氏族であり、また銅鐸の製作者をも統率していた。銅鐸が弥生時代の近畿地方を中心にして盛行していたというのは、その当時、物部氏の呪術的な王国が畿内を中心としてあったからである。銅鐸の製作の開始時期については意見はまちまちであるが、その終焉はヤマト政権の登場と時期を一つにしている。これは物部王国が東遷した邪馬台国によって壊滅的打撃を蒙ったことを物語る。最近、九州でも銅鐸やその鋳型の破片がかなり発見されている。それらはおおむね古型の銅鐸であるから、九州で銅鐸の製作に従事していた物部氏が、二世紀後半の倭国の大乱の頃に東遷して、こんどは畿内を中心に銅鐸を製作し、それの祭祀をおこなったとしても、そこに矛盾は起らない。

一、物部氏が青銅器の製作に従事するものを引きつれて東遷したことは、『旧事本紀』に記載された天磐船の乗組員に天津真浦とか天津麻良という鍛冶の連中があったことで分かる。天磐船の乗組員はそれら鍛冶の連中をのぞけば、舟運をつかさどる阿刀氏（または跡部氏）だけである。

一、物部氏の同族は伊予・讃岐に多く見られる。また平形銅剣も伊予と讃岐に多い。伊予の桑村郡の布都神社のある旧吉岡村からは平形銅剣が二個出土している。布都御魂は物部氏の奉斎する神霊である。こうして、太田亮や大場磐雄は、物部氏が四国の北岸を通って、布都御魂を奉じながら、畿内に入ったと推定している。

一、『旧事本紀』に物部氏の阿遅古連は水間君の祖なり、とある。「雄略紀」には、身狭村主が水間君の犬にくわれたことを伝えている。水間は水沼とも書く。これらが『和名抄』にいう筑後国三潴郡と同一の地名であることはいうまでもない。物部氏の本拠はこの地方にあったわけである。水間は水間→味間→（美馬）→味間（味鋺）→味間と変化した。『旧事本紀』の味間見命は、ニギハヤヒの息子とされている。味間見命の名は、水間君から出して変貌をとげたものである。

一、邪馬台国の東遷のときの首長が、神武帝とともにハツクニシラススメラミコトと称せられた崇神天皇であったということはこれまで論者によって指摘されてきた。「神武紀」に記述された東征伝説の主人公はじつは崇神天皇で、神武帝はその分身または影である。崇神天皇は、『日本書紀』によると、御間城入彦という国風のおくり名をもっている。また水間城の王とも記されている。私はこの水間は物部氏の本貫とおなじ地方を指すと考えるのである。『魏志』「倭人伝」によると、邪馬台国の官職名として、伊支馬、弥馬升、弥馬獲支、奴佳鞮の四つがある。内藤湖南はこのうちの弥馬升と弥馬獲支とは御間城入彦の名と関連があり、また伊支馬は垂仁天皇のおくり名である活目入彦の名と関連があると述べている。この仮定の上に立てば、崇神と垂仁の両天皇は邪馬台国とふかい関係がある、ということになる。内藤湖南は近畿説であるが、私は邪馬台国は物部氏の本貫とほぼ同じ地域の筑後国にあったと思う。水間城の城は乙類のキであり来は甲類のキであるから、水間城を水間からやってきたとは解せられない。しかし、水間に根城をもっていた王と解することはできる。

一、物部氏が九州から畿内に移住してきたことは、『旧事本紀』にあらわれたニギハヤヒの降臨のときの同行者が、筑前、筑後、豊前などを西とし、河内や大和や伊勢を東として、東西に分布していたことで明らかである。それを跡づける地名が今も豊富に残されている。この地名の類似は、継体朝の磐井の乱における物部麁鹿火(あらかび)の活躍によって、九州の物部氏の勢力が飛躍的に増大したことを物語るものであるが、しかしそればかりではあるまい。たとえば「雄略紀」には、物部目連(めのむらじ)が筑紫の聞(きくの)物部大斧手をひきつれて、伊賀の青墓で伊勢の朝日郎を征伐したことが記されている。この聞は豊前国の企救郡である。企救郡にいた一族が、物部の配下として九州から中央に移って聞物部を名乗ったと思われる。

一、『日本書紀』には天磐船によるニギハヤヒの東遷を再三記している。『旧事本紀』はいうまでもない。こうしてみれば、物部氏が九州から河内・大和へ移動したとするのはもっとも自然である。

四

先行して東遷した物部氏と後発の邪馬台国の間に激烈な戦闘がおこなわれ、邪馬台国の勝利に帰した経緯は「神武紀」に反映されている。ここにそれらしき事実を伝えた記録が中国の新旧『唐書』に残されている。『旧唐書』の「倭国日本伝」には次の記載がある。

「日本国は倭国の別種なり。其の国日辺に在るを以って、故に日本を似って名と為す。或いは曰う、倭国自ら其の名の雅ならざるを悪み、改めて日本と為すと。或いは言う、日本は旧小国、倭国の地を併せたりと。」

これに対して『新唐書』の「日本伝」の記事は、

「倭の名を悪み、更めて日本と号す。使者自ら言う、国日の出ずる所に近し、以に名と為すと。或は云う、日本は乃ち小国、倭の并す所と為る。故に其の号を冒せりと。」

とある。

この二つの記事は中国の正史に記載されたものとして重要である。『旧唐書』の冒頭に「倭国は古の倭奴国なり」と記されている。さらに「日本国は倭国の別種なり」と述べ「其の国日辺に在るを以って、故に日本を以って名と為す」とある。すなわち、倭国と日本国の二つの国があって、倭国は倭奴国の流れを汲むものであり、日本国は倭国の別種であるが、東の方に位置すると書かれている。

日本歴史には一度も登場しない話であるが、これをどのように理解したらよいであろうか。『旧唐書』は九四一年に編纂をはじめ、九四五年に完成している。『新唐書』はそれからおよそ百年のちにできたものである。日本という国号の正式に使用されたのは天智九年（六七〇）から大宝二年（七〇二）の間のこととみられている。この頃、日本から遣唐使が中国に出向いているので、中国側では日本の使者からその話を聞いたのであったろう。そのことは『新唐書』に「使者自ら言う」とあるので明らかである。「自ら言う」と書かれているのは、中国の史官が日本の使者の言を信用していないことをあらわしている。

中国側がそれを信用しようとしまいと、使者がかつて倭国と日本国の二つの国のあったことを、中国に告げたことはまちがいない。日本の使者の態度が尊大で、真情を見せないということへの苛立ちから日本の使者の言を疑ってかかったのだろう。

では倭国と日本国の一方が他方を併合したという事実をどう受けとめたらよいのであろうか。日本の古代史のなかでそれを探すとすれば、それはいつの時期にあたるか。

結論から先に述べると、倭国というのは邪馬台国にほかならず、日本国は物部王国のことで、『新唐書』に倭国が日本国を併合して、日本という国号をうばったとあるのは、邪馬台国が物部王国を打倒して、物部王国のヒノモトという国号をうばった事実を示していると私は考える。

物部王国がヒノモト国と呼ばれていたという私の推論は次のような理由にもとづいている。私は『日本書紀』には草香と表記されているのに『古事記』には日下と書かれていることに着目した。そして草香はもともと「ヒノモト」（日ノ下）という枕詞をもつ地名で、それがのちには日下と記してクサカと訓ませるようになったと推論した。

ではどうして草香に「ヒノモト」という冠辞がつけられたか。当時の難波は九州から見ても朝鮮半島から見ても日の昇る東の果であり、日の下（ひのもと）であった。その難波のなかでもっとも東の奥に草香は位置していた。ということから、草香がヒノモトと呼ばれたのはふしぎでない。それに加えて、物部氏はニギハヤヒを奉斎する氏族であった。ニギハヤヒは太陽神と見られていたのである。難波のもっとも東の奥にあって、ニギハヤヒを祀る草香山のふもとにある草香がヒノモトという冠辞をもったのはあやしむに足りない。

物部氏が河内から大和へと勢力を拡げていくにつれて、ヒノモトの呼称は、ヒノモトノ草香から、ヒノモトノ大和へと拡大した。このばあいの大和は大和一国を指し、日本全体を意味するものではない。物部氏は河内、大和を中心にして、東は遠江、北は越前、南は紀伊、西は土佐の東半から安芸、出雲あたりまでの銅鐸文化圏をもっていた。その領域の中心部分がヒノモト国と称せられた。それは日下もしくは日本と表記された。倭国は物部王国をほろぼしたのち、倭という国号が上品でないので日本という国号に変えたのである。それが日本の国号の起りというべきではなかったろうか。日本国号が中国や朝鮮に対して正式に使われたのはずっと後のことであるが、日出ずる国という文字はすでに推古朝に隋に派遣された使者のたずさえた親書にも見られるのである。

倭国が日本国をほろぼして、日本という国号に変えたのが四世紀の前半とすると、「日本」国号が成立した七世紀後半までは三世紀以上のへだたりがある。この時間の落差をどう埋めるか。これは誰しも抱く疑問であるが、大和岩雄氏はその著書『日本国はいつできたか』のなかで、この疑問についての説明が得られないと説得力がない、と私説を批判している。大和氏の指摘はもっともである。しかし大和氏もそこで述べているように、中国側の日本についての知識はきわめて貧弱であった。たとえば唐の詩のなかで日本は新羅とは混同されている例がいくつかある。これは中国にとって日本が関心の外に置かれていたことをはっきり物語っている。

中国の史書で日本に関する記事はいたってすくなく、その内容も豊富とはいえない。『魏志』「倭人伝」ののちは、目ぼしいものとして、『後漢書』「倭伝」、『宋書』「倭国伝」、『隋書』「倭国伝」ぐらいしかない。そのあと、『旧唐書』が編纂されているのだから、唐代といえども、日本についての情報は徹底して不足していた。数百年の間、日本の情勢が空白のまま、中国に伝わらなかったことは充分にあり得たのである。日本の政治状況が把握されていないのだから、日本列島の内部で倭国と日本国が並立していたことなどは知る由もなかったのである。

では日本の史書にはなぜその事実が書かれなかったかということになるが、『古事記』『日本書紀』が書かれた当時は伝承として残っていても、事実の記憶はかなり消えていただろう。その頃は銅鐸がどのようなものかも分らなかった。また正史としての権威を保つ必要上から、倭国が日本国をほろぼして、その国号をうばったと書くわけにもゆかなかったのである。また天孫が降臨して平定したというのは、『三国遺事』などにも見られる建国の記述の常套でもあった。しかし神武東征説話をよく読めば、物部氏とそれに連合する先住土着の氏が、邪馬台国の首長とたたかった歴史をうかがい知る手がかりは残されているのである。

江上波夫氏はその著『騎馬民族国家』のなかでミマキイリヒコのミマは任那のことであり、崇神天皇の居城のあった任那が日本府と呼ばれてもふしぎでないとしている。日本国の発祥の地であった任那を出発点として北九州に進撃し、そこを占領したのが崇神天皇であり、それだからこそミマキノスメラミコトと称せられた。そうして『旧唐書』の日本国の条に「日本もと小国、倭国の地を併す」とあるのはこのことを指したものにちがいあるまい、と江上氏は言う。

だが、任那の日本府という名称は大化改新の前後に生まれたものであるという井上秀雄氏の説がある。井上光貞氏は、『古事記』『日本書紀』に見える崇神天皇の人物像と業績には、海外からの征服者としての面影はまったくないと述べている。さらに小林行雄氏によって、前期古墳の時代に騎馬の風習がおこなわれた証拠のないことが指摘されている。このようにして、江上氏の説に否定的な人びとが多い。江上氏は日本国は朝鮮半島の南部と北九州にまたがっていたとするが、『唐書』には倭国よりも東にあるのが日本国ということになっているのだから、江上説は成立しないのである。

江上氏は北九州から畿内に進出したときの日本建国の主役は応神帝であろうと述べている。すなわち第一回の日本建国の主役が崇神であり、第二回のそれが応神であるとするのである。

私は第一回目には物部氏が東遷して畿内に王国をたて、第二回目に崇神帝が東遷し物部氏をたおし、ヤマト政権を樹立して西日本を統一し、第三回目に応神帝が東遷して、崇神王朝をたおしたという説をとっている。『古事記』には、応神帝が北九州の宇美(うみ)で生まれ、その母である神功皇后とともに大和にのぼった、と記されている、ということから応神帝は北九州生まれの豪族であったろう。

応神を始祖とする王朝と前王朝の系譜とを血脈の上で接合する必要から、仲哀天皇を父とし、神功皇后を母とするように作為されたのであったが、一方では応神帝は異常出生の説話を背負っていることが注目される。私は拙著『古代史ノオト』のなかで、応神帝は最初は白鳥の卵から生まれたという卵生説話があったことを推論した。そのことはここではくりかえさないが、卵生説話は朝鮮半島には新羅の始祖の赫居世の出生説話をはじめとして、しばしば登場する。そうしたことから、あるいは応神帝は海を渡って北九州に侵入した王だったかも知れないと考えている。それは新羅王朝と応神王朝の系譜の間に対応関係が成立するからである。

(新羅王朝) 赫居世[1]—次々雄[2]—儒理王[3]—脱解王[4]

(応神王朝) 応神帝[1]—仁徳帝[2]—履中帝[3]—反正帝[4]

このうち赫居世と応神帝はともに卵生説話をもつ。仁徳帝は大ササギの命といういみ名で呼ばれていたが、水野祐氏の説ではササギという呼称は、新羅の第二代の王である次々雄(すすんぐ)と同系の尊号であるという。ススングは巫、今日でいうシャーマンである。儒理王と履中帝の間に類似点は見つからない。しかし儒理と履中の名の似通っているのはふしぎである。履中帝の次の反正帝は『日本書紀』では「生まれましながら、歯一つ骨のごとし」といわれている。また『古事記』では「天皇、御身の長さ九尺二寸半、御歯の長さ一寸、広さ二分。上下等しくととのいて、すでに珠を貫けるがごとくなりき」と記されている。この『古事記』『日本書紀』の叙述は『三国遺事』のなかの脱解王の死んだときの記事に「身骨長九尺七寸。歯凝如一。骨節皆連瑣」というのとまったくおなじである。これらを偶然の一致と見ることはできない。このように『古事記』『日本書紀』は明らかに新羅王の系譜をモデルにして、応神王朝の始祖から四代目までの天皇の像をつくりあげている。

こうしたことから応神帝は新羅と密接な関係をもつ人物ではなかったかと考えるのである。あるいは仁徳帝からが実在の天皇であって、応神帝は架空の存在であるかも知れない。それにしてもその応神を系譜上の始祖としていただく王朝が北九州から河内、大和へ進出したことは否定できないであろう。

九州から畿内へはかず多くの移動があったにちがいない。そのなかでもっとも大きな移動は、三回あったと私は考えている。

（「季刊邪馬台国」第二八号、一九八六年六月）

記紀の世界――薩摩・奄美

九州の西南端、薩摩半島。夏、深い霧に包まれ、厳かな雄姿に神秘をたたえた霧島山とともに天孫降臨の故地である。遣唐船のもたらす大陸文化、本州文化、そして薩摩・琉球諸島の南島文化が出会うこの地を舞台に古代、隼人族が駆け巡った。

建国神話を賑わす天降る神　首露王卵生説話と天孫降臨神話の類似点

『魏志倭人伝』によると、朝鮮半島の南端、今日の釜山市の西にある金海付近は狗邪韓国と呼ばれ、倭の北岸と見られていた。そこには倭人が住んでいたと見られる。帯方郡からの使者は狗邪韓国を出発し、対馬や壱岐を経て九州本土の海岸に着いた。その使者の道中の案内者はおそらく狗邪韓国の倭人であったにちがいない。

狗邪韓国のあたりは洛東江の流域にさかえた加倻（加羅）諸国の一つ、金官加倻（南加羅）の地で金海がその中心であった。その金海には加羅国王となった首露の降臨神話が伝わっている。『三国遺事』という朝鮮の古伝説と歴史をないまぜに記した古典によると、首露王は紅い布につつまれた金卵に入って、金海の亀旨峰に降臨したという。この首露王の降臨神話は、日本の天孫降臨神話に大きな影響を及ぼしたと考えられる。

『古事記』によると、天孫ニニギはアマテラスの神勅を受けて「筑紫の日向の高千穂の久士布流多気」に天降ったという。久士布流は亀旨峰と発音が似通っている。また『日本書紀』によると、天孫ニニギはマドコオブスマに包まれて降臨したという。マドコオブスマは首露王降臨の際の紅い布を思い起させる。『日本書紀』の一書には、天孫ニニギが降臨したのは「日向の襲の高千穂の添山峯」であると伝えている。ソホリは新羅の王都の意味であるが、新羅だけでなく、朝鮮ではひろく王都をソウルと呼んだ。

こうしたことから添山というのは国都または王都の置かれた山という意味であることが理解できる。和名抄に言う筑前国早良郡早良郷は今日の福岡市に含まれているが、そのサワラはソウルの転訛したものと推定される。また早良郡にある背振山のセブリも同様である。

カヤの地名について言えば、和名抄には筑前国志摩郡に韓良郷と鶏矢郷が存在する。ケヤはカラの訛りであろう。志摩郡のある糸島半島には可也山があり、芥屋大門がある。

記紀にみる古代朝鮮への熱い羨望と強い拒絶　近くて遠い異国への想い

ところで『古事記』によると、久士布流多気に天降った天孫ニニギは、その降臨した場所について「ここは韓国に向い、笠沙の御前を真来通りて朝日の直刺す国、夕日の日照る国なり。故、ここはいと吉き地」と満足の意をあらわしたとある。

これによって古代日本人の意識が玄界灘をへだてた加耶（加羅）の方をつねに向いていたことが確認できる。韓国というのは今日の韓国を指すのではなく洛東江河口の小国金官加耶を指していたものと考えられる。

天孫が降臨した「久士布流」も亀旨の村と解せられないこともない。また「筑紫の日向」というのは、日向国つまり今日の宮崎県を指すものではない。日に向うところ、つまり太陽の昇る方向をむいていればそこが日向であった。『日本書紀』によると、イザナキは黄泉国のイザナミを訪問したのち「筑紫の日向の小戸の橘の檍原」でミソギをしたとある。その場所を「地名辞書」（吉田東伍『大日本地名辞書』）は志賀島にいく途中の立花山のあたりに比定している。イザナキはミソギをしたあとワタツミの神を産むのであるから、その推定はおそらく間違っていないと私は考える。というのも立花山付近は志賀島にいた海人の安曇族の根拠地であるからである。

天孫降臨については『日本書紀』はいささか表現を異にしている。「日向の襲の高千穂峯に天降ります」とあり、つづけて「膂宍の空国を、頓丘から国覓ぎとおりて、吾田の長屋の笠狭崎にいたります」と記されている。すなわち『古事記』の「韓国に向い」云々が『日本書紀』では「膂宍の空国」に対応しているのである。「膂宍の空国」というのは不毛な土地という意味であって天孫は降臨した場所に満足しなかったことを伝えている。

本居宣長は『古事記』が「韓国に向い、いと吉き地」と述べてあるのが気にくわなかった。そこで、「向韓国」の「向」は「肉」のあやまりとし、その上に「膂」の字が脱けているとみなした。さらに「韓国」は「空国」の借字であるとした。すると「向韓国」は「膂肉空国」という言葉に化けるのである。『古事記』の記事を絶対視して『古事記伝』の著述を畢生の業とした宣長が、どうして『古事記』の文章を大修正して『日本書紀』の文章にあわせようとしたか、それは彼が偏狭な皇国史観の持主であって、古代の日本人が韓国を讃美したという事実を容認できなかったからである。

隼人の地、笠沙崎を舞台に繰り広げられる南・北の婚姻と異族間の悲劇

このように天孫降臨神話は首露王の降臨神話を祖型として作られたと言っても差支えないのであるが、その後半の部分には古朝鮮の神話に見られない要素が付加されている。それは天孫ニニギが「吾田の長屋の笠狭崎」に到着したと記されている条である。なぜならばそこは天孫にとっては異族である隼人の根拠地で、隼人はインドネシアやフィリピンに源流をもつ南方系の種族と見られているからである。

果して天孫ニニギは笠沙の岬で大山祇(つみ)神の娘の吾田津姫、またの名はコノハナサクヤヒメと結婚して三人の子を産むが、長子の火闌降(ほのすそり)命は隼人の始祖となった、と『日本書紀』は伝えている。(『古事記』では火(ほ)照(でり)命)第二子は火明命、末子はヒコホホデミである。

隼人には日向隼人、大隅隼人、吾田隼人があるが、なかでも吾田に根拠地をもつ吾田隼人がもっとも勇猛であった。

ここにおいて、北方大陸系の垂直神の神話は、海人の色濃い南方系の神話と接触する。北方系の神話を携えた支配層が南方系の隼人と婚合して以来、血の混淆は両者の間にしばしばくりかえされた。

古代の風習にしたがって天孫ニニギの後は末子のヒコホホデミが継ぐが、ヒコホホデミは海神の娘のトヨタマヒメと結婚してウガヤフキアエズを産む。ウガヤフキアエズは、自分の母のトヨタマヒメの妹のタマヨリヒメと結婚してカムヤマトイワレヒコ(のちの神武天皇)を産む。カムヤマトイワレヒコは吾田のアヒラツヒメと結婚してタギシミミを産む。

このように天孫ニニギの直系はすべて海人族の娘たちと結婚している。しかもその娘たちは吾田隼人の女

性である。北方的な神話をもつ支配層が、婚姻をとおして南方的な文化をもつ集団に引きよせられていく過程がここにうかがわれる。しかしそれでもなお、両者の間に信仰や慣習の違いから生じる悲劇も見られた。それはヒコホホデミが自分の妻のトヨタマヒメの出産の様子をのぞき見したことから起った。のぞいてはいけないと妻に固く禁しめられているにもかかわらず、ヒコホホデミがその禁を犯すと、トヨタマヒメは産屋の中で大きな鮫の姿で腹這いになっていた。ヒコホホデミはおどろいて産屋から遠ざかった。トヨタマヒメはヒコホホデミが自分に恥をかかせたといきどおって、生まれたばかりの子を産屋の近くの波打際に残して、「本つ国」であるわだつみの国に帰ってしまった。海の彼方からやってきた異族の女が、信仰や慣習のちがいから夫の許を去って自分の国に帰っていくという物語は、日本人の祖先が南の島伝いにやってきた記憶とつながり、自分を置去りにした母への思慕は、民族渡来の原郷である「妣の国」への郷愁と重なる。

朝廷への服従起源を物語る海幸彦、山幸彦の葛藤　犬吠えする隼人族

記紀に見られる海幸彦と山幸彦の物語も、それが天孫のヒコホホデミと隼人の先祖のホノスソリとの争いであるからして、異族間の葛藤とみて差支えない。ヒコホホデミは山幸でありホノスソリは海幸であるところから、山と海の対立と見る向きもあるが、そればかりではない。争いに敗れたホノスソリはヒコホホデミに臣従を誓う。そして後裔の隼人たちはそのときの誓いに従って、宮門で犬の吠えるまねをして奉仕することになったと『日本書紀』にある。

この物語の背景には隼人のあいつぐ反乱とそれがヤマト朝廷のために無惨に鎮圧された歴史がある。隼人は蝦夷と共に「異人雑類」としていやしめられた。本来漁労や狩猟に明け暮れていた隼人に対してヤマト朝

廷が律令制を強制し、農業をおこなわせようとしたことから、隼人はしばしば反乱を起こしたが、それも養老四年の大反乱をさいごに終止符を打つ。その後は宮廷に奉仕し、天皇の行列にしたがって犬吠えをすることになった。隼人が犬吠えをさせられることについては隼人の言葉が難解であるから、その言葉を発して邪霊を撃退したという説があるが、私はそうは考えない。むしろ隼人が犬祖伝説をもつ種族であることがほのめかされているとおもう。

南中国や台湾などには人間の女と犬とが結婚して生まれた子どもの後裔と自称している少数民族がいる。そうした犬祖伝説はわが南島にも見られる。沖縄の与那国島や小浜島、宮古島、また奄美群島の加計呂麻島にも伝わっている。おそらく隼人も犬祖伝説をもっていたにちがいない。それがヤマト朝廷に服属させられるようになってから、忠誠の印として犬吠えをさせられるようになった理由だと私は考える。隼人は薩摩大隅だけでなく、種子島にいたことは明らかである。さらにその南の島でも隼人と共通の言葉を話していたと考えられる。

『大隅国風土記』逸文には、隼人の言葉で海中の洲を必志（ひし）と言うとあるが、この言葉は今でも奄美や沖縄で使用されている。

以上見たように日本の天孫降臨神話には朝鮮半島から南下して北九州にたどりついた大陸文化と、南の島伝いに北上して南九州にたどりついた海洋性のつよい文化との複合が認められるところに特色がある。

（「THE GOLD」一九八七年三月号）

安倍宗任伝説と松浦水軍

今から六年まえ、私が「白鳥伝説」を雑誌に連載している頃に、安倍宗任が前九年の役で捕えられ、伊予に流されたのち、さらに筑前国の宗像郡大島に移され、そこに宗任の墓と称するものがあるという伝承の存在することを知って、奇異な思いに捉われたことがある。みちのくの蝦夷と北九州とのむすびつきがあまりに唐突であったからである。『筑前国続風土記』の伝えるその説話では、宗任の三人の子どものうち、長子は松浦（まつら）にいって、松浦党の先祖となり、次男は薩摩にいき、三男は筑前の大島にとどまって、その子孫が今にいたるまでその島に残っているということであった。

こうした伝承ははやくから生まれたものらしい。源頼義、義家の父子が宗任ら五人の捕虜をひきいて都に凱旋したのは康平七年（一〇六四）のことである。『扶桑略記』巻三十九によると、このとき朝廷は宗任らを京中に入れずに、伊予国に流した。また宗任の同類の良照を大宰府に流したという。『宇治拾遺物語』には宗任法師が筑紫にあったと記されている。また正元元年（一二五九）に成立した『百錬抄』第四には「治暦三年（一〇六七）に宗任らを大宰府に移し遣（つか）わす。本国に逃げ帰らんと欲するのを聞えあるに依る」として、宗任が筑紫に配流された理由を述べている。

『百錬抄』の四年まえに成立した『古今著聞集』では宗任は義家の従者となって朝夕そのそばにいたとあるが、江戸時代の『前太平記』ではいっそうの粉飾を凝らして登場する。伊予に流された宗任は、頼義の館にとじこめられていたが、義家は父から宗任を貰い受けた。後三年の役が起こり、義家は出陣することになった。そのとき、宗任にむかって筑紫の松浦に下ってその土地を領知するように命じたという話である。

このようにして宗任と松浦との結びつきがさまざまな形で力説される。「筑紫軍記」には、義家が宗任を肥前国に流罪に処し、渡辺源次久にあずからせた。源次には一人娘があったので宗任に娶わせて、下松浦に住まわせた。その子を安倍三郎実任と言ったとある。しかし年老いた宗任が妻をめとることはあり得ないから、宗任の娘の市埜御前が源大夫久（渡辺久）に嫁したのだという伝説が他方に生まれている。

このほか宗任伝説は九州各地に残っている。たとえば、「太宰管内志」によると、福岡県甘木市佐田には貞任の子孫と称するものがあり、また、安倍氏のうぶすな神として松島大明神を祀っていると言う。別伝ではそこに安倍貞任と宗任の寺があって、その寺に宗任の弓があるとも記されている。私もかつて甘木市を訪れたときに、そこに宗任伝説が残るのを見て怪訝に思ったものであった。このほか宗任伝説は豊後国にも波及している。

九州における宗任伝説の中心は筑前宗像の大島と肥前の松浦である。松浦市に属する大岳の東北のふもとの小舟部落に石仏を安置した小墓があって、それを宗任の墓と称している。

＊

私の興味をひくのはさきの伝説の一つに宗任の娘が渡辺久に嫁したという話のあることである。渡辺久は渡辺綱の子とされている。渡辺綱は摂津の渡辺を本拠とした。その後裔と称する渡辺党が活躍したのも渡辺の地である。『東鑑』に「摂津国渡部海賊人罪名事」云々とあることをもっても、そこに海賊が跳梁していたことが推測される。渡辺党は南北朝の頃までこの地を占居したとされている。ところで渡辺綱が肥前松浦の地を所領したということから渡辺久も松浦にきて一時居住した。久の弟に授があり、授の孫に久がいた。

綱の曽孫にあたる。この久は宇野御厨の検校となり、検非違使とされたと伝えられている。源大夫久と称した。宇野御厨は、江戸時代になると松浦全域にあたると考えられたが、もともと松浦市の志佐の西、今も御厨という地名の残っているところが中心であった。御厨は皇室や社寺に海産物の贄物を貢進する土地のことである。

『肥前国風土記』に景行天皇の時代、大家嶋に白水郎がいて、反抗したが平定されたとある。この大家嶋は平戸島の北の大島（的山大島）、または馬渡島に比定されている。また『肥前国風土記』には値賀島の大耳垂耳が皇室に服属を誓い、アワビを献上したことが記されている。そのとき皇室の使者にたったのが阿曇連百足であった、ということから、阿曇連は白水郎を管轄していたことが分かる。値賀島は宇久、小値賀をふくむ五島列島のことである。これは後年の宇野御厨に相当する地域であり、そこには古代の白水郎の伝説が生きていることになる。

ところで、建長六年（一二五四）四月十六日付「肥前国御厨御庄志佐浦渟分当知行所領近本名目録」（「有浦文書」）によると、管轄地に海夫源六一党があり、干アワビなどを納めさせていることが記されている。海夫というのは漁撈や舟運にたずさわった人びとであるが、海にもぐってアワビなどをとる白水郎も、また船の中に生活する家船の人びとも海夫であった。さきほど、『肥前国風土記』に的山大島と思われる大家嶋の白水郎の話が記されているのを紹介したが、この的山大島は宇野御厨に含まれる。そこの地頭の大島氏は「検非違使所海夫等本司職」を代々伝えもった。外冦または海賊の横行にそなえて検非違使を置き、海夫などを自分の管轄下に置いたのである。この海夫は古代の白水郎の流れを汲むものである。この「有浦文書」の志佐浦というのは松浦市の御厨のとなりの志佐にその地名を残している。またここに渟という人名が見られるが、それは源大夫久の曽孫にあたる人物とされている。

渡辺綱を松浦党の祖とするのは後世の付会であるという説がある。しかし摂津の海賊であった渡辺党が肥前の松浦党となにがしかのつながりがあると考えるのは不自然ではあるまい。また松浦党と宇野御厨の漁民とは切っても切れない縁があった。海夫は集団の代表者をもち、それらが一揆を形成し、領主に臣従した。松浦一揆の特色とされている平等性は村君を長とする漁業集団の協同組織を反映したものである。こうした宇野御厨の海夫が古代の白水郎の伝説を引きついでいると思われることはすでに見た通りである。

＊

それでは安倍貞任が九州に配流されたという伝承はどこに起因するのであろうか。

貞観十一年（八六九）五月、新羅の海賊船が二隻博多津にやってきて、豊前国から朝廷に差し出す年貢の綿を強奪するという事件が起こった。大宰府の政庁では兵士に追討させたが、兵士は臆病で先に進もうとはしなかった。そこで諸国に配置されている蝦夷の俘囚を動員することを朝廷に要請した。そうしているうちに、大宰府の庁舎や楼門や兵器庫の上に大鳥があつまるという怪異が起こった。大鳥というのはツル、コウノトリ、クグイなどの白い鳥のことである。白鳥が大宰府の庁舎に群れあつまるというのは不吉な兆侯とみられた。この報告を受けて、神祇官陰陽寮が亀卜をもってうらなうと、ふたたび敵兵が来寇するであろうという卦(け)が出た。そこで十二月五日には、大宰府の要請によって、諸国の俘囚を在番させ、新羅の海賊に備えさせることにした。また十二月十七日には五畿七道の諸国に勅命して、境内の諸神に幣帛(へいはく)をささげ、後害を未然に防ぐことにした。

この事件と符合するように、陸奥国の刈田嶺神社の神階が突如としてひきあげられた。刈田嶺神社は承和十五年（八四八）に正五位下をさずけられたあと、ずっと位階が上らなかった。それが二十一年ぶりで、貞観十一年十二月八日に一階をあげられ、正五位上をさずけられた。ところがそれから十七日しかたたない同月の二十五日にふたたび一階をひきあげられ、従四位下をさずけられた。この神階の昇進の仕方は「三代実録」には何の説明もないが、すこぶる急で、明らかに異常である。考え得ることはただ一つ。それは刈田嶺神社が白鳥を祀る神社であるということである。白鳥が大宰府の庁舎に集まるという怪異はふたたび兵寇があるという不吉な兆候であり、その大鳥（白鳥）の怪異をしずめるためには、刈田嶺神社の神階を再度引きあげて、神意を迎えるほかなかったのである。

こうしたことから吉田東伍は地名辞書の中で次のように述べている。

松浦党はけだし大宰府防衛の将士の裔か。一党一姓に出づるにあらず、諸氏混合の団体なり。俘囚を以て防衛の選士と為せること、三代実録にも見えて……其安倍一類なる俘囚が、延暦弘仁以降多く西海に配置せられしこと国史に散見し、貞観十一年、新羅賊船の警報ありけるより、其俘夷を調発して之に備ふ。松浦党を夷種なりと伝ふるは、恐らくこの謂のみ。

これによって私共は宗任伝説の根拠がどこにあるかを推察することができる。宗任が筑紫に配流されたという伝説の背景には、俘囚の流れをひく陸奥出羽の民が筑紫に大量に居住したという事実があった。この貞観十一年の事件のまえ、奈良時代にも俘囚を筑紫に移すことはすでにおこなわれていた。たとえば神亀二年（七二五）には陸奥国俘囚五七八人を筑紫に配している。また宝亀七年（七七六）九月には、陸奥国俘囚三九五人を大宰管内諸国に分配しており、同年十一月には出羽国三五八人を配したとある（『続日本紀』）。

こうした俘囚によって宗任伝説が形成された。肥前の大村氏や有馬氏が反逆の海賊である藤原純友の後裔と自称する心情は、松浦地方の土豪にも存在していたと考えられる。

＊

しかし宗任伝説の源流は俘囚のさらにまえにさかのぼることができなくはない。『日本書紀』によると、斉明天皇が亡くなった六六一年の八月に、日本の水軍は百済の救援に赴いた。そのとき阿曇比羅夫が前軍の将であり、阿部引田臣比羅夫が後軍の将であった。あくる年の五月に大将軍の阿曇比羅夫らは、船師百七十艘をひきいて、百済王の余豊璋らを百済国に送った。天智二年の三月には、前軍の将として上毛野君稚子らを、また後軍の将として阿部引田臣比羅夫を派遣して、二万七千人の大軍で新羅を討たせた。この年（六六三）八月には、白村江の戦いで日本軍は大敗し、半島から撤退を余儀なくされた。

白村江のたたかいには廬原君を救援につかわしたと『日本書紀』は述べているが、もちろん、阿曇比羅夫と阿部引田臣比羅夫のひきいる水軍も中核として参加したことはたしかである。そうして壊滅的打撃をこうむったのちの水軍は、見る影もなくなったが、その将士たちの中には命拾いをして筑紫にかえり、そのまま土着したものもあったにちがいない。私がそのような推測をするのは、阿部臣比羅夫が斉明天皇の時代には筑紫の大宰帥であったという記録があるからである（『続日本紀』）。つまり、阿部臣比羅夫は北九州にその本拠をもっていたのである。

阿部臣が舟師二百艘をひきいて粛慎国を伐ったのは斉明天皇の六年のことであるからして、阿部臣が大宰帥となって筑紫に赴いたのは、そのあと、斉明天皇の七年（六六一）のことと考えられる。阿部臣の水軍も筑紫の沿岸のどこかに集結したのであろう。それは肥前の松浦地方であったかも分からない。

阿部引田臣比羅夫は斉明天皇のとき、数回の征討で蝦夷と接触しているが、それもきわめて友好裡に交流している。そこで阿部引田臣比羅夫に蝦夷の血が流れていると考えられなくはない。阿部引田臣比羅夫は越の国の出身という説もあって、蝦夷と関係の深かったことはまぎれもない。そのひきいる水軍には陸奥や越の出身者がまじっていたと考えられる。それが白村江で敗れ、筑紫に土着していた。そうした人びとのあとから俘囚がつぎつぎに筑紫に配せられ、やがて前九年の役が終ったとき、安倍宗任の伝説を受け入れる素地を育て、つちかっていたのである。安倍氏のあとと称し、津軽十三湊を本拠とした安東氏の水軍は東国に覇を唱え、西国の松浦水軍と呼応するかのように、日本海に活躍した。それはあたかも古代の阿部水軍と阿曇水軍の関係を思わせるものであった。そのつながりが安倍宗任と嵯峨源氏の流れをくむ渡辺久との結婚という伝承に反映している。

新井白石が、松浦党を二つに分けて、下松浦の平戸松浦は安倍氏で、宇野御厨の上松浦は嵯峨源氏としたのも、それを説明するための苦心のあらわれである。

（註）『大村郷村記』には長崎県西彼杵半島の瀬戸町の家船について次のように記されている。「船を以て家となす者あり船数凡そ百二十余隻人口五百余に過ぐ。酋長あり之を遇する猶君主の如し気習頑陋自ら一種の習風をなし同類の外敢て嫁娶を通ぜず、然かも酋長の法則を守る亦謹む」。この家船集団は松浦党の下部組織であった海夫の在り方を示唆している。

（『海人シンポジウム　日本民族文化のルーツを求めて』「海人」シンポジウム実行委員会、一九八九年一〇月一四日）

古代の色

私どもはジョッキのビールを見て、黄色いと言う。しかしこれを黄色い、と言わずに、青いという地方が戦後になっても沖縄には残っていた。たとえば黄色いタオルを指して青いタオルと言う。これは沖縄には近代に入っても黄色はあっても、黄色という色名または呼び名がなかったことを物語っている。これと同様に古代日本でも、古事記に黄泉国(よみのくに)、万葉集に黄葉(もみじ)という言葉が登場するが、それは黄という字があるだけであって、それをキと訓(よ)ませた例は見当たらない。古代日本でも黄色は青と呼ばれたのである。

近代の沖縄でも古代日本でも赤、白、青、黒の四つの色名しかなかった。この四つの色ももともとは光の感覚の強弱や明暗に関わるものであって、色名ではなかった。空が明るい―アカ。物の形がはっきりと顕(しろ)く浮かびあがる―シロ。物の形がぼんやり漠(あお)く見える―アオ。あたりが暗くなる―クロ。という具合である。したがって明・顕・漠・暗が赤・白・青・黒となったわけである。こうしてみると、明と暗が対応するように赤と黒は対応し、顕と漠が対応するように白と青が対応することがわかるだろう。古代の盾(たて)に赤と黒の渦巻模様が描かれ、神を祭るのに青と白の和幣(にきて)が用いられたのも、そうした理由からである。

古代人が最も注目してきたのは何色であったろうか。それは赤色である。猛獣でさえも赤い色をおそれて近づかないということから、赤色には悪霊を追い払う強烈な呪力があると信じられた。古墳に埋納した棺の内部を朱色のベンガラで塗ったのも、悪霊の侵入を防ぐ意図からである。こうして戦闘用の盾や矛(ほこ)、船などは朱色で塗られた。その一面、祝いごとのときに小豆(あずき)や赤飯を炊くのも、赤い色が厄除けにふさわしいと思われたからである。
赤に対して白は聖性をあらわす色である。白は人間の誕生、結婚、死などの節目と関わりあう。沖縄ではお産のときには産室を白く塗った。葬式の際の喪服の色は古代から白であった。そして結婚式の花嫁衣裳は白無垢である。このように白は吉凶を問わずハレの色である。それにひきかえ、黒はもっぱら凶事に用いられる色であった。残る青は、若々しさをあらわす色であると同時に死の色でもあった。死者はぼんやりとした漠い、薄明の世界に住むと思われた。死者を葬ったところに青山、青島、青墓などの地名がつけられているのはこのことを物語っている。

（「東洋インキニュース」67、一九九一年六月）

川上部と伊福部

一

奥州鍛冶の発祥地である舞草に私は「白鳥伝説」の執筆当時から関心を抱いてきた。そこは平泉の東二里ほどのところにある。現在一関市舞川の地であるが、舞川の観音山の頂上にある舞草神社は式内社の磐井郡「儛草神社」に比定されている。舞草鍛冶の名工三条小鍛冶宗近がこの神に祈って源家の宝刀を作ることができたため、刀工に崇敬されたと伝える（平凡社「岩手県の地名」）。舞草神社の近くの谷からはふいごの跡が発見され、多量の鉄滓が出土している。「平泉志」は観音山の南東の鉄落山（てつらくざん）という所が刀鍛冶の跡と伝えている。

吉田東伍の「地名辞書」によると「源将軍討賊の時、都の刀工を召下して此に住せしめ、其子孫秀衡の代まで相続し、舞草及び平泉に居れりと云ふ。平泉の阿弥陀堂の燭台を造りしは、舞草森房と云ふ名工なり」とある。

平凡社の「岩手県の地名」もその説を踏襲している。これらの記事からすれば、舞草の刀工は京都から連れてきた刀鍛冶で、蝦夷とは直接には関係がないように見える。

しかし石井昌国の大著「蕨手刀」を開くと、そうでないことが判明する。舞草鍛冶の銘文には「ふしゅ」「浮周」「諷誦」「上一諷誦」などの文字が見られるという（同書一六四ページ）。これらはいうまでもなく俘囚、すなわち投降し帰順した蝦夷にほかならない。「我弖為」の文字も混っているが、アテルイとよむのであろう。夷大墓公阿弖流為の名を思い起させる。

そこで蝦夷征討の武士が京都から連れてきた刀工が俘囚に鍛冶の技法を伝えて舞草鍛冶が起ったという説は肯定できなくなる。それ以前奥州の蕨手刀の刀工に俘囚の名前があるからである。

蕨手刀については石井昌国の「蕨手刀」が委細を尽しているので、同書に拠って話をすすめることにする。蕨手刀は束頭（つかかしら）が早蕨（さわらび）の形をしているところから付けられた名であるが、その出土地は大きく東日本に偏っている。西日本では島根、徳島、熊本、鹿児島がそれぞれ一本ずつとなっていて、その合計わずかに四本である（伝世された蕨手刀は群馬と奈良に一本あり、奈良のは正倉院に所蔵されている）。

昭和四一年当時は全国出土総数（伝世も含めて）一八三のうち東日本一七三、西日本五であり、圧倒的に東日本に偏在している。東日本では北海道二九、東北一二五、関東一一、中部一二である。関東地方では群馬九、中部地方では長野一〇、東北地方では青森四、秋田六、岩手五七、山形一七、宮城三二、福島九となっている。なかでも岩手県は全国一の出土数で、全国の蕨手刀の三分の一を占めている勘定になる。

岩手県下の出土地を見ると、盛岡市太田上太田蝦夷塚、紫波郡矢巾村徳田藤沢蝦夷塚、花巻市上根子熊堂蝦夷塚、和賀郡江釣子村上江釣子猫谷地蝦夷塚、同村鬼柳蝦夷塚、北上市飯豊町成田権現堂西の蝦夷塚などがある。また山形県東置賜郡赤湯町蒲生田蝦夷穴、宮城県栗原郡築館町富野根岸蝦夷穴からも出土している。

これらの地名から見ても蕨手刀が蝦夷に由縁をもつと考えるのはきわめて自然である。北海道ではオホーツク海沿岸の網走市のモヨロ貝塚や常呂遺跡からも発見されている。さらには千島のクナシリ島からも昭和八年頃発見されたといわれている。蝦夷のさらに北方に居住する民族も蕨手刀を使用していた。そこで河野広道は北海道の古墳期の住民は奥羽地方に蕨手刀を遺した人びとと何等かの関係または交渉をもっていたと想像できるとする。喜田貞吉は蕨手刀は蝦夷産すなわち俘囚の刀である、と断定する。斎藤忠も蝦夷の所産とすることがもっとも穏当のようであるとする。末永雅雄は蕨手刀の使用年代は奈良時代以後平安初期を下らぬ短期間とし、その源流を中国に求めている。これらの諸説を紹介したのちに、石井昌国は「蝦夷のなかでも俘囚と呼ばれる中央の文化にもっとも接近した人々の所佩にかかるものとすることも可能で、はじめはそれも征夷の士から伝えられたものとみられるが、これを享受した俘囚の刀工が鍛冶し、また古墳も営造し、そこに副葬されたものと考えられる」と言っている。さらに、蕨手刀の起源については、「東北地方で発見される蕨手刀のなかに、上信地方から発見される蕨手刀と全く同型のものが僅少ながら発見されるのは、征夷の士卒と関東・中部地方人との交流がうかがわれ、その発達した刀姿が東北刀の型式をしめすのをみると、その始源はひとまず関東・中部地方に求めたくなる」(「蕨手刀」二三五ページ)と言っている。

蕨手刀は小型の青竜刀のおもむきを備えている。しかも北辺に偏って出土しているところから、海外に源流をさがしたくなるのは当然である。あとでのべるように小川琢治は粛慎や渤海の人びとによってもたらされたものとしている。石井は「祖型を海外に求めることに努めてみたが、なお適格な資料を得られない」と告白しているが、そこでやむを得ず先の結論に落ち着いたと思われる。

それはともかく、舞草鍛冶についていえば、舞草が、蕨手刀のもっとも多く発見された胆沢郡の南どなりにあるところから、両者の関係が推測されないではすまないのである。平泉の中尊寺にある清衡の棺の上から発見された蝦夷刀は舞草の俘囚鍛冶の手になったもののようである、と石井は言う。

蕨手刀は八世紀のはじめから九世紀にかけて二百年の間に盛行したものであり、一〇世紀にはおそらくからないようである。そうだとしても、一一世紀の半ばに源頼義、義家父子が奥州に進出した頃をもって舞草鍛冶が始まったと見るよりは、それ以前の蕨手刀の伝統が舞草の地につづいており、その刀工の技法が俘囚の手によって発展されたと見る方が自然である。石井昌国は日本刀の源流も蕨手刀に始まるという。俘囚鍛冶の伝統はすでに蕨手刀の作られた八世紀初めからはじまり、蕨手刀の製作が見られなくなったあとも、奥州藤原氏が滅亡した一二世紀末までつづいていたと見なければならぬ。

二

窪田蔵郎氏の「鉄の生活史」には大和石上神宮に残されている刀剣類に

常陸国俘囚臣川上部首巖美彦
陸奥国俘囚臣河上首嘉久留
陸奥国月山住俘囚臣宇久留

などの銘が彫られていると述べられている。その出典を窪田氏に問うと、小川琢治の論文に由ったものだと言い、後日、窪田氏から佐藤富太郎の論文「日本刀の秘奥」（『日本刀講座別巻一』雄山閣出版　昭和九年七月）の抜粋が送られてきた。

それを見ると、窪田氏は佐藤氏の論文から孫引きの形で引用していることがわかる。佐藤氏の論文の肝心な箇所は「史上有名なる石上神宮の御剣を拝見して、理学博士小川琢治氏の発表せられた処によると」と前置きして、前記の三人の俘囚の刀工の名前を記しているのである。さらに詳しく

巖美彦　川上部首　纏向珠城宮即位三十九年（大新始建国二年）庚午冬閏十月、壬辰朔辛丑十日、常陸国俘囚臣川上部首巖美彦奉勅焼之

とある。

次の陸奥国俘囚臣河上首嘉久留についても、同年同月に勅を奉じて焼いたとある。これも小川論文によったものである。

纏向珠城宮御宇天皇は垂仁天皇のことで、その即位三十九年十月といえば、日本書紀に「三十九年の冬十月に、五十瓊敷命、茅渟の菟砥川上宮に居しまして、剣一千口を作る。因りて其の剣を名けて、川上部と謂ふ。亦の名は裸伴といふ。石上神宮に蔵む」とある記事を思い出す。右の文章のようであれば、川上宮で作った一千口の剣は俘囚の川上部が作ったということになる。

しかし垂仁天皇は実在を疑われているだけでなく、当時俘囚がいたかどうかということになるとまったく否定的である。私が石上神宮の宮司に電話で確認したところでも、石上神宮にそのような銘文の刀が保存されていることはない。

私はこれは小川琢治博士の作文ではないか、と思うのである。しかしどうしてこのように念の入った作文をしたかという疑問は新たに湧く。そこで私は一関在住の知人で舞草鍛冶研究家の千田一司氏から小川琢治の論文を送って貰った。

「刀剣の地理的研究」(「地球」第三巻、第二号、大正十四年二月)「古刀銘の研究」(「史林」第十巻、第一号、大正十四年一月)その他である。

そして窪田蔵郎氏や佐藤富太郎氏の引用している箇所が小川論文にあるのを確認したのであるが、小川氏が作文したという疑いは一向に晴れない。というのは証拠が全くないからである。ただ舞草鍛冶を重視している点は注目に値する。小川琢治によれば、舞草鍛冶は日本刀剣史の第一ページを占めるもっとも古いものであり、奥州地方に渡来した粛慎や渤海の人びとが大陸から鍛冶の技法を伝えたとしている。小川は「癡人の夢を説く如き無稽の妄想と思われるかも知れぬ」がと断わりながら、自説を展開しているのである。小川の論文についてはなお大いに検討の余地があると思われるが、その論文のなかで私がとくに問題にするのは「川上部」の銘のある刀剣についてである。その実在が疑わしいとしても、私が関心をもたざるを得ないのは次のような事実があるからである。

三

熊本県の北部平野を流れる菊池川の下流にかかる玉名市高瀬の橋脚付近の川底から、一一、二世紀のものと思われる須恵器が見付かった。それには「川上」という文字がヘラ書きしてあったのである。それが発見されたのは昭和六十三年五月のことであった。私はその話を田辺哲夫氏から知らされて、いささか昂奮した。それは「川上部」を意味するにちがいない、そして、この「川上」という文字をヘラ書きした人物は、おそらく肥後国に配属された俘囚だろうと推測した。田辺哲夫氏の論文「「川上」銘須恵坏覚書」に述べられているように、須恵器の発見された菊池川の下流一帯は肥後国におけるもっとも大きい製鉄地帯であった。しかも延喜式をみると、俘囚をやしなう俘囚稲は肥後国が最大である。このことから、大量の俘囚が肥後国に置かれていたことが判明する。その俘囚は穀倉地帯である菊池川の流域に多数民住させられていたであろう。そして豊富な砂鉄を原料として、刀剣の製作も俘囚によっておこなわれたにちがいない。「川上」というヘラ書きの銘文はその俘囚鍛冶の存在を示す証拠品と見なされる。この熊本県玉名郡玉東町山北にあるたたら製鉄炉は、その形態が東北地方のものと酷似しているという指摘もある。こうして奥州舞草を中心とした蝦夷鍛冶が、はるばる肥後国まで伝わっていったことが推量できるのである。なお、肥後国には、人吉市の横穴から出た刃長二五センチの蕨手刀子がある。

これらのことからして、小川琢治の論文に俘囚臣川上部と出てくるのを、刀剣研究の専門的立場と古代史の双方から吟味し、真偽の弁別がなされねばならないと考えるのである。

ちなみに「鎌倉古鍛冶と本郷」（本郷郷土史研究会　昭和五十六年刊）には、横浜市の戸塚区の南部、金沢区、港南区及び鎌倉市に三方をかこまれたところが本郷で、本郷に白山神社がある。横浜市金沢区釜利谷地区に、白山道の地名があり、かつて鉄滓が出土し、鍛冶屋の屋号をもった家がある。奥州の鉄工である舞草鍛冶の守護神が白山妙理権現といわれるところから、同書はここを舞草鍛冶の遺跡としている。前九年、後三年役で従軍した関東武士団が、両役の戦後になって、舞草鍛冶たちを鎌倉周辺に居住させたものではないかと考えているのである。

また備前の長船の刀工たちも舞草から移住したと見られている。「川上部」の話はこれくらいにする。次に伊福部に移る。

四

私が『青銅の神の足跡』（一九七九年）を上梓して以来、読者からの手紙も数多く寄せられ、いまだに跡を絶たない。私が古代史の分野に一石を投じた波紋は収まっていないことを感じる。今回はその一つを紹介することにする。

差出人は広島市西区己斐上五丁目の花岡正登氏。消印の日付は一九八九年十月二日。その全文は次の通り。

「青銅の神の足跡」（集英社文庫）を拝読いたしました。同書六四頁、六八頁、安芸国佐伯郡伊福郷、現在の広島市安佐北区安佐町久地、云々の資料を入手いたしましたので、御送付申し上げます。

入手先は紫金山西正寺さんです。住所　広島市安佐北区安佐町久地三九九九番地　住職紫花大和

小生の持山にも大昔の鉱穴があります。他にも数ケ所金山に古い鉱穴があります。同書五六頁の安芸郡府中町（現在、広島市東区安芸町福田）の隣、広島市東区安芸町温品にも古い銅の鉱穴があります。これも広

島市安芸区役所地域振興課長の京才正博君の案内にて現地を確認しております。先生の御労作に心から敬意を表し、とりあえず、私の身辺にて確認できる資料を御送り申し上げる次第です。御受納いただければ幸せです。

二伸　「西正寺の縁起」は先代住職が広島県古文書館の資料によりメモされたのだそうです。

この奇特な読者から送られてきた資料を紹介するまえに、拙著の指摘された箇所について言及しておきたい。私は和名抄に記載された六カ所の伊福郷を点検し、そのうち四カ所が銅鐸もしくは土鐸と関わりをもっていることを明らかにした。安芸国佐伯郡伊福郷については、そこに本拠をもつ伊福部氏の話を紹介した。その話というのは日本書紀の安閑紀元年に出てくる記事である。廬城部連枳莒喩の娘である幡媛が、物部大連尾輿の瓔珞を盗みとって、春日皇后に献上した。その事が発覚したので、枳莒喩は娘の幡媛を采女丁、つまり采女の召使として差出し、あわせて、安芸国の過戸の廬城部の屯倉を奉って、娘の罪を贖った、というものである。

ここに登場する廬城部連枳莒喩の名は雄略紀三年にも見られ、両者は同一人物と考えられる。雄略紀では自分の息子を廬城河に誘い出して殺したということになっている。その廬城河は三重県一志郡白山町家城のあたりを流れる雲出川のことであり、白山町の川口というところから銅鐸が出ている。こうしたことを踏まえて、伊福部（廬城部）と銅鐸のつながりを推理することが可能であると私は述べた。

さて、安閑紀に廬城部の屯倉があるとする安芸国の過戸は、広島県安芸郡府中町の多家神社のあたりであると「地名辞書」は述べている。この府中町の東北四キロにあたる安芸郡安芸町（現在、広島市東区安芸町）の木の宗山から、明治二十四年に邪視文の銅鐸が銅剣や銅戈（ほこ）と伴出しているのは有名な事実である。安芸町はもと福木村で木の宗山はその大字福田にある。福という地名が往々にして、銅や鉄を吹くに由来していることはいうまでもない。

安芸郡府中町のとなりの広島市東区安芸町温品（ぬくしな）にも古い銅の鉱穴があることは花岡氏の手紙にも述べてあるが、温品と木の宗山のある福田とはわずか一、二キロしかはなれていない。

ところで「地名辞書」が安芸国伊伯郡伊福郷に比定している広島市安佐北区安佐町久地の西正寺は、一四世紀なかば開かれ、はじめ真言宗であったが、近世には改宗し、真宗道場になっていた。そこに伝わる縁起によると、正平五年頃に開基西正が創建したもので、当時金山の銅山はひじょうに繁栄していた。たまたま舗（しき）の中に金を掘りに入った千人の坑夫が坑内の崩壊によって下敷になり死んだ。これが今に、千人間夫（まぶ）と語り伝えられている。西正寺の山号の紫金山は金山が繁栄していたとき建立したので、紫金山と称したという。西正寺の近くに金山という地名があるが、金鉱のほかに久地本郷一帯の山間部から多量の銅鉱が産出され、相当長い期間にわたって活況を呈していたとされる。これは近代に入ってもつづいたようである。

これらのことから伊福部氏の根拠地が銅の産出と関係があることが実際に証明されたのである。ちなみに久地と銅鐸が発見された福田の木の宗山とは直線距離で一〇キロメートルであることを付記しておく。

（「東アジアの古代文化」一九九三年冬　七四号、一九九三年一月）

日本史の中の「蝦夷」

書かれた歴史「正史」

今日は『日本史の中の「蝦夷(えみし)」』と題しましてお話を申し上げたいのですが、この題の「日本史」というところから話を始めてみたいと思います。

「日本史」というのは日本の歴史です。日本人がたどってきた過去の歩みを「日本人の歴史」、あるいは「日本の歴史」と呼びます。

歴史には二通りの使い方がある。一つは、過去の歩みの総体を歴史と呼ぶ。それから、その過去の歩みについて書いたものをまた、歴史と呼ぶということで、歴史という言葉の使い方には二通りあるということが、まず申し上げたいことです。

書かれた歴史、文字化された歴史には、今まで伝わっているものもありますし、火事などで焼けたり消滅したものもあります。

書かれざる歴史の中には、過去からの言い伝え、民間の習俗、言い伝えの中には伝説とかそういうものがあります。それからまた、口には出さないけれども、無意識のままに授受されたもの、これもまた歴史です。

例えば日本人なら日本人のふるまい、言動の中におのずと表れてくるのでして、実際には、そういう伝承は意識して伝えられていないのですけれども、無意識の中に伝授されているということがあります。ですから、日本の歴史、日本史といった場合に私たちは大きな意味での日本史というものと、それから書かれた歴史、日本史、大学では日本史学科、戦前は国史学科というのがありましたが、これは書かれた歴史を研究する学科です。そういう「二つの歴史」があるということを考えておきたいと思うわけであります。

つまり、書かれた歴史以外にも人間のいとなみの総体としての歴史がある。それは文字化する以外のさまざまな方法で伝えられてきております。考古学も文字化された歴史以外の歴史と言うことができます。民俗学もそうでしょう、あるいはまた音楽とか、あるいは言語、そういうものもやはり歴史の中に入れることが可能です。

では、「書かれた歴史」、いま、日本史の中で書かれた歴史のことを考えますと、さまざまな歴史があるのですが、最も重視されますのは、やはり「正史」と呼ばれる歴史だと思うのです。古代においては官撰の歴史、『日本書紀』とか『古事記』とか、あるいは『続日本紀』とか、六国史、そうした書かれた歴史の中では一番正統的な歴史と言われる官撰の正史があるわけであります。それからまた、それ以外の歴史もあるのですが、しかし大体、日本の歴史の筋道をたどろうとする時は、書かれた歴史の中でも正史と呼ばれるものを我々はまず相手にするという、これは記述の内容も一番細かくて、しかも正確であるというところから、それを信じてその正史に取り組むのであります。

これは官撰の歴史、朝廷が編纂者を任命してつくった歴史、そういうものですから、やはり権力者、支配者に都合のいいように書かれているということがあります。都合の悪いことを書くはずはないのです。権力者や支配者は自分に都合の悪いことは書かない。ですから正史が正確であり、また細かいといっても、都合の悪いことを落としていることをまず念頭に置かないといけない。

例えば、戦前から戦後にかけていろんな会社の社史が編纂されております、五十周年記念とか三十周年記念とか。この社史を考えてみればわかるのですが、社史は自分の会社の権力者が自分に都合のいいような内容にしています。都合の悪いことはみんな落としているということがあります。都合の悪いというのは、例えば社長と専務が派閥争いをする、専務派が勝って社長派が退陣する、そうするとそれは専務派に都合のいいように書くわけです。それから社長派が勝って専務派が敗退すれば、専務派の言い分はその社史の中には加えられない。ですから、葛藤の事実を抜きにして、一見非常になめらかに社史は書かれております。

そういうおたがいの内部的な葛藤だとか、あるいは対外的な緊張だとか、そういうものはないが如くに書かれておりますけれども、実際はそうではないわけです。そして人間社会のあるところ、必ず三人寄れば二人と一人に分かれて争う、五人いれば三人と二人に分かれて争う。これは家庭でも会社でも、地域社会でも皆同じです。人間の歴史は、闘争と葛藤の歴史であると言っても言い過ぎではない。ところがその闘争と葛藤の跡が見られないということは、その闘争と葛藤の跡を消し去ってしまっているからであります。それが正史なのです。社史の特徴もそうです。ですから、正史は信憑に値すると言いましても、勝利者の歴史であるということを、くれぐれも念頭に置いて考える必要があると思います。

敗者はどうなるか。敗者は、自分の葛藤あるいは敗北の歴史を残さないというのが大部分です。敗者の言い分は正史に反映しないわけであります。私たちが日本史のいろんな記録類を読む時に、その敗者の言い分が残らない、投影してないということをあらかじめ考えて読む必要がある。

しかし、敗者の言い分は残らないまでも、大きな意味で敗者の歴史は綿々として続いているわけであります。

書かれざる敗者の歴史

ところで日本史の中の「蝦夷」という時の日本史はどういう意味なのかということを、まず考えてみたいわけであります。

日本史というのは、ここでは狭い意味でいう書かれた歴史ですが、蝦夷はその書かれた歴史に自己の姿を投影してない、あるいは勝利者の手によって非常に歪められた形で描かれている。そして自らの手で書き残した記録がない。自分たちの言い分をどこにも投影してないというのが蝦夷の歴史です。

私たちは、書かれた歴史の中に蝦夷像の完全な姿を託することはできないということを最初に申し上げたいわけであります。

「日本」とは何か

次に、日本史と一概に申しますけれども、「日本」とは何かという問題が次に出てまいります。

今日では北海道から沖縄まで日本国の中に入っておりますから、昔から日本国は、現在と同じような姿をしていただろうと推定する人たちもいるかも知れません。ところが、そうではないんです。そういうふうに期待しても、その期待は外れるわけであります。

日本というのは、前は極めて小さい地域につけられた名前です。「日本」という国号についてはいろんな説があるのです。これはわが国から中国へ行った使節が八世紀の初めに「日本」という国号を名乗ったとされているようですが、しかし国内にはもっと早くから、正式な国号としてではなく準正式と言いますか、日本という呼び名がふんだんに使われていた時代があったんじゃないかと、私は思うのです。

日本の使節が中国に行ったのは『魏志倭人伝』の頃からでありますが、それ以来日本は中国から何と呼ばれていたかと考えてみますと、魏志の時にはもちろん倭人、倭国という名前が出てまいります。それから後は『後漢書倭伝』、『宋書倭国伝』、『隋書倭国伝』というふうに倭国の名前で呼ばれていたのです。

ただ『隋書』の頃になりますと遣隋使が「日出ずる所の天子、日没する所の天子に書をいたす」と、そういう趣旨のことを尊大な言い方で言ったということで、隋の天子を怒らせるのですが、その場合には、日の出ずる所ですから、日のもと、つまり日本という意識が日本の使者の中にあったのではないかと、私は推測するわけです。

『旧唐書』—倭国日本、『新唐書』—日本

隋の次に唐がやってまいります。唐の国には、日本について書かれた本が二つありまして、一つは『旧唐書』です。『旧唐書』では「倭国日本伝」となっている。これは唐が滅びたあとの十世紀中頃の本であります。それからまた数十年経ちまして、『新唐書』というのが出てまいります。この時はたんに「日本伝」となっている。『新唐書』では「日本伝」、『旧唐書』の場合は「倭国日本伝」。『旧唐書』では倭国という名前と日本という名前が両方併用されている、不思議な書き方であります。その前はずっと倭国、それから『新唐書』になると日本。その間の『旧唐書』で倭国と日本が併記されている。外国の名前を記すのに軽々しいことはできないのですから、倭国と日本で「倭国日本伝」と書いてもそれには何がしかの理由があるはずです。では、その理由は何かというのが、この『旧唐書』の中に書いてあるわけです。

ちょっと読んでみます。

「日本国は倭国の別種なり」。「魏志」の時から倭国は確認されております。「日本国は倭国の別種なり。その国日辺にあるを以って」、つまり日の出る所に近いから、「故に日本をもって名となす」。つまり日の出る所に近いから日本という名をつけたというのです。「あるいは言う」、また別の人は言うのに、「倭国自らその名の雅ならざるを悪み、改めて日本となす」と。倭国はその名前が優雅じゃないということを非常に嫌って日本としたと書いてある。

「倭」という言葉は稲を女が刈りとっている姿だというのが金関丈夫氏の説です。倭の意味を辞書で調べますと、醜い、真っすぐじゃないと書いてあるんです。そういう名前を中国はこの日本につけておった。そういう侮辱的な名前をつけられていることは日本としては昔から気になっていた。そこで改めて日本としたというのですが、その次の「あるいは言う」、ここは非常におもしろい所です。「日本はもと小国、倭国の地を併せたり」と書いてある。日本という国があって、それから倭国があったと書いてある。日本は小さい国だけど、倭国を吸収したと書いてあるんですね。

私たちは戦前にはこういう歴史は習っていない。ところがこの『旧唐書』にちゃんと書いてある。しかもこれは日本の使者が向こうに行って中国と直接の交流があったことを土台として書いているわけです。その後には、「その人、入朝する者」、中国の朝廷に来る者は「多く自ら矜大」、日本の使者は非常に尊大である、いばっているというんですね、「実をもって答えず」、実際のことは言わない。だから中国はこれを疑うと。この記事は「日本人はホラ吹きであるから日本国と倭国とがあって、日本は小さい国であるけれども倭国を併合したと言うが、これは勝手なことを言ってるんだ」というようにも受け取られるわけですが、あるいはまた全体の印象として日本人はいばっている、その態度が尊大であったと、そういうような言い方にも受け取られるわけであります。

さらにその後にどういうことが書かれているかというと、「また言う、その国の界、東西南北各々数千里あり。西界南界はみな大海に至り、東界北界は大山ありて限りをなし、山外は即ち毛人の国なり」。これはどういうことかといいますと、その日本の国の東と北の境界に大きな山がある。そこは境目になっている。その境目の外は毛人の国、そう書いてあるんです。

倭国と毛人の国

これを図式化してみますと、倭国が日本列島の西の部分にある。その東の日の出る所に日本国があって、それからさらに東あるいは北の方に毛人の国があったということになります。

『旧唐書』では日本列島の中央部が日本と呼ばれているのです。日本列島が三つに分化されている。倭国はいにしえの倭の奴の国であると書いてあります。倭の奴の国というと今の博多湾あたりですから、この倭国は当然のことながら九州を中心として栄えた国であろうと推定できます。

では日本はどこかということになりますが、日の出る所だということで、これを東の方に求めますと、これは後でくわしく申し上げますが、生駒山脈の西麓に今の東大阪市の日下(くさか)というところがあります。そこのあたりを中心とした国が日本国であったのじゃないかと思うわけであります。

それからもう一つは、毛人の国、これは関東まで含むか含まないかは別として、東北は毛人の国であって日本ではないことがはっきりしています。そして日本国は倭国の別種だということですから、倭国と日本国はやはり同じような形質や外貌をして、言語も共通であった、と思うのです。

ところが『新唐書』になりますと、やや違っている。『新唐書』が『旧唐書』と違うところは、日本は小さいけれども倭国を併合した、というのが『旧唐書』です。それから数十年経った『新唐書』は、倭国が日本国を併合したと。つまり、西にある倭国が東にある日本国を併合したとなっているわけです。東北の大地に毛人の国があって、それは日本と呼ばれなかったということは、この記述ではっきりしております。

日本史の中の「蝦夷」という題を掲げた時に、この日本史はいつを指すかという問題が出てくるのでして、この東北が日本として編入されたのはいつ頃かということになります。頼朝が平泉に進駐した時か、あるいは秀吉が九戸政実を滅ぼした時か、それはわかりませんが、少なくとも蝦夷がまだ力を持っていた時代の東北は日本国ではなかったと思います。

アイヌ語地名と東北北三県

東北地方が日本国でなかった証拠はまだほかにあります。青森、秋田、岩手の三県の地名を見ますと、アイヌの地名が非常に多いということを、アイヌ語地名研究者の山田秀三氏は言っております。昨年九十一歳で亡くなりましたが、山田氏は戦争中に東北の鉱山局長で、東北の山をずっと歩いていると、どうしても日本語では解けない不思議な地名があるということに気づいたのであります。

それで、戦時中、国策に協力した自分を反省して、戦後、東北にある不思議な地名を調べようと思いたったのです。東北を調べるのには北海道も調べなくちゃいけないということで、北海道曹達会社というのをつくって、そこの社長になって北海道と東京との間を行き来する間、東北に立ち寄って地名の研究をしてきた人です。

その山田氏は、現地に行って確認しない限りは絶対に判断を下さないという、非常に慎重な態度でアイヌ語地名の研究を続けてきた。金田一京助を先生とし、北海道では知里真志保を友人としながら、アイヌ語地名の研究をやってきたのですが、その山田氏が結論として言うのには、東北の北三県には、もっと正確に言えば、仙台の北の大崎平野から、日本海の方は鳥海山の麓まで東西の線を引っ張ってみたその北側には、アイヌ語地名が非常に多いということを言っているのです。

アイヌ語地名がこんなに多いということは一体、何を意味するか。それは青森、秋田、岩手の三県ではアイヌ語地名が共通語であった時代がある、ということにほかならないと思うのです。伊達や酔狂でアイヌ語地名がついているわけじゃないので、地名は日常生活に使うわけですから、その日常生活に使う地名が自分の口からなめらかに出ないということは、地名としての役割を果たさないわけであります。ですから、それはアイヌ語地名の意味もわかる時代があったということにほかなりません。アイヌ語地名はご存知のように、地形に極めて忠実につけられている。だからこそ、アイヌ語地名を使っている人たちはその地名で地形がすぐわかるわけであります。

地形がわからなくては日常生活に不便をきたす。そういうことで、アイヌ語地名を使う人はアイヌ語の地名の意味をそれぞれ日常に生かしていたと思うのです。それが東北の北三県の方に頻出しているということは、そこに住んでいる人たちが、それを共通語としてきたことを物語っています。アイヌ語が、少なくとも地名については共通語たり得た時代のあったことを意味すると思うわけであります。

蝦夷とは？　毛人とは？

「蝦夷」とは何か、「毛人」とは何かという問いに対して、いろんな答えがあります。アイヌ説あるいは非アイヌ説が昔から言われてきておりますが、形質的な問題はさておきまして、アイヌであろうとアイヌでなかろうと、とにかくアイヌ語が共通語として使われていたという事実は非常に重要なことだと思うのです。あとで他の講師から考古学的な話も出ると思いますけれども、続縄文土器また擦文土器が北海道の石狩低地帯から東北三県に共有されている事実と重なり合うのであります。

文化の基本軸としての言葉、それが北海道の南部と東北の三県では共有されていた。しかもそこは、かつて「毛人の国」と言われていた。これについて戦前の東北では自分たちは毛人じゃない、毛深い人じゃない、ということがあって、微妙な抵抗感があったんじゃないかと思いますが、今はすっかりなくなっているだろうと思います。どうして、そういうことを昔は嫌がったかと申しますと、日本人は単一民族であるという考え方、その単一民族が単一言語を話し、また単一文化を営んできたというのが戦前の日本の教育なんです。歴史書も何もかもすべてそう書いてある。ですから自分たちが「日本人」の範疇や規定から外れるということは、何か屈辱的な意味を持つわけです。しかし、それは事実ではないということです。

アメリカでもヨーロッパでも雑多な民族が混じって一つの国家をつくっている。ソ連の崩壊によってソ連邦が解体しますと、わたしたち日本人も旧ソ連邦内にたくさんの民族があることがわかりました。あるいはまたユーゴスラビアが一国中にあれだけ民族間の争いをしていることでも、あそこに諸民族が混じり合っていることがわかった。

そういうことは、ヨーロッパとかアメリカでは一向不思議じゃない。日本だけは単一民族ということを何か錦の御旗でもあるような格好で誇りとして生きている。しかしそれは世界の中から言えば特殊なんです。にぎりめしの中に梅干を入れた日の丸弁当を、みんな食べているような感じで日本人は生きている。

事実、いろんな民族が北から南から西から日本の島に流入して、おのずから一つの国を形成していった。それが今日のようにまとまったのは近代になってからと思うのです。

沖縄では明治十二年に琉球処分があり、日本軍が首里城に乱入した。そして、踏ん切りの悪い琉球の支配者を有無を言わさずに押さえつけて琉球を日本の中に編入した。これは明治十二年のことでその前は名目的にせよ琉球国という独立国です。実質は薩摩が握っております。しかし、少なくとも看板は琉球国。薩摩が琉球に侵入する慶長十四年、一六〇九年の前は名実共に琉球王国です。日本ではない。ところが我々は、沖縄といえば昔から日本の国だったように考えるわけです。それは迷妄である。

アメリカ、ヨーロッパなどを見てみますと、いろんな世界の雑多な民族がそこで混じり合って一つの国をつくっているというのが現状でありますから、それは解体する危険もはらんでいるわけでありますが、それが事実なんですね。ところが日本はその事実が事実として認められないで、昔から民族、人種が同じで言葉が同じで、つくった文化も同じように考えられているのは事実に反していることであります。

日本では金太郎飴のようにどこを切っても同じ姿がある。そして中央の威令に従って末端まで動いていくという体制が早くからできあがっているわけですが、私たちは、私たち国民の信じこまされてきた日本の歴史をもう一遍、事実に戻してみたいと思うわけであります。ということでこの蝦夷のシンポジウムも、蝦夷というだけにとどまらず、我々日本人の日本に対する考え方をもう一遍考え直そうとするシンポジウムであると思うのです。

蝦夷と隼人

蝦夷は、アイヌと言語を共有して、東北の大地に生活をしていたんですけれども、その蝦夷と、南の方から東北に行った日本人との間に話が通じていたかというと、どうも通じていなかったらしい。それは『日本後紀』の桓武天皇の延暦十八年二月二十一日の条に、「陸奥国の新田郡の弓削部虎麻呂とその妻の丈部小広刀自女らが長い間賊地に住んで、よく異語に習熟し」、しばしば流言をもって夷俘の心を惑わしたとあります。夷俘というのは蝦夷の捕虜の中でも俘囚よりは従順ではない、それを夷俘といいますが、夷俘の心を惑わしたというかどで、日向の国に流されたという記事があるわけです。弓削部虎麻呂とその妻は、「よく異語に習熟し」と書いてある。通訳みたいな仕事をしていた、あるいは通訳でないにしても蝦夷の言葉によく習熟していたから、蝦夷の社会に自由に出入りしていたと、書いてあるのです。ということは、裏を返せば習熟しない人間は蝦夷語がわからなかったということになる。

これは蝦夷に限りませんで、隼人の場合もそうなのです。『旧事本紀』という平安時代にできた本の「国造本紀」を見ますと、伏布というものを日佐（おさ）として大隅国造に任じたと書いてある。日佐は訳語のことで通訳なんですね。大隅半島に隼人町と国分市がありますが、大隅隼人はそのあたりにいたと思いますけれども、大隅国造が「おさ」であった、と書いてある。これは通訳です。だから通訳なしでは隼人とも通じない、蝦夷の方も通じない、日本語が通じないのです。

隼人と蝦夷の共有点は、田をつくることを嫌がるということ。今、東北はおいしい米で名を売っている所ですが、昔は蝦夷は田んぼをつくることが嫌だった。蚕を飼うのも嫌がった。山野を放浪して魚をとったり獣を追ったりしていたといわれています。隼人もそうなんですね。政府は平安時代の初めになってやっと隼人に田んぼをつくらせることに成功しているわけであります。

こうした狩猟漁撈の民族が日本国の南と北の端にいたのです。通訳なしに言葉は通じない。戦前に教育をうけたものは「豊葦原の瑞穂の国は」という天照の神勅を習って過ごした少年時代がありますが、それが体質となって今日も日本は「瑞穂の国」であるかの如く錯覚をしておりますけれども、稗を食べる所もあれば、隼人のように、あそこは里芋文化ですから里芋を食べる。南島は近代に入っても椎の実とかソテツとかそういうものを食べてきたのです。食生活一つとっても違うわけであります。

三陸海岸の山田町という所で聞いた話ですが、昭和の初め頃までは、コンブをとりまして、コンブを陽に干すそうです。干してそれをかわかして粉にしたのを御飯に混ぜて食べる習慣が昭和の初め頃まであったということを民宿のおじさんから聞いたことがございます。

岩手県の二戸では、私が旅行に行きました時に案内してくれたタクシーの運転手さんは昭和元年生まれという人でしたが、戦後まで皆三食とも稗でしたと語りました。それからその次の日に乗ったタクシーは昭和九年生まれという人が運転手でした。「昨日、昭和元年生まれの人が終戦まで二戸で稗を食べていたと話していたよ」と言ったら、「いやそうじゃありません、朝鮮戦争までです」と訂正されました。朝鮮戦争というのは戦後四、五年経ってから勃発したのですが、その頃までは三食稗でしたということを聞かされました。

稗が米より劣っているという意味で申し上げているわけでは全くないわけであります。昭和十年代になっても食生活の違うさまざまな地域の人たちが日本国を形成していたということを言いたいわけです。

大嘗祭に見る異族

隼人は養老年間の大反乱の後、鎮圧されまして、宮廷に奉仕するようになりました。「隼人の犬吠え」と申しまして、天皇の行列が宮門を出る時とか、あるいは道の角を曲がる時に隼人が犬の鳴き声の真似をする。それを吠声（べいせい）と言うんです。要するに警蹕（けいひつ）の音ですが、悪霊を払うのに犬の鳴声の真似をさせられたわけです。これはおそらく自分たちの先祖は犬であるという「犬祖伝説」が隼人にあるからだと私は思っております。犬祖伝説というのは与那国にも、小浜島にも、宮古島にも、加計呂麻島にも残っています。そういう島々は人間の女と犬が結婚したという犬祖伝説がありますので、当然隼人の方にもそれが伝わっていると思うのです。

それを宮廷では利用しまして、犬吠えをさせたんじゃないかと思います。これが一番よくわかるのは大嘗祭なんです。大嘗祭は旧暦の霜月の中の卯の日から始まる一世一代のお祭りですが、その時に隼人とそれからおそらく蝦夷が奉仕させられた。卯の日の午後八時頃、天皇が廻立殿でお湯をかぶる儀式があります。着物を着たままお湯をかぶって、着替えて、悠紀殿の方にまず行く。ちょうど午後八時半頃です。その時、大嘗宮の周りには篝火が焚かれている。そして九時頃に門が開かれる。門の外で吉野の国栖（くず）、それから楢笛工（ならのふえふき）が古い歌笛をたてまつる。吉野の国栖というのは山人です。カエルを煮て食うと『日本書紀』に書いてあります。それから悠紀の歌人が国風を奏する。その次が、伴氏です。伴というのは大伴のこと、佐伯、これは佐伯氏です。大伴、佐伯の両氏に率いられた十五人の語り部が古詞（ふるごと）を誦する。古い言葉を語る語り部です。皇太子以下の郡官が入場して位置につく。この時、隼人が吠声を発する。犬吠えをする。皇太子以下は八開（やひら）

手の拍手をして退所する。これが終わると、天皇は午後十時頃から悠紀殿で神に粟の飯と米の飯を勧める。

この中で注目されるのは、大伴氏。大伴氏というのは久米部を率いて神武天皇に従ったといわれておりますが、この久米部というのは隼人なのです。隼人の本貫である薩摩半島の阿多という所の近くに加世田という所があります。そこで発掘した土器から久米という字を墨書した土器が出てきております。それで大伴氏はおそらく隼人を率いた。それから佐伯氏は何かというと、これは蝦夷を率いているのです。佐伯は遮るという語義に由来するということで、これは蝦夷である。佐伯氏が蝦夷を統率する佐伯部集団の長であるということは、井上光貞氏がそういうことを言っております。

大伴、佐伯の両氏が隼人と蝦夷を率い、吉野の国栖と楢笛工が笛を奏した、と。つまり、天皇が一世一代の盛儀を行う時に、異族がそれに奉仕させられたということがあるわけであります。『令集解』によりますと、蝦夷、隼人、肥人などは異人雑類として扱われております。彼らが、風俗習慣、言語が異なっていると思われていたことは、これで確かであります。

闇の中の異人雑類

私が言いたいことは日本史の中でこうした異人雑類と言われた人々がたどった歴史が暗闇の中に置かれたまま、光をあてられてきていないということです。大きな道筋から申しますと、日本史の流れではまだまだ光のあてられてきていない部分があるのではないかと考えるのです。これは隼人にも蝦夷についてもそう言えるわけです。『旧唐書』で申しますと、倭国があって日本国があって毛人の国がある。まして南島は日本の中に入っていないのです。

日本という言葉に戻りますけれども、その名は東大阪市の日下（くさか）に始まったと私は思います。大和川は今、向きを変えておりますけれども、昔の大和川の河口は大阪湾の北の方に出ておりました。そして、大阪平野は縄文時代には海であります。歴史時代に入りまして、湿地帯になってくるんですけれども、大和川は水路としてずっと使用されていたのです。大和の飛鳥の近辺まで外国の使節が大和川を遡行して行ったという記録もあります。

『日本書紀』の神武東征の記事を読みますと、神武の軍は大阪湾から大和川を船で日下まで行くわけです。日下というのは『日本書紀』では草香江です、『古事記』では日下と書きます。日の下と書いてなぜクサカと読ませるか、『古事記』の序文によりますと、日下と書いてクサカと読んでいるが、それはそのままにしてあらためない、と書いてありますが、なぜ日下をクサカと読ませるかということになります。「飛ぶ鳥の明日香」があとでは飛鳥と書いてアスカと読ませたように、「長谷の泊瀬」が長谷と書いてハセと読ませたように、日の下の草香という言い方があったと思うんですね、日の下の草香。そこは「日辺にあるを以って」という『旧唐書』の一句が思い出されるところでありまして、「その国日辺にあるを以って故に日本をもって名となす」。大阪湾から大和川をさかのぼると生駒山脈のふもとの日下に行くんです。『日本書紀』には日下は、草香江と記され、入江になっています。そこまで船で行って、日下の坂で長髄彦（ながすねひこ）の頑強な抵抗にあう。それで神武の軍隊は引き返して、大迂回して熊野の新宮から北上して吉野を越え、大和の宇陀に入っていくという作戦の転換をやった。長髄彦の抵抗にあったというその日下が昔の「日の本」であるし、『旧唐書』に記された日本国の最初の頃の中心であったのではないかと思うわけであります。

長髄彦は蝦夷であるということが言われています。『日本書紀』の神武東征の記事に、隼人を率いて長髄彦とたたかった久米の集団の歌があるのです。その歌に蝦夷が出てくるのです。どういう内容かといいますと、「蝦夷はたった一人で百人を倒すというけれども、戦争してみると大したことないな」という歌です。蝦夷はたった一人で百人も殺すぐらいの力を持っているという評判があったのです。久米歌といいますのは戦闘歌舞といいますか、戦闘に際して舞いながら歌う歌です。久米歌は隼人の戦士の歌だと思います。そして長髄彦は蝦夷の長であったとされているのです。

長髄彦に妹がおりまして、妹は誰と結婚したかといいますと物部氏の先祖に饒速日命（にぎはやひのみこと）という神様がおられる、物部氏の祖神です。それと結婚しているんです。ですから饒速日命の妻は長髄彦の妹という関係がそこでできている。これは『日本書紀』に書いてあるわけです。『日本書紀』の神武東征の記事をお読みになればちゃんと書いてある。そして神武は東征する前に、塩土翁という者に対して、「既に国の中央に行った者がいる、それは饒速日命である」と言っているんです。国の中央とは、河内とか大和なんです。「饒速日命がそこにもう行っている。自分はそのあとを追って行く」ということが『日本書紀』の神武の条に書いてあるわけです。その饒速日命の妻は長髄彦の妹であるとも書かれているのです。

物部氏と蝦夷の共同戦線

饒速日命の子孫が物部氏なんです。物部氏と蝦夷とは神武東征軍に対して共同戦線を張っただろうと私は推測するのです。私の考えでは、邪馬台国の東遷、邪馬台国が九州から東へ移ったという歴史的事実が神武東征の説話に反映していると思います。

『新唐書』の倭国は「邪馬台国」であり、「日本」は物部氏と蝦夷が協力して弥生時代の中期頃に畿内を中心としてつくった「日の本」だと思います。それが、やがて両方で戦闘が行われて日本は倭国に併合されてしまったと『新唐書』に出ている記事の意味だと思うんです。中国の史書をそういうふうに私は解釈しているのです。

江上波夫氏は『旧唐書』の「日本」を朝鮮半島の南部と考え、朝鮮半島の南部に日本があり、北九州に倭国があって、日本は小国だけれども倭国を併合したというふうに、『旧唐書』の説を採用しているんです。そして北九州に入ってきたのが御真木入日子（みまきいりひこ）であるというふうに、江上波夫氏の「騎馬民族説」ではなっております。私はそうじゃなくて、むしろ『新唐書』が本当で、倭国が日本国を併合したと考えるのです。それは邪馬台国の東遷に反映しているんじゃないかと思うのです。

日本列島の中央に強力な倭人の国が生まれますと、蝦夷は、東へあるいは北へと敗退の道をたどります。しかし『常陸国風土記』を見ますと、八世紀頃までは常陸の国には蝦夷が蟠踞しているのです。物部氏もおります。『常陸国風土記』には信太郡は七世紀の半ばに物部がつくったと記してありますが、物部と蝦夷がそこで雑居しています。常陸の国は相当蝦夷の勢力が頑強であった。それからだんだんと北の方へと押しやられて、最後は奥六郡以北に閉じ込められてしまう結果を生んだ。

古代東北の主人公である蝦夷は弥生時代の中期頃までは列島の中央まできているわけです。それがだんだんだんだん敗北していったということを考えますと、蝦夷の使っていたアイヌ語地名も東北だけではなくて、東北よりもっと南あるいは西の方にも痕跡を残しているのではないかとも思います。

東北大学で出版しました『蝦夷史料』を見ますと、中央の公家の連中というのは、蝦夷は人間以下だと考えています。しかし、仮にこの蝦夷が筆をとって書き残したとするならば、まったく違った東北史が描かれているでしょう。違った言い分が書かれているに決まっています。ですけど、それは声のないままに姿を消していった。それを裏返して見て行きさえすれば、かすかなその輪郭をたどることができると思うのです。

平地人を戦慄せしめよ

明治の末、柳田国男は岩手県の遠野の物語を書きました。その序文に有名な一節があるのをご存知と思います。「国内の山村にして遠野より更に物深き所にはまた無数の山神山人の伝説あるべし。願わくはこれを語りて平地人を戦慄せしめよ」。柳田国男の場合、平地人というのは明らかに限定されておりまして、後来の稲作民族のことです。山神山人というのは、これは先住民族のことを言っているのです。遠野よりも奥深い山村には山人や先住民族の物語があるだろう。それを語って、後からやってきた稲作民族、後来の平地人を戦慄させよという言葉が『遠野物語』の序文に書いてある。柳田は虐げられた先住民族のかたきを討つつもりで『遠野物語』を書いたのです。

我々も、柳田のその勇気を受け継いで、東北の大地から日本を眺めることをやってみたいと思っているわけであります。

私は沖縄には数限りないほどまいりましたが、東北のことを調べ始めましてから南島の占める位置がよくわかるようになりました。九州のその先、大隅、薩摩半島のさらに南には小さい島々が点々とあります。最後は八重山諸島の与那国島まで行くんですが、その南島の命運も、東北に劣らず厳しいものであったと言えるのであります。くしくも今年はＮＨＫの大河ドラマで前半に「琉球の風」があり、そして後半には「炎立つ」で蝦夷をテーマにするという、偶然の一致かも知れませんが、琉球と東北をとりあげたということは今日の時代のながれを反映している気がしてならないのであります。
東北の地名にはアイヌ語地名に限らずおもしろい地名がたくさんあるんです。東北には文書類が少ない。そのかわりに豊富な地名があります。

秀衡が寄進した石徹白の仏像

地名がいろいろなことを物語っている一つの例として、平泉という地名、これは一体どこからきたかということがあるんですが、平泉のことを書いた『平泉志（へいせんし）』という本には、「骨寺のそばに平泉野（へいせんの）という所があって、泉が湧く所だから」という説がありますが、私はそうじゃないだろうと思う。福井県勝山市に平泉寺という寺があります。これは白山信仰とつながるお寺です。白山には三馬場と申しまして、加賀の白山、美濃の白山、それから越前の白山への登り口があります。馬場というのは白山の登山口なんです。越前馬場に平泉寺があって、そこに藤原秀衡が仏像を寄進したという記録があります。それは『白山之記（しらやま）』と申しまして、かなり早い時期につくられた本の中に、「白山の本宮（加賀の白山の本宮）に奥州の秀衡が五尺の金銅仏像を鋳造して奉納した」ことが書いてある。これは長寛二年、一一六四年ですから、十二世紀の半ばちょっと過ぎです。

美濃の馬場にあたる白山中居神社が岐阜県の郡上郡の白鳥町の石徹白（いとしろ）にあるんです。そこに藤原秀衡の寄進した虚空蔵菩薩が安置されているということを、昭和五十九年十二月十九日の毎日新聞東北版が報道しております。これを今回、毎日新聞記者の小池平和さんに「こういう報道がありましたね」と聞きましたら「私が書いたんです」と言われました。小池さんが書かれた記事によりますと、「白山中居神社の社伝によると、平安末期、藤原秀衡が白山信仰のために奥州の上村で仏像をつくり、上村十二人衆と呼んだ小武士団を派遣して、この坐像を寄進したと言われる。そのうち上村十二人衆の子孫がこの仏像を八百年もの間大事に守り続け、現在は同神社からおよそ二キロ離れた大師堂の宝物収蔵庫に保管されている。平泉の中尊寺でこの仏像の存在を知ったのはつい数年前のことである。石徹白の大師講の関係者から、秀衡公寄進の菩薩坐像を収蔵する宝物収蔵庫が完成し、『記念に模写した画像の開眼法要を行いたい』との手紙が中尊寺に届いたことから、中尊寺の貫首ら一行が同神社を訪れ、この仏像と初対面。その結果、間違いなく秀衡公の寄進したもので、しかも中尊寺秘仏で、『人肌の大日如来』と呼ばれる一字金輪仏坐像と、表情、化粧の仕方、宝冠とその下の髪の櫛の目などがそっくりで、姉妹仏の一つとみられることも判明した」とあるんです。これには私も驚きまして、さっそくその石徹白にまいりまして虚空蔵菩薩を拝観しました。すばらしいものでありました。この前の平泉展でもその仏像が中尊寺の人肌の大日と並んで陳列してありましたので、ご覧になられた方も多いと思います。

奥州の上村から、仏像を持っていった人たちが上村十二人衆と称して美濃の石徹白で八百年間仏像を守り継いでいるんです。私は守り継ぐという伝統がなければ、本当の歴史はないだろうと思うわけです。

伝統とは持続の観念

伝統とは持続の観念だと思います。持続していなければ伝統の名に値しない。五年や十年、百年で変わるようなものは伝統じゃない。これは守り継ぐものがなくてはなりません。持続して守り継がれ受け継がれているものが伝統であり、またそれが歴史だと思うのです。ですから、歴史には事実の歴史があると同時に、意識の歴史もある、その歴史を守り継ぐのは意識の共同体であると思うのです。その共同体は特別意識しないかも知れない。無意識のままにその歴史を受け継いできていることもあると思うのです。東北の歴史も、意識するとしないとにかかわらず、やっぱり受け継がれている歴史だと思うのです。その受け継がれ方の一つが奥州から運んだ虚空蔵菩薩を美濃の国で、守り継いできた人びとに確かめられると思うわけです。

こういうことで、越前の平泉寺の平泉（へいせん）がもとになって、藤原清衡の時代に、この地に平泉という地名も白山信仰とともに移されたのではないかと私は推測しているわけです。

『義経記』にも、義経主従が平泉寺に立ち寄っていると記されています。そういうことで非常に縁の深いということはおわかりだと思います。また秀衡が平泉寺にも仏像を寄進している。平泉寺の社家に、やはり秀衡が寄進したと言われる仏像が今も残っているそうです。それは石徹白の仏像と違うんです。いずれそれも拝観したいと思っておりますが、そういうことで平泉という地名もはるかな越前から東北に旅をしてまいりました。そして仏像の方は東北から長い旅をして美濃へ移され、そこで守り継がれて今日まできたということになります。

冒頭に申しましたように、歴史には「書かれざる歴史」がある。それもれっきとした歴史である。心から心へ伝えられてきた歴史があるということを我々はけっして忘れてはならないだろうと思うのです。こういうことを言っても、「何でそんなことあるか、正史があるじゃないか」という人もいるかも知れない。だけど、外国を考えてごらんなさい。外国のように多民族でつくっている国家の中で、一つの民族が権力を握った場合に、ほかの民族の歴史は抹殺されるのが普通です。ですから、日本人は日本の事実に即してだけ日本を考えるんじゃなくて、やはりそうした世界の歴史の中で考えていかなければならない。そして、現在のような日本国ができたのは明治になってからのことであるということを知る必要があると思います。
そして近代になりますと非常にモノトーンな画一的な考え方になって、その画一主義の行き着く所が日本の敗戦を生んだわけです。この敗戦の教訓をかみしめて日本の歴史を多様性の視点から見直し、日本を再構成することが我々の義務であると私は考えるのであります。
これで私の講演を終わりたいと存じます。

（北上川流域の歴史と文化を考える会編『平泉の原像』三一書房、一九九四年三月）

私説ヤマトタケル

この小文を大岡昇平氏の『成城だよりⅢ』（昭和六十一年、文藝春秋社刊）の中の一節から始めたい。大岡氏の文章はその前年の六十年に「文学界」に連載したのを単行本にまとめたものである。

「一月七日、木曜日　晴　各誌、到着しあり。ドキュメンタリー傾向続く。もっとも老生に取りて今月の大事件は、『すばる』の谷川健一氏『白鳥伝説』の完結なり。今月は総まとめにて、よくわかる。問題の中心は物部氏。天孫朝に先立って瀬戸内四国北岸伝いに東進、河内、大和にあり。後に支族阿倍氏東漸して、奥羽の安倍氏となるとの説にて、日本史における敗者の痕跡の定着にあり。『青銅の神』以来の刺戟的なる新説、連載開始より毎号愛読しあり。皇国史観の尻の青痣去らぬ歴史学者、銅鐸文化と大和政権をつなぎ得ず。柳田学批判、折口学批判を標榜せる谷川氏により達成されたるは壮観なり。ただ老生は『白鳥伝説』なる題名より、最終的には白鳥となりて河内に飛び去りしヤマトタケル伝説に戻り、それを語りつぎし『古事記』を大和政権内の敗者の異伝なり、というところまで行くのかと期待せるを告白す。すなわちもと物部氏の東西征服譚なりしヤマトタケル伝が、熱田神宮における姉への歎き、伊吹山の危難を加えて、大和朝における悲痛の王子の英雄譚となる。しかし『白鳥伝説』にてはそうならぬのは理由あるべし。素人の妄想は慎しむべし」

この文章は拙著への褒辞なのでいささか気が引けるが、私がこれをもち出したのは、ほかでもない。白鳥伝説はもともと物部氏のもっていたものを、『古事記』では大和朝廷の皇子とむすびつけたのではないかという大岡氏の推論を問題にしたいためである。

白鳥処女説話が物部氏と関係があることは『白鳥伝説』の中で指摘しておいた。『近江国風土記』逸文にみえる「伊香小江」の話は、もともと物部氏の伝承であったが中臣氏の伝承にすり変えられたことが分かる。近江の伊香の地名は物部氏である伊香色雄（しこお）、伊香色謎（しこめ）と関係があることは、太田亮や吉田東伍がはっきり言っている。したがって近江の白鳥伝説も物部氏のものであったことはまちがいない。

白鳥がどのような形でヤマトタケルの伝承とむすびついたか。これは大岡昇平氏の言うとおり推論の域を出ないので、断定するまでにはいたらないが『白鳥伝説』の中で次のことは指摘しておいた。ヤマトタケルの東征の際に同道したオトタチバナヒメは『日本書紀』によると、穂積氏の忍山（おしやま）宿禰の娘である。穂積臣はニギハヤヒの子孫で物部氏と同祖である。したがって、ヤマトタケルが物部氏と同族の穂積氏の娘を伴ったというのは、ヤマト朝廷が東国に進出するのに、物部氏の協力を求めたことを示唆している。「国造本紀」を見ると、遠江、駿河、伊豆の国造のほとんどは物部氏族である。こうしたところから見ると、ヤマトタケルの東征物語は、ヤマト朝廷の東国進出を伝えているというよりも、むしろ物部氏族が東へと移ったことを示しているようにも思われる。そのとき物部氏は近江の「伊香小江」（余呉湖）の天女伝説のように、始祖が白鳥から出生したという伝承をもっていたことが充分に考えられる。

物部氏は東国において常陸に大きな根拠地をつくり、更に北上していった。そこには物部氏の白鳥伝説とはまた異なった白鳥信仰をもつ蝦夷がいた。

宮城県白石市を流れる白石川の支流に児捨川（こすてがわ）がある。その名の由来に一つの物語が絡まっている。蝦夷征討に出かけたヤマトタケルが、土地の豪族の娘との間に一子を儲けたが、都にかえらねばならなくなった。豪族の娘はヤマトタケルのあとを追ったが、生まれたばかりの子を扱いかねて「白鳥になって都に飛んでくるよう」と言い、その子を投げ捨てたところから、児捨川の名が起ったという伝説が現地に伝っている。そうしたことで、宮城県白石市に隣接した刈田郡蔵王町宮にある刈田嶺神社は白鳥大明神と称し、祭神をヤマトタケルとしている。

ところが、この「宮」という地名は安倍貞任の弟の則任と関係がある。則任は白鳥八郎と号した。前九年の役で敗れた白鳥八郎は刈田郡の宮で死んだという伝承が残っている。このあたりのことは『白鳥伝説』にくわしく述べておいたので、これ以上くりかえさないが、ともかく白鳥八郎を名乗る安倍則任も白鳥大明神と称せられ、刈田嶺神社とかかわりがあるのはふかい意味があると思われる。

刈田嶺神社に白鳥神をまつるのはいつ頃から始まったか。それは少くとも貞観十一年（八六九）までさかのぼってたしかめられる。その年の五月二十二日には、新羅の海賊船が博多湾に侵入して、朝廷に差出す年貢の綿をうばうという事件が起った。そうしているうちに、大宰府の庁舎や楼門や兵器庫の上に、大鳥があつまるという怪異が起った。大鳥というのはコウノトリやハクチョウを指している。この報告を受けて、神祇官陰陽寮が亀卜をもって占なうと、再度敵兵が来寇するだろうという卦が出た。そこで十二月五日には、大宰府の要請によって、諸国の俘囚を在番させ、新羅の海賊に備えさせることにした。

ところが、こうしたことと符合するかのように、陸奥国の刈田嶺神社の神階が突如としてひきあげられた。二十一年間正五位下であったものが、貞観十一年（八六九）十二月八日に、とつぜん正五位上を授けられた。それから十七日しかたたない十二月の二十五日にふたたび一階をあげられ、従四位下を授けられた。

以上は『三代実録』によるが、このような神階の突然の昇進、しかも短時日の間に二度の昇進がおこなわれたのは明らかに異常である。私の考えでは、白鳥は刈田嶺神社の神の化身と思われていたことから、それが大宰府の政庁に舞い降りたというのは、刈田嶺の神の怒りを示すものという陰陽寮の判断があって、急いで神階を引きあげたものであったろう。それより先、刈田嶺神社は光仁天皇の宝亀四年（七七三）に神封二戸を奉られているから、すくなくともその頃すでに白鳥を神とする神社であったことが考えられる。

このような刈田嶺神社の祭神をヤマトタケルとしたことは後世の付会であって、もともと蝦夷の中にあった白鳥信仰がヤマトタケルの物語にすりかえられたことはまちがいない。

こうした例はほかにもある。宮城県桃生郡にある式内社の小鋭（おと）神社は今日、同郡桃生町中津山の白鳥神社に比定されるが、そこにヤマトタケルの遺品としての剣が残されている。このあたりも白鳥を神のように尊敬し、つねに畏怖の念をもって接していると、同神社の社記に書かれているから、土地の白鳥信仰がヤマトタケルとむすびつけられたものであろう。そのあたりは蝦夷の居住であったから、その信仰の主体は蝦夷であったと考えるのが妥当である。

こうして見ると、物部氏のもつ白鳥を始祖とする伝説、また蝦夷の間に見られる熱烈な白鳥信仰が、いつかヤマトタケルの東征または蝦夷征討の話の中にすりかわったことが分かるのである。大岡昇平氏は「素人の妄想は慎しむべし」と謙遜した言い方をしているが、それには及ばなかったのである。

東国におけるヤマトタケル伝承の地が、ことごとく砂鉄や鉱山など金属精練に関係があることを指摘したのは、登山家でもある作家の田中澄江氏である。田中氏は実地を歩いてそれを確かめたのである。『日本書紀』によると、ヤマトタケルは上総国から、船で葦浦、玉浦をめぐって蝦夷の境にいたったとある。葦浦は千葉県鴨川市の吉浦であり、玉浦は千葉県夷隅郡の太東崎から海上郡飯岡町にいたる九十九里浜のことである。このあたりが一大砂鉄地帯であることは現地でも確認されている。

またヤマトタケルが伊吹山で遭難してからあとの道すじも金属精錬に関係がある。とくに足が曲がって歩けなくなったと絶叫した三重の村は今日の三重県四日市水沢(すいさわ)の地で、そこは水銀精錬をおこなった場所であることから、私はヤマトタケルの最後の条は、古代に水銀精錬に関わって水銀中毒にかかった集団の悲劇を物語化したものと考え、そのことを拙著『青銅の神の足跡』で詳述した。

ヤマトタケルの伝承にはさまざまな要素が流れこみ、長い年月をかけてヤマトタケルという一個の人格ができあがった。ヤマトタケルの英雄物語の中には民謡や民間の葬送の歌(挽歌)もとり入れられている。私が『古事記』を読んだのは、旧制中学の四年の夏であった。その日は折から烈しい雷が鳴り、私は蚊帳を吊った中で、『古事記』のヤマトタケルをむさぼり読んだ。そのときの感激はいつか私が古代史へ足を踏み入れる最初のきっかけとなったのである。しかし、後年になってヤマトタケルを調べはじめると、美しい絨緞の裏側が、表とは似ても似つかぬ模様になっているのと同じように、ヤマトタケル伝承にはさまざまな要素がとり入れられ、それが一人の生涯に集約されたことが分ってきた。したがって記紀のヤマトタケル像を徹底的に解体することから始めねばならぬ。

美しい絨緞の模様に織り出された英雄像の裏側は、酸鼻をきわめた古代社会の一端がはしなくも見える。そこには民衆のなげきや怒りがある。裏面のモザイク模様と表面のヤマトタケル像はまったく合致しない。それゆえにヤマトタケル伝承を個人から複数へ集団の伝承へと解体していく必要がある。

それにしても、そうした集団の伝承をたくみにとり入れ、利用しながら、古代英雄の悲劇物語をつくりあげたことは奇蹟にひとしい。それをなしとげたのは誰か。語部のような宮廷に付属する物語作者なのか。あるいはまた『古事記』の筆者なのか。それを解明するのも私たちに残された課題である。

（「東アジアの古代文化」八一号、一九九四年一〇月）

間人皇女の恋

一　ナカツスメラミコト

折口信夫の「女帝考」は喜田貞吉の「中天皇考」の批判から出発している。喜田は『続日本紀』の中の称徳天皇の宣命に出てくる「中天皇」という語を検討分析して、先帝と後帝の中間を取りつぐ天皇の義であるとしている。折口は喜田説を否定して、独特の説を展開している。

神功皇后も飯豊青皇女も神と人との間をとりもつ役割をしていた。飛鳥朝あたりになると、それをナカツスメラミコトと呼び中皇命や中天皇の字を宛てた。飯豊青皇女はまだそういう名称のない時代であったが、事実はナカツスメラミコトであったと折口は言う。それが「女帝考」の核心である。

推古、皇極（斉明）、持統などの女帝がすべて前帝または先帝の皇后であったことからすれば、中天皇を喜田のように解釈するのは順当のようであるが、折口は次のように言う。

「すめらみことの資格の方が世に臨まれずとも、神人中間のすめらみことが存在せられる限りにおいて、宮廷の政は、執られて行くのである。だから、従来の歴史観に於けるやうな空位が出来る訳でもなく、又異常形式が偶発したのでもないのであつた。」

「宮廷生活において、相竝んだ、すめらみこと・なかつすめらみことの両様式の中、唯一つで進んで行かれるといふ形になる期間があつたといふだけである。」

「中天皇が神意を承け、其告げによつて、人間なるすめらみことが、其を実現するのが、宮廷政治の原則だつた。さうして、其両様並行して完備するのが、正常な姿であつたのが、時としては、さうした形が行はれずに、片方のなかつすめらみこと制だけが行はれることがあつた。さうして、其が表面に出て来ることが、稀にはあつた。此がわが国元来の女帝の御姿であつた。だから、なかつすめらみこと単式の制で、別に誰かが実際の政務を執れば、国は整うて行つたのである。」

これは画期的な女帝論である。中天皇が神意を告げ、天皇がその神意を実現するのが古代の宮廷政治であったから、中天皇が存在する限り、天皇でなくてもその神意を実行する者がいればそれで支障がなかった。そういうナカツスメラミコトの形が表面に出てきたのが女帝の姿であったから、女帝の出現は空位を埋めるものでもなく、また異常形式と考えられるものでもなかった、と折口は言うのである。その具体例として次のようにも言う。

「万葉集に書いてゐるやうに、舒明天皇の御存命中に、皇極天皇を中皇命（中つ天皇）と申し上げても、天皇と天皇との中継ぎの天皇と言ふ意味でさへなければ、不思議ではないのである。若し倭姫女王（引用者注―天智帝の皇妃）が、正しく中皇命に当る場合があつたとしたら、天智御存命中、中天皇と申し上げたかも知れぬ。天皇在位中は、表面にお出になる必要のない中天皇だから注意に上らなかつたもの、と考へることが出来る。」

折口は天皇在位中も皇后を中皇命（なかつすめらみこと）と呼んだということの例を万葉集に求めている。私共もそれを点検してみなければならない。

二　中皇命とは誰か

折口の言う万葉の例は二つある。一つは巻一の三である。

「天皇、宇智の野に遊猟したまふは、中皇命の間人連老をして献らしめたまふ歌」と題して

やすみしし　我が大君の　朝には　とり撫でたまひ　夕には　い倚り立たしし　御執らしの　梓の弓の　中弭の　音すなり　朝狩に　今立たすらし　夕狩りに　今立たすらし　御執らしの　梓の弓の　中弭の　音すなり

反歌

たまきはる宇智の大野に馬並めて朝踏ますらむその草深野

この歌の題詞には「中皇命」が間人連老を通じて献げた歌とある。天皇は舒明天皇であるが、中皇命は誰を指しているかで、これまで議論が沸騰してきている。

これは大別して二説に分かれる。喜田貞吉や澤瀉久孝（『万葉集注釈』）や折口は斉明帝のことであると言う。それに対して間人皇女とする説がある。『万葉集古義』を開いてみると、中皇命は中皇女の誤字であるとしており、中皇女と呼ばれたのは、舒明天皇と宝皇女（斉明帝）の間に三人の子があり、中大兄皇子、間人皇女、大海人皇子の順で生まれたから中の皇女と称したと言っている。この説は後述のように間違いであるが、中皇命を中皇女の誤字と見る説はその後も引きつがれて、伊藤博や中西進の校注の『万葉集』もまた岩波古典文学大系『万葉集』も、間人皇女説をとっている。当時皇女はまだ十三歳か十四歳であったので間人連老が代りに添削して献上したという説を『古義』はのべている。また吉永登のように間人皇女自身の歌とする

意見もある（「間人皇女」『万葉―文学と歴史のあいだ』所収）。

真淵や雅澄など江戸期の万葉学者が中皇命は間人皇女のことを指し、中皇女の誤字であるとしたのは、そこに間人連老の名が出てくるからである。『古義』は孝徳天皇妃五年二月、遣唐使の判官の中に、小之丁中臣間人連老とあり、その人物が中皇女の御乳母方であったろうとしている。御乳母の姓によって、中皇女を間人皇女としたのであろうとし、『文徳実録』に、「その後いくばくもあらず天皇誕生す。乳母あり、姓は神野、先朝の制、皇子生まれたまふごとに、乳母の姓をもつて、これの名となす。ゆえに神野をもつて、天皇の諱となす」とあるのを引き合いに出している。

しかし折口のナカツスメラミコトの考えからすれば中皇命を中皇女の誤りとする必要はまったくない。舒明帝の在位のときにナカツスメラミコトであったのは皇后の斉明であるから、ここにいう中皇命は斉明天皇を指すというのが折口の解釈である。

だがしかし問題はそれで解決したのではない。

万葉集にはもう一箇所、巻一の一〇、一一、一二に中皇命が登場し、それが誰を指すかで解釈が分かれるからである。

「中皇命、紀伊の温泉に往す時の御歌」と題して

君が代も我が代も知るや岩代の丘の草根をいざ結びてな
我が背子は仮蘆作らす草なくは小松が下の草を刈らさね
我が欲りし野島は見せつ底深き阿胡根の浦の玉ぞ拾はぬ

右は、山上憶良大夫が類聚歌林に検すに、曰わく「天皇の御製歌云」といふ。

とある。

日本書紀によると、斉明天星の四年十月に天皇は紀伊国の白浜温泉に行幸して、五年の正月に還幸している。この行幸には中大兄皇子もまじっている。その間に有間皇子の反乱が起っている。

澤瀉久孝は左注に「天皇の御製歌」とあるところから、これは斉明天皇の歌であるとしている。第一首の「我が代」は斉明天皇の治世であるとし「君が代」は皇太子である中大兄皇子の治世であるとする。「君が代」を「君が齢（よ）」と解することもできる。

澤瀉によれば、第一首は斉明天皇と中大兄皇子の間柄を詠んだということで済まされる。第二首の「わが背子」はとうぜん中大兄皇子ということになる。わが背子は仮廬を作っておられるが、カヤが足りなければあの小松の下のカヤをお刈りなさい——ということになるが、これではあまりにも表面的で、何の意味もないと私には考えられる。そこにはおそらく寓意がある。

中西進は、万葉集巻四（五一二）に草嬢（かやのをとめ）とあり、それがウカレメの意であるといわれているところから「草（かや）」にも若い女性の意が寓されていることを指摘している。しかし私はむしろ「小松」にその意が寓されていると思うのである。

大伴の高石の浜の松が根を枕きて寝れば家し偲ばゆ（巻一—六六）
いざ子ども早く日本へ大伴のみ津の浜松待ち恋ひぬらむ（巻一—六三）
標結ひてわが定めてし住吉（すみのえ）の浜の小松は後もわが松（巻三—三九四）

これらはすべて女性を植物の松に托したものである。「み津の浜松」「住吉の浜の小松」は遊び女のことである。そのことを考えると「小松が下の草」というのも陰語めいた用法であることに気が付く。斉明のような老帝ではなく、年若な女性が自分を指して「もし仮廬を作る草がなかったら、私のところの小松の下にちゃんと用意してありますよ」という媚を含んだ挑発的表現なのである。そうだとすれば、この歌を作った「中皇命」は、斉明女帝ではなく、間人皇女ということになる。このとき間人皇女は亡き孝徳天皇の皇后という身分であったから、折口の言うナカツスメラミコトであった。それでは歌の相手は誰かということになるが、それは同母兄の中大兄皇子を措いてほかには見当たらない。第一首の「君が代」は中大兄皇子の年齢(よわい)であり「我が代」は間人皇女のそれである。それを前提とすれば、男女が「結ばれる」ことを願う歌と解せられる。このことから、「中皇命」は間人皇女をあてるほうが妥当であると私は考える。

三　兄と妹の間

日本書紀によると、孝徳天皇の白雉四年、中大兄皇子は、難波に置かれていた宮都を大和に移すことを進言したが、孝徳天皇が許さないので、自分の母の斉明天皇や弟の大海人皇子や妹の間人皇后を引き連れて、大和にもどり、飛鳥の河辺行宮に居をかまえた。群臣百官もそれに随行した。孝徳帝はそれを怨みに思い、帝位を捨てようとして、宮を山崎(京都府乙訓郡大山崎村)に造営して、そこから歌を間人皇后に送った。

鉗(かなき)着け吾が飼ふ駒は　引出せず　吾が飼ふ駒を　人見つらむか

大意は、逃げないようにと首にはめておく木をつけて、私が飼っている駒は、どうしたろう。厩から引き出しもせず私が大事に飼っている駒をどうして他人が見ただろう、というのである。

これについては吉永登が論文「間人皇女」の中で詳細に考察している。吉永によると、孝徳帝の歌の「人見つらむか」という「見る」は男女間の特殊な関係を示すものである。したがって歌の解釈は、誰よりも愛していたお前を他人が奪ってしまったのであろうか、という意であり、皇后を主格として表現すると、お前はわたしを捨てて他の男のもとに走ったのではないのか、という意になる。つまり、当時「見る」という語には男女相会う意を示す場合があり、孝徳帝は間人皇后と中大兄皇子との間を懸念し心配していたというのである。

吉永は孝徳の死んだ後も中大兄皇子が即位せず、皇極女帝が重祚して斉明天皇となった事情を、次のように推測する。当時の天皇の即位前紀を見れば明らかなように、用明天皇以来、即位元年もしくは翌年の正月に皇后を決めている。即位すると皇后を決めなければならないが、しかし間人皇女が同母妹であるために、皇女を皇后にすることはなんとしても許されない。ということから中大兄皇子は即位を断念したのである、というのである。

中大兄皇子が間人皇女にいかに執着していたかということは皇女の死に関わる次の話が如実に伝えている。

四　愛する妹の死

日本書紀の天智天皇四年二月二十五日には間人大后が薨去したという記事が載っている。大后と記されているのは、間人皇女が孝徳帝の皇后だったためである。

日本書紀の記事は、大后が薨去してから初七日にあたる同年三月朔に、間人大后のために三三〇人を出家させたと報じている。これは注目に値する。日本書紀の推古天皇三十二年（六二四）の条には、飛鳥時代の寺院は四六あり、男僧は八一六人、尼僧は五六九人で、僧尼の合計一三八五人であった、と記されている。そのわずか四十年後に、天智帝が間人大后の死を哀しんで三三〇人を出家させたというのは異常な数と言わねばならぬ。天武天皇が重病のとき、朱鳥元年正月には七〇人を出家させたとあり、同年八月朔に八〇人の僧を出家させ、あくる日には僧尼あわせて一〇〇人を出家させたとあるが、この天武紀の記事と比べてみても格段に出家の数が多い。こうしたことから同母妹である間人大后に対する中大兄皇子の悲歎の深さが測られる。

天智六年二月、間人皇女は母の斉明天皇と同じ陵墓に葬られている。これで愛する妹に対する供養も一段落したと思ったのであろうか、中大兄皇子はあくる年の七年正月に、即位した。そして七年二月には、天智の異母兄である古人大兄皇子の娘、倭姫王を皇后にした。日本書紀によると、一書にいわくとして、六年三月に位についたと記している。もしそうであれば間人皇女を墓に納めた翌月ということになり、一層露骨である。これまで見たように、中大兄皇子と間人皇女は孝徳帝の治世の末年頃から、いや多分それ以前から親愛な関係を結んでいた。斉明天皇が四年に紀伊の湯に行幸した際には、同行した中大兄皇子の傍に間人皇女がいて、歌をたてまつった、とするのはむしろ自然である。その際「中皇命」は斉明天皇でなく間人皇女を指すであろう。

五　仲天皇と中宮天皇

孝徳帝の治世から始まった中大兄皇子と間人皇女の間柄は斉明帝の治世でもつづいていた。日本書紀は洩らしているが、斉明天皇七年の西征のときも間人皇女は女帝の一行にまじっていたと考えられる。それは次のことから類推できる。

喜田貞吉は「中天皇考」の中で「大安寺資材帳」の中に次の記事のあることを紹介している。

「天皇筑志朝倉宮に行幸しまさに崩じたまはんとする時、甚く痛み憂ひ勅りたまはく、此の寺を誰にか授けて参来つと、先帝の待ち問ひたまはば、いかに答へ申さんと憂ひたまひき、時に近江宮御宇天皇奏したまはく、開い髻に墨をもて刺し、肩に鋸を負い、腰に斧を刺し、為し奉らんと奏しき。仲天皇奏したまはく、妾も我妹と、炊女として造り奉らんと奏しき。時に手を拍ち慶びたまひて、崩じたまひき……。」

（傍線引用者）

右の文章は、斉明が九州の地で亡くなったとき、自分の夫であった舒明帝の遺言を果し得なかった大安寺の建立のことを、皇太子中大兄に頼み、中大兄がこれに答えているものである。

ここに「近江宮御宇天皇」または「開い」とあるのは天智天皇のことである。「開い」は天命開別天皇の「開い」の意で天智帝を指す。「仲天皇」は誰を指すか。喜田貞吉は「仲天皇」は皇太子の配偶者である倭姫であるとする。文中に「妾も我妹」とあるが「我妹」を自分の夫である中大兄皇子のこととするのである。これに対して吉永登は、古代においては血縁を重んずるのであって、夫婦を呼び遺言を申し渡すという現代的風習はなかったとして、「仲天皇」を間人皇女であるとする。「妹」は夫を指すと同時に兄をも意味する語である。したがって中大兄皇子を兄とする間人皇女の語と解することができる。さらに一歩進んで中大兄皇子と間人皇女がイモセの間柄にあったために「妹」の語を使用したと考えるのが素直である、と吉永は言う。私もその説に与したい。

喜田貞吉は「後淡海宮御宇天皇論」の中で河内野中寺にある金銅仏の台座に刻んである造像銘を紹介している。銘にいわく

丙寅年四月大旧八日癸卯開記、橘（柏）寺知識等詣、中宮天皇大御身労坐之時誓願之奉弥勒御像也。友等人数

一百十八是依六道四生人等此教可相之也

喜田は丙寅の年四月が大の月であって、その八日が癸卯の日にあたるのは天智天皇の五年以外にはない、ということから、中宮天皇のおんために仏像をつくったと解説して、ここにいう中宮天皇は天智帝の生母である斉明帝であると断定している。

しかし「中宮天皇大御身勞坐之時誓願之」（なかつすめらみことおほおんみやくさみまししときこれをせいぐわんす）という一句を見るとき、前年の天智四年二月に亡くなった間人皇女が重病の床にあったことを私は想起するのである。そのとき仏像をつくることを祈願し、一年余にして天智五年四月八日の釈迦誕生会に僧たちによって開眼供養したと考えるほうが、斉明天皇のためにつくったとするより自然である。というのも天智帝にとっては間人皇女に対する記憶が生ま生ましいときの誓願だからである。

こうした例をさがすと日本書紀に推古天皇の十三年の四月に、天皇が皇太子、大臣および諸王、諸臣に詔して、誓願し、鞍作鳥に丈六の仏像をつくらせたが、その仏像はあくる年の十四年の四月八日、釈迦誕生会に出来上がり、丈六の像を元興寺の金堂に安置したとある。これも誓願からちょうどまる一年を費して完成され、四月八日に供養をおこなっている。

これと同様のケースと考えればよいのである。さきに「大安寺資材帳」で「仲天皇」と呼ばれていた間人皇女は、河内野中寺の「仏像銘」には「中宮天皇」と呼ばれている。「大宝令」の規定では、中宮は皇后、皇太后、大皇太后を指すとある。間人皇女は孝徳帝の皇后であったから、中宮天皇と呼んで差支えない。

吉永登は、間人皇女が中皇命、仲天皇などナカツスメラミコトと呼ばれているのは、彼女が斉明の死後のある時期から、天智四年の死にいたるまで、天皇の位についたことがあったためではないかと言っている。

このような推論の背景となるのは、日本書紀に示された次のような事実である。

天武天皇の即位前紀によれば、天智帝が死の床にあるとき、同母弟の大海人皇子を呼んで後事を托したが、大海人皇子は帝位につくことを辞退して、「天下を挙げて皇后に附せたまへ、なほ、大友皇子を立てて、儲君としたまへ」と進言し、自分は出家して吉野に引き籠もった。そこで倭姫皇后がわずかな期間ではあるが一時帝位についたことがあるという説が喜田貞吉をはじめとして、多くの歴史家によって唱えられている。

このことと考え合わせて間人皇女が斉明の死後、天智の即位までの間、暫定的に女帝であったと考えてもおかしくはない。そこで間人皇后は斉明と天智の中継ぎをする天皇であるからナカツスメラミコト（中皇命、仲天皇）と呼ばれたのであるという説が生まれる。その一方で間人皇后は天皇であったのではなく、「称制」にあたる「マツリゴトキコシメス」地位、すなわち天皇大権の代行者の地位にあったとする小林敏男の説がある（『古代女帝の時代』）。それによると、斉明天皇の次の第二番目、二世の天皇という意味で「中天皇」（中皇命）と追称されたということになる。

この第二番目の天皇という考え方は、喜田貞吉が「中天皇考」の冒頭で述べた次の事例の影響と思われる。『続日本紀』の神護景雲三年十月の称徳帝の「宣命」の中に「中つ天皇」（中都天皇）という語が見える。これは前後の文脈からして、平城宮都を開いた元明天皇を初代とすれば、第二代が元正天皇であるために、元正天皇を「中つ天皇」と称したものである。このことは喜田のみならず諸家にも指摘されている。しかしそれは持統帝にいたるまでの「中つ天皇」とは意味がまるきりちがっているので、峻別されなければならない。

私は諸家の論旨を検討して、「中皇命」（万葉集）「仲天皇」（「大安寺資材帳」）「中宮天皇」（「河内野中寺仏像銘」）はいずれも間人皇女を指したものと考える。その理由は間人皇女とその同母兄の中大兄皇子との親密な関係を前提としてこそ、その文意が自然に無理なく解せられると思うからである。

その裏付を更に他に求めて見よう。その鍵は万葉集の中にある。

六　難波天皇の妹

折口信夫は「万葉集私論」の中で次のような重要な発言をしている。

「此集の開巻第一は、雄略天皇の妻まぎの歌である。二の巻頭には、仁徳天皇の皇后磐姫の夫恋ひの歌を出してゐる。三は、二の続きで、四へ越えると、やはり最初に、難波天皇々妹の皇兄に寄せた歌をすゑてある。内容のたけ比べでは、古事記の下巻と肩を竝べることが出来そうである。けれども其次は、すぐ所謂どか落ちで、舒明、皇極帝といふあたりに降つてゐる。して見ればやはり、飛鳥朝あたりを、まづ此集の一番古い処と見ねばならぬ。且、巻四の初めの難波天皇は、長柄豊埼宮に踏み止つてゐられた、孝徳天皇の御うへとも思はれぬことはない。文の解釈の為方によつては、皇妹は皇后間人皇女で、皇兄は夫(せ)なる天子、即孝徳帝ともとれるし、或は皇弟中大兄のこととも考へられる様である。此推量が当つてゐるとすれば、巻二の磐ノ姫皇后も、実はやはり、中ツ皇命間人皇后で、高津ノ宮は攙入だ、と解せられ相である。此は、類聚歌林から出た誤りでない、とも言はれまい。さすれば、其次に、近江朝が出て来るのは、頗自然である。」

長い引用になったが、まず折口の指す巻四—四八四の歌を左に掲げて見る。

難波天皇の妹、大和に在す皇兄に奉り上ぐる御歌一首

一日こそ人も待ちよき長き日をかくのみ待たばありかつましじ

大意は、一日だけならば人を待ってもいられるけれど、長い日数を、こうして待ってばかりいたら、とてもこらえることはできないでしょう（早く帰って来て下さい）。というものである。これはあきらかに女から男へあてた相聞歌である。

「難波天皇」というのには二説がある。従来の説では仁徳天皇であるとするのがほとんどであるが、武田祐吉は孝徳天皇であるとしている。正倉院文書に「難波朝廷」とあり、常陸国風土記に「難波天皇之世」とあり、万葉集巻二の一〇一の歌の題詞に「難波朝」が見えるが、すべて孝徳天皇の朝廷を指していることから、この「難波天皇」も孝徳天皇と言うのである。澤瀉はこの説をまことに妥当と認めながら、しかし孝徳天皇の皇妹という人物は記録の上にも見当らず、また皇兄というのを文字通り解すると天皇の御兄ということになるが、孝徳天皇に御兄と見られる人がいない、と述べて結局は仁徳天皇説に加担している。間人皇后と孝徳天皇の関係は冷却していたのだから、皇兄が「夫なる天子」孝徳帝でないことはたしかである。「妹」は古くは妻を称し、万葉集の歌法としても妻を指す場合があって、そこで「妹」を孝徳帝の妻である間人皇女とし、「皇兄」を皇后の兄である中大兄皇子のことと解すると、その内容は間人皇女の中大兄皇子によせる並々ならぬ思いのこめられた歌となるのである。

折口はさらに万葉集巻二の冒頭歌も、そこに「難波の高津の宮」とあるが、これを高津の宮でなく孝徳帝の豊埼宮のあやまりと解している。そうすれば磐姫皇后の

君が行き日長くなりぬ山尋ね迎へか行かむ待ちにか待たむ

という名歌の実作者は間人皇女に帰せられ、皇女の中大兄皇子に対する哀切きわまりない歌ということにな

る。さきの文章によれば、折口は万葉集の歌はじっさいは飛鳥朝あたりに始まるとし、近江朝の前に置かれる歌としては仁徳朝などかけはなれた時代でなく、孝徳天皇の時代と解する方が自然である、というが、折口説は説得力がある。

間人皇女の中大兄皇子に寄せる思いがこのようであれば、「中皇命」「仲天皇」「中宮天皇」が間人皇女であるという推測はますます確度の高いものにならざるを得ないのである。

七　宮廷の高巫

これらの呼称はすべて間人皇女個人を指す固有名詞であるかのように思える。しかし、私はけっしてそうは思わないのである。

折口によれば古代宮廷には、神と人との間を取りつぐナカツスメラミコトが必要であった。その託宣を受けて実行に移すのがスメラミコトであった。スメラミコトは天皇でなくて皇太子でも諸臣でもよかった。このことを折口は次のように言っている。

「宮廷にあつて、御親ら、随意に御意志をお示しになる神、又は天皇の側から種々の場合に、問ひたまふことある神があつた。その神と天皇との間に立つ仲介者なる聖者、中立ちして神意を伝へる非常に尊い聖語伝達者の意味であつて見れば、天皇と特別の関連に立たれる高巫であることは想像せられる。」

「御在位中の天皇に対して、最近い御間がらとして、神と天皇との間に立つておいでになる御方が、常にあつたことが考へられる。其は、血縁近い皇族の女性であり、他氏の女性でも、特に宮廷に入り立ちの自由であつた貴婦人、さう言ふ方々の存在が思はれる。併し、其方々は、国史の表面に書く必要はなかつたし、あれば、皇后また、妃・嬪・婦人の類として、記述するのであつて、宗教的な記述を要せぬことのみであつた。何か偶然の機会に、思ほえず、表面に出て来られたばかりである。其偶然の機会が、万葉集や、続紀の記録として残つた訳である。」

「女帝考」からの引用であるが、ナカツスメラミコトの本質をえぐり出してあますところがない。こうして見れば間人皇女もナカツスメラミコトの一人であり、それがたまたま記録の表面に集中的に出てきたにすぎないと考えられるのである。

間人皇后は斉明の死後、わずかの期間であったが政治を見る立場に置かれたからナカツスメラミコト（中皇命）と呼ばれたのではない。孝徳がスメラミコト（天皇）の地位にあったときから、すでにナカツスメラミコトと呼ばれる立場にあったと考えられる。それはあたかも舒明天皇の在位のときに斉明皇后がナカツスメラミコトと称されたと思われるのと同様であり、それは推古や持統などのばあいにもあてはまるであろう。

しかしとりわけ間人皇女がナカツスメラミコト（中皇命、仲天皇、中宮天皇）と呼ばれた背景には、古代史を陰で動かしている「妹の力」があることを認めないわけにはいかない。そして妹の力は間人皇女と中大兄皇子との関係において、もっとも息苦しい展開を見せたのである。

（「東アジアの古代文化」一〇〇号、一九九九年八月）

古代学とは何か――『古代学への招待』はじめに

古代学は古代史とまぎらわしいが、両者は微妙な、しかし明確な区別があることを知らねばならない。このことを論ずる前に、民俗学、歴史学、考古学の三者の関係について触れておく。

歴史学は、文字記録を拠りどころにして、過去から現在にいたる歴史を研究する学問である。また考古学は遺跡や遺物を調査発掘することで、過ぎ去った社会を研究する学問である。こうした次第であるから、文字に記された記録がなければ歴史学は成立しない。同様に考古学も過去の遺物・遺跡があってはじめて成立する。

では、さしたる文字記録も残されておらず、遺物・遺跡も見当たらない集落(ムラ)に歴史はないか、といえば、そんなことはない。それらの集落にも、過去から現在につづくれっきとした「歴史」がある。文字を知らない庶民にも口から口へと伝えられる物語や系譜、民話や民謡がある。あるときには祭や年中行事、あるときには人生儀礼となって長く保持され、今日にいたっている。こうして遺物・遺跡や文字記録のない庶民社会にも、過去から受けついだ歴史があり、それを辿れば、遠くはるかな古代にまで及ぶものがある。

文字記録や遺跡・遺物は長い年月に消滅しやすく、現在残されているのはその一部にすぎない。したがって、民間伝承を研究する民俗学は歴史学や考古学に劣らず重要な学問であることはいうまでもない。

古代の伝承の特徴は、近世、近代の伝承の多くが個人や個々の家に属するのとちがって、共同社会の集合的意識をあらわしているということである。「記紀」や風土記に見られる旧辞はまさにそうであり、万葉集などもたとえば東歌のようによみ人知らずの作者の背後に、強烈な集団意識が見られる。それは更に民族の深層意識とも通い合っているといえるであろう。

こうしてみれば「古代学」は古代の旧辞、伝承、説話などをも含め「古代」の在り方を総合的に研究する学問である。

古代学には「歴史学」も「考古学」も参与するが、近代的な「科学的」態度で古代を取り扱うのではなく、むしろ古代人の心意現象にできるだけ肉迫しようと志す学問である。その一例を示そう。

考古学や歴史学では古墳を論ずるのに、その形状や大小や年代比定の調査研究に終始し、古代人は死後どのような生活を望んだかという視点はややもすればなおざりにしてきた。その視点から古墳を研究するのは、「科学的」ではないと見られがちであった。しかし、私は古代日本人の死後に描いた再生への強烈な欲求が古墳の形状を決めたと考えるのである。

円墳は「卵」を模し、前方後円墳または瓢墳は「ひさご」を模したと見るべきであろう。その理由は「卵」「ひさご」が人間の誕生の容器であるだけでなく、天空の形を表現すると信じられていたからである。これは古代中国や古代朝鮮にも共通する世界観であった。

地上を覆う大洪水によって人類は絶滅したが、兄妹二人だけが、大きなひさごの中に身をかくして難をのがれた。やがて兄妹は結婚して子孫をふやし、新しい人類の始まりとなったという神話は、中国南部から東南アジアにかけてひろく分布している。朝鮮では天空をハナルと呼ぶが、それはハン（大きい）アル（卵）、つまり大きい卵の意である。

日本列島社会も、アジア社会の一員として、中国や朝鮮の宇宙観の影響を受けている。したがって、古代ない。

日本人が、大空をかたどった再生の容器としての「卵」や「ひさご」に葬られることを望まなかったはずはない。

応神帝は白鳥を母とし、卵から生まれたのであったが、アジア的視野からすれば、こうした伝承も、別に珍しいことではない。古代朝鮮では新羅や加耶の帝王が卵から誕生した例は、少なからず見られる。

日本書紀には、どの天皇についても陵についての記事は洩れなく記載されているのに、応神天皇の陵だけが欠落している。これを編者の不注意として見逃すことはできない。「卵生」という異常出生の持主である応神帝は、実在した帝王ではなく、したがって葬られた墳墓もあるはずがなかったことを暗に示しているのである。

応神帝にまつわる卵生説話の問題は、考古学や古代史学では正面から取り扱うことはないが、古代の解明にかかわるきわめて興味あるテーマであって、そのことは本書第二章「金属と白鳥」で詳述した通りである。

もう一つの例を示す。

政治の世界で各王朝が断絶を繰り返していたのに対して、宗教の分野で巫女の役割が一貫していたことは古代日本の特徴であった。そのことを折口信夫は「女帝考」の中で次のようにいう。

「すめらみことの資格の方が世に臨まれずとも、神人中間のすめらみことが存在せられる限りにおいて、宮廷の政は、執られて行くのである。だから、従来の歴史観に於けるやうな空位が出来る訳でもなく、又異常形式が偶発したのでもないのであつた。

宮廷生活において、相並んだ、すめらみこと・なかつすめらみことの両様式の中、唯一つで進んで行かれるといふ形になる期間があつたといふだけである……だから、なかつすめらみこと単式の制で、別に誰かが実際の政務を執れば、国は整うて行ったのである」

これは世の常識をくつがえすおどろくべき発言である。たとい政治の世界に王位の断絶があり空位があろうとも、宗教の分野では一貫して継続していく姿がここにはっきり示されている。「記紀」には推古女帝とあるのに、中国の史書には、男性の倭王の名が記されている。この矛盾をどう解すべきであるか、諸家は腐心する。しかし推古を「なかつすめらみこと」即ち神と人との間をとりもつ女帝、そして聖徳太子（厩戸皇子）を実際の政治を行なう倭王と考えれば、その矛盾は解決する。神の言葉をつたえる「なかつすめらみこと」の推古と、政治を行なう倭王としての聖徳太子の役割分担をみとめるだけで済むことである。

聖徳太子の死後、推古は政治の表面に姿を現したが、この女帝は巫女王としての権威もなくすることはなかった。推古が女帝となると、伊勢斎宮の職を解き、都によびかえした。女帝は巫女王の役割を兼ねていたから、斎宮の職を必要としなかった。

以上のことから、古代王朝を論ずるには、政治だけでなく、宗教の面からの考察も不可欠であることを本書第四章の「古代巫女王の系譜」で力説しておいた。

日本の古代は、実証に富んだ後世社会に比して、想像力をはたらかせる部分がきわめて大きいだけに、日本民族の意識の源流をたどるのに格別な魅力をもっていることを、本書によって理解していただければ望外の幸せである。

二〇一〇年一月一日

谷川健一

（『古代学への招待』日経ビジネス文庫、二〇一〇年二月）

付記

一、「谷川健一コレクション」は、小社より刊行された『谷川健一全集 全二十四巻』（二〇一三年五月完結）に未収録の作品を収載した。

一、各巻をテーマ別に分類、構成し、おおむね発表順に並べた。

一、「谷川健一コレクション3 日本の原像―民俗と古代」は、民俗学を中心とした「I わたしの民俗学」、古代史を主題とした「II 古代の風景」として構成した。

一、収載した論稿のほとんどが、今回初めて書籍としてまとめられるものであるため、本文は各作品末に掲載した初出紙誌に準拠し、単行本収録のものはそれを参考にした。また、発表時のタイトルを補足・変更したものもある。

一、収録作品には、今日の人権意識からすれば、不当・不適切と思われる語句を含むものがあるが、著者の被抑圧者・被差別者に寄り添った思想を忠実に再現することが大切と考え、原文どおりとした。

一、形式上の整理・統一は必要最小限にとどめ、なお次のような訂正・整理を施した。

1 明らかな誤記・誤植は訂正した。

2 漢字は原則として通用の字体に改めた。

3 難読字には振り仮名を付した。

装幀
難波園子

挿画
安仲紀乃

［谷川健一コレクション 3］

日本の原像―民俗と古代

2020年4月30日　第1刷発行

著　者：谷川健一
発行者：坂本喜杏

発行所：株式会社冨山房インターナショナル
〒101-0051　東京都千代田区神田神保町1-3
TEL 03-3291-2578　FAX 03-3219-4866
URL:www.fuzambo-intl.com

印刷：株式会社冨山房インターナショナル
製本：加藤製本株式会社

© Akio Tanigawa 2020 Printed in Japan
（落丁・乱丁本はお取り替えいたします）

ISBN 978-4-86600-083-1 C0339

美しい民俗学の世界をひらく

谷川健一コレクション

全6巻

1 小さきものへ

I 民俗の眼—初期評論1
II 無告の民—初期評論2
III 人間イエス—少年期・習作期の作品

〈日本人の誇り〉へ谷川民俗学の出発

2 わが沖縄

I わが沖縄—初期評論3
II 琉球・沖縄・奄美と日本

沖縄へ、日本の原郷を求めて

3 日本の原像—民俗と古代

I わたしの民俗学
II 古代の風景

民俗学から日本古代史の謎への壮大な挑戦

A5判　並製カバー装　平均400頁　定価・各巻3000円+税

常民の生活と精神の基層から

4 日本の神と文化

I 日本の神々
II 日本文化の基層
日本人にとって神とはなにか

5 地名の世界

I 地名が語るもの
II 日本の地名
谷川地名学の形成とその真髄

6 孤高と誇り

I 問いと探究―民俗学の旅
II 思惟・情熱そして表現
野の巨人の歩み
谷川健一全著作データ
紙誌掲載作品一覧・書籍収載作品一覧

谷川健一全集

菊判　布表紙　貼函入り　全24巻

第1巻	古代1	白鳥伝説
第2巻	古代2	大嘗祭の成立　日本の神々　他
第3巻	古代3	古代史ノオト　他
第4巻	古代4	神・人間・動物　古代海人の世界
第5巻	沖縄1	南島文学発生論
第6巻	沖縄2	沖縄・辺境の時間と空間　他
第7巻	沖縄3	甦る海上の道・日本と琉球　渚の思想　他
第8巻	沖縄4	海の群星　神に追われて　他
第9巻	民俗1	青銅の神の足跡　鍛冶屋の母
第10巻	民俗2	女の風土記　埋もれた日本地図(抄録)　他
第11巻	民俗3	わたしの民俗学　わたしの「天地始之事」　他
第12巻	民俗4	魔の系譜　常世論
第13巻	民俗5	民間信仰史研究序説　他
第14巻	地名1	日本の地名　続 日本の地名　他
第15巻	地名2	地名伝承を求めて　日本地名研究所の歩み
第16巻	地名3	列島縦断 地名逍遥
第17巻	短歌	谷川健一全歌集　うたと日本人　他
第18巻	人物1	柳田国男
第19巻	人物2	独学のすすめ　折口信夫　柳田国男と折口信夫
第20巻	創作	最後の攘夷党　私説神風連　明治三文オペラ　他
第21巻	古代・人物補遺	四天王寺の鷹　人物論
第22巻	評論1	常民への照射(抄録)　評論　講演
第23巻	評論2	失われた日本を求めて(抄録)　評論　随想
第24巻	総索引	総索引　年譜　収録作品一覧

送呈・内容見本　　各6,500円・揃156,000円(税別)